FOREIGN EXCHANGE

应用型本科经济管理类·金融学系列教材

外汇交易实训新编

兰容英　编著

厦门大学出版社
XIAMEN UNIVERSITY PRESS
国家一级出版社
全国百佳图书出版单位

图书在版编目（CIP）数据

外汇交易实训新编 / 兰容英编著. -- 厦门：厦门
大学出版社，2023.3
应用型本科经济管理类·金融学系列教材
ISBN 978-7-5615-8786-7

Ⅰ．①外… Ⅱ．①兰… Ⅲ．①外汇交易－高等学校－
教材 Ⅳ．①F830.92

中国版本图书馆CIP数据核字(2022)第189652号

出 版 人 郑文礼
责任编辑 施建岚
装帧设计 李嘉彬
技术编辑 朱 楷

出版发行 厦门大学出版社
社　　址　厦门市软件园二期望海路 39 号
邮政编码　361008
总 编 办　0592-2182177　0592-2181253(传真)
营销中心　0592-2184458　0592-2181365
网　　址　http://www.xmupress.com
邮　　箱　xmupress@126.com
印　　刷　厦门金凯龙包装科技有限公司

开本　787 mm×1 092 mm　1/16
印张　20.5
字数　500 千字
版次　2023 年 3 月第 1 版
印次　2023 年 3 月第 1 次印刷
定价　56.00 元

厦门大学出版社
微信二维码

厦门大学出版社
微博二维码

前　言

改革开放四十多年来，我国经济持续稳定增长，当前我国已经成为世界第二大经济体、第一大工业制造国、第一大货物贸易国、第一大外汇储备国，正越来越深地融入世界经济并影响着世界经济。在经济全球化和区域一体化的背景下，人民币国际化程度日渐加强，金融在我国经济中的核心作用更加凸显，金融市场的重要作用不言自明，而作为金融市场重要组成部分的外汇交易市场在我国经济安全和金融安全中将扮演越来越重要的角色，外汇交易也将成为涉外企业经营管理和居民投资理财的组成部分，是故拥有大量深谙外汇交易之道、具有正确金融思维和金融伦理的金融人才是我国当前所急需的。

为贯彻党的二十大精神，践行为党育人、为国育才的使命，应加快培养既具备扎实的经济金融理论功底，又掌握各种金融业务实务操作技能的财经专业应用型国际化人才，强化学生良好的金融职业品格和金融职业素养的培养，引导学生理解并自觉实践金融行业职业精神和职业规范。通过发挥实训教学特色，促进学生金融思维养成，使其形成正确的价值观和金融伦理，成为自觉践行社会主义核心价值观的优秀金融人才。本教材从应用型财经专业的课程体系、课程内容、教学方法、教材编写等方面进行了有益的探索和创新，旨在编写出一本供模拟外汇交易教学之用的实训教材。

为满足外汇交易实训课的要求，本教材内容涵盖模拟外汇交易所需的基础知识及实战技巧，内容新颖，注重实践性和操作性。本教材分为两大篇：第一篇为基础知识篇，介绍外汇交易的基础知识，包括外汇交易概述、外汇基本面分析、外汇技术面分析等；第二篇为实战技巧篇，也是本书有别于其他同类教材的精彩与特色之处，创新性地从多重时间框架的动态多维视角，着重介绍基于"势位态"分析法和"外汇交易六部曲"的全方位交易法，旨在解决学生在模拟实训阶段无从入手的问题，有利于学生在实训中能尽快地从入门到进阶，指导学生循序渐进地进行模拟外汇交易的实战操作。本书是一本真正能指导学生模拟外汇交易综合实训的实用性教材，学生不仅容易在实训中上手交易，而且能尽快地摸索出一套适合自己的交易程式。

本书以模拟实训为主线，每章开头列明了该章"实训目的和要求"，使学生对本章实训了然于心；接着，介绍进行实训所需要的"本章基础知识"；最后，有针对性地设计一系列

"本章实训任务"。每一章实训准备中所涉及的实训原理模拟实训,使基本理论与模拟实训无缝对接,突出实训教材实践性、操作性的实操特色,满足外汇交易实训课的要求。

图文并茂,一手行情图量大且丰富是本书的一大亮点。为了利于初学者学习,我们尽可能截取"东方财富"客户端的第一手外汇行情图表,学生对照实际行情图揣摩斟酌,能尽快提升外汇分析,尤其是相对复杂的技术面分析水平。

本书分工情况如下:兰容英编写第三章、第五章、第六至十二章、附录二;郑水珠编写第一章、第二章、第四章;刘润心编写附录一;全书由兰容英负责总纂。

作为一本入门性的实训教材,本书以应用型财经人才培养为本位,在确保专业性的前提下,力求做到通俗易懂、图文并茂,注重理论与实际紧密联系,以方便初学者学习外汇交易实训之用,契合应用型本科院校财经专业的人才培养目标。

本书适合作为应用型本科院校金融学或投资学等相关财经专业"外汇交易实训"课的教材;鉴于内容通俗易懂、实操性强,也适合作为高职院校相关专业的外汇模拟实训教材;此外也可以作为相关从业人员的参考用书,对国内金融从业者、企业财务管理人员具有参考价值;同时对外汇交易感兴趣的普通百姓来说,也是一本很好的入门读物。

本书在编写过程中,参考借鉴了许多有关文献,在此对文献的作者表示感谢。由于编著者的学识水平、实践经验有限,书中难免存在疏漏和不妥之处,恳请专家、学者及广大读者批评指正,我们将不胜感激。

本书由 2020 年福建江夏学院校级精品自编教材建设项目资助出版,也是 2021 年福建江夏学院"课程思政"示范课程"外汇交易实训"的课程建设成果。

目　录

第二篇　实战技巧篇

第一篇
Chapter 1

基础知识篇

第一章　外汇交易概述

实训目的和要求

一、掌握外汇交易的特点和优势
二、熟悉外汇实盘交易与保证金交易
三、熟悉外汇交易中使用的基本术语
四、了解当前主要的外汇交易终端

本章基础知识

第一节　外汇交易概述

一、外汇交易的概念

外汇交易(foreign exchange transaction,简称 Forex 或 FX)是伴随着国际贸易而产生的国家间结算债权债务关系的工具。随着经济的发展,外汇交易已成为重要的金融产品,它的规模超过股市或其他任何市场,是全球最大的金融投资市场之一。外汇交易的本质就是用一国的货币交换成另一国的货币,投资者通过不同国家货币之间的汇率高低获取收益。外汇交易之所以存在,有以下几点原因。

(1)贸易和投资。进出口商在进口商品时支付一种货币,而在出口商品时收取另一种货币。这意味着,进出口商在结清账目时,收付不同的货币。因此,它们需要将自己收到的部分货币兑换成可以用于购买商品的货币。与此相类似,一家买进外国资产的公司必须用当事国的货币支付,因此,它需要将本国货币兑换成当事国的货币。

(2)投机。两种货币之间的汇率会随着这两种货币之间供需的变化而变化。交易员在一个汇率上买进一种货币,而在另一个更有利的汇率上抛出该货币,他就可以盈利。投机占了外汇市场交易的绝大部分。

（3）对冲。由于两种相关货币之间汇率的波动,那些拥有国外资产(如工厂)的公司将这些资产折算成本国货币时,就可能遭受一些风险。当以外币计值的国外资产在一段时间内价值不变时,如果汇率发生变化,以国内货币折算这项资产的价值时,就会产生损益,公司可以通过对冲消除这种潜在的损益。即执行一项外汇交易,其交易结果刚好抵消由汇率变动而产生的外币资产的损益。

外汇交易的特点非常明显,目前外汇市场每天的交易量是非常惊人的,从而发展成为当下最大的交易市场。外汇交易具有以下特点。

第一,外汇市场是全球最大、最公平的市场。全球外汇市场平均每日交易量超过6万亿美元,令其成为全球最大、同时也是流通性最高的市场。庞大的市场容量,使得投资者有足够的盈利空间。外汇交易流通量非常大,基本上没有任何人或者机构能够操纵市场。

第二,交易时间长,24小时可交易。外汇市场24小时开放,不像股市,只在上午9:30到下午3:00交易,因此外汇市场适合活跃的交易者。投资者可以根据自己的作息时间进行交易。同时,24小时不间断的特性保证最小的市场裂缝,排除了开市价格戏剧性高于或低于收市价格的可能性,换句话说,因为是24小时的市场,裂口性高开或低开是不可能的。

第三,双向获利模式。外汇交易总是涉及货币对,交易者买一个货币的时候,就必然卖另一个货币。交易者既可持有多头头寸,也可持有空头头寸,无论行情如何,都有机会获利。

国际经济贸易带动了外汇市场的发展,让外汇交易的特点越来越显著,流动性强,行情和数据的公开性吸引着无数投资者,促使外汇成为更多投资者青睐的对象。

二、外汇交易的优势

作为金融投资的重要组成部分,外汇交易有着和股票、期货等其他金融投资产品的共性,也有着自身投资性质上的优势。

（1）费用低。外汇交易的费用可以非常低。实际上几乎没有佣金费,大多数经纪商都是从外汇点差中盈利。因此,交易者不用担心其他额外的经纪收费。而股市或其他证券交易的经纪结构相差较大,交易者就必须考虑各种额外费用。

（2）适合多样的交易模式。外汇市场是全球性的,没有地域和时间限制,24小时日夜交易,买卖方便,不会错失任何良机。外汇市场一整天都在运转,交易者可以选择方便的时间段进行交易。同时,外汇交易一般都允许使用保证金交易,意味着交易者可以用较低的初始资金去控制一笔额度较大的交易。

（3）高流动性。与其他金融市场相比,外汇市场的参与者数量非常庞大,这也使得其流动性非常高。再大的订单也能很快被市场消化。这也极大地避免了价格操纵和乱象,而低点差也有助于更高效的定价。交易者无须过于担心开市或闭市时的高波动,或者下午时段停滞不前的价格波动。而这些却是股市常发生的现象。

（4）双向交易。某些股票市场只能做多,而不能做空,以致市场下跌时投资者往往束手无策。而外汇市场则是双向交易，可以买"涨"，也可以买"跌"，无论市场是涨是跌，交易者均有可能投资获利。

（5）没有最低合约限制。外汇市场不像期货市场在期货交易所内交易，而是一种场外交易，因此交易数量也不像期货一样有固定的合约大小限制。外汇交易者没有固定的交易手数限制，可以灵活地选择交易手数，从最低的 0.01 手到无限大。

（6）风险可控。外汇交易者在建立仓位的同时，可以提前预设好相应的止损和止盈价位，或者也可以在开仓以后设置。通过设置获利或止损点位的交易指令，可以保障外汇交易利润，防止亏损。

三、外汇实盘交易与外汇保证金交易

1.外汇实盘交易

外汇实盘交易是指外汇投资者委托银行，按照银行公布的我国个人外汇买卖业务的即时牌价和汇率进行外汇账户或现钞之间的外币兑换。近年来外汇实盘交易者的平均年收益在 5% 左右，而有两年以上交易经验的交易者，一年的收益大概为 10%～20%。

外汇实盘交易的特点：（1）没有杠杆，外汇实盘的收益来源于投资者投入本金的大小，如果投资者投入的资金比较少，则其外汇交易的收益或损失相应也少；（2）单向收益，收益来源于买进卖出之间的外汇汇率差；（3）点差较大，区间在 15～35 个点，对于投资者来说将增加外汇交易成本；（4）外汇实盘交易的收益来源于外汇汇差，银行的报价中基本是"汇钞同价"，这对投资者收益影响很大。

2.外汇保证金交易

外汇保证金交易又称合约现货外汇交易、按金交易、虚盘交易，是目前国际外汇市场上主流的交易方式。外汇交易者以银行或者外汇经纪商提供的融资进行外汇交易。交易者可以通过杠杆将现有资金放大几十倍甚至更多去进行更有价值的交易。交易者使用外汇保证金交易以小博大，在交纳保证金之后可以从银行融资获得一定的杠杆倍数来从事外汇交易，通过杠杆作用，使得自己的盈利或者亏损放大。这种合约形式的买卖只是对某种外汇的某个价格做出书面或口头的承诺，然后等待价格出现上升或下跌时，再做买卖的结算，从变化的价差中获取利润。当然，投资者也要承担相应的亏损风险。

外汇保证金交易的特点：（1）24 小时连续交易。由于外汇交易在世界上的不同国家展开，所以外汇报价 24 小时实时更新，在周一至周六凌晨随时可以进入外汇市场进行交易。（2）双向交易。外汇市场内可以做多，也可以做空。不会像股市、房市那样，一旦遇到熊市就只能坐以待毙，或者持币观望。（3）高流通性。外汇市场每日高达 6.6 万亿美元的交易量，保证市场随时都有价格，随时都可以成交，并且不容易被人为操控价格。（4）杠杆作用。这是和外汇实盘的最大区别，因为投资者可以利用杠杆向交易商或者银行融资，使得自己可以利用少量的资金参与外汇市场。

3.外汇实盘交易和外汇保证金交易的区别

外汇实盘交易和外汇保证金交易的区别主要表现在：（1）点差不同。也就是交易的成本不同，外汇实盘交易的成本取决于银行，而外汇保证金交易的点差主要取决于外汇经纪商。(2)融资。外汇保证金交易可以进行融资,交易者可以利用杠杆以小博大。而外汇实盘交易无法进行融资,有多少钱就做多大的交易。(3)做空。外汇保证金交易是双向交易,可以做空。单外汇实盘交易不能做空,只有货币上涨才能盈利。

四、外汇交易的基本术语

学习和掌握外汇交易术语是每一位外汇投资者的基本功,这些基本的外汇交易术语可以很大程度地提高外汇交易者的投资水平,帮助投资者认清市场中的各项交易流程以及不断地掌握外汇市场的交易技巧。常见的外汇交易术语如表 1-1 所示。

表 1-1　外汇交易的基本术语

交易术语	术语解释
头寸	头寸是一种市场约定,是一种以买入或者卖出来表达的交易意向。承诺买卖外汇合约的最初部位,买进外汇合约者是多头,处于盼涨部位;卖出外汇合约者为空头,处于盼跌部位。头寸可指投资者拥有或借用的资金数量。
基本点/基点/点	表示汇率的最小移动单位。根据市场环境,正常情况下一个基点:欧元/美元、美元/瑞士法郎货币对为 0.0001,美元/日元货币对为 0.01。
点差	指买卖价格之间的差值,用于衡量市场流动性。在正常情况下,点差越小,流动性越高,比如 1.3460－1.3450＝10 点(points,PTS)。
手	现货外汇市场以"手"为基本合约单位进行交易。一标准手是 100000 美元的价值,迷你手为标准手的 1/10,即 10000 美元的价值。
保证金	保证合同的履行和交易损失时的担保,相当于交易额的 2.5%～5%,客户平仓后可退还;如有亏损,则从保证金中扣除。
利息	利息是外汇交易中的另一种潜在成本,基于特定的货币对和交易的方向(是空头还是多头)。利息既可以代表对隔夜持有的头寸的一笔不小的费用,也可以是一种从持有敞口交易中产生逐日收益的方式。
套利	套利是指同时买进和卖出两张不同种类的期货合约,交易者买进自认为是"便宜的"合约,同时卖出那些"高价的"合约,从两合约价格间的变动关系中获利。在进行套利时,交易者注意的不是绝对价格水平,而是合约之间的相互价格关系。套利一般可分为跨期套利、跨市套利和跨商品套利 3 种。
对冲	也称为锁单,是指在不关闭原单的同时,另开反方向的单子。它通常用在市场不明朗时,通过反向操作来锁住既得利益,同时规避可能的风险。
杠杆	是交易量与要求的保证金之间的比率。通过杠杆,投资者用很少的钱就可以买卖数量相对较大的证券数额。杠杆率在不同经纪商中存在一定的差异,从 2∶1 到 400∶1 都有。
做多	投资者在交易中想买进(buy),如 EUR/USD 买进,就表示投资者看好欧元未来会上涨,于是买入,以期在更高的价格平仓,就叫做多,又称为看涨或揸。
做空	投资者在交易中想卖出(sell),如 EUR/USD 卖出,就表示投资者认为欧元未来会下跌,于是卖出,以期在更低的价格平仓,就叫做空,又称为看跌或沽。

续表

交易术语	术语解释
熊市	长期单向市场向下。
牛市	长期单向市场向上。
双向报价	包含同时报出的买入和卖出价格的报价。
下单	客户在每笔交易前向期货经纪公司的业务人员下达交易指令,说明拟买卖合约的种类、数量、价格等的行为。一般来说,客户应先掌握有关的交易指令,然后选择不同的期货合约进行具体交易。
挂单	投资者在建立新定单的时候,交易类型处可选择挂单交易。挂单交易有四种类型,分别为 buy stop(止损买进)、buy limit(限价买进)、sell stop(止损卖出)、sell limit(限价卖出)。
锁单	是保证金操作常用的手法之一,即揸(买)沽(卖)手数相同。
漂单	做单后,处于亏损状态,不及时止损或平仓,任由漂着,抱着侥幸心理等待市场回头。
买入价	是交易商愿意在此水平买进基础货币并卖出报价货币的汇率。也就是说,买价是作为交易者卖出基础货币的汇率水平。
卖出价	是交易商愿意在此水平卖出基础货币并买进报价货币的汇率。也就是说,卖价是作为交易者买进基础货币的汇率水平。
限价订单	以指定价格或低于指定价格买入,或者以指定价格或高于指定价格卖出的订单。
空头回补	原本是多头市场,因消息或数据而走(卖出)沽市(沽入市或沽平仓)。
多头回补	市场是空头市场,后改走多头市(揸入市或揸平仓)。
货币对	每项外汇交易都涉及买入一种货币的同时卖出另一种货币,这两种货币常常被叫作交易中的货币对。
主要货币和次要货币	主要货币是指最常交易的七种货币,包括美元、欧元、日元、英镑、瑞士法郎、加元和澳元;其他所有的货币都被称作次要货币。
直盘	美元与其他货币之间的兑换交易,如美元/欧元、美元/英镑等。
交叉盘	除美元之外的两种货币间的交易,如欧元/日元、欧元/英镑、英镑/日元、欧元/澳元等。
当日交易	指在同一个交易日内开立并关闭的头寸。
隔夜交易	指在晚9点至次日早8点进行的买入或卖出。
交易回合和交易成本	交易回合是指同等数量、相同货币对的一个买入(或卖出)交易和一个用以抵销的卖出(或买入)交易;交易成本是指买入价与卖出价的差价。
平仓	通过卖出(买入)一笔数量相等的合约交易来了结先前所买入(卖出)的交易。即买入建仓的定单以卖出价进行平仓,而卖出建仓的定单则以买入价进行平仓。
强制平仓	交易账户持有人账号内没有足够的可用保证金,保证金比例低于30%时,系统将对账户持有人的持仓单按亏损金额最多的定单进行强制平仓操作,直至保证金比例恢复30%以上。

续表

交易术语	术语解释
爆仓	行情的快速变化使得投资者来不及追加保证金,而账户中的资金已经无法维持原来的合约,这种因为保证金的不足而被强行平仓所导致的保证金"归零",俗称"爆仓"。
止损	止损是一种保护机制,指当某一投资出现的亏损到达设定的止损价时,系统自动执行指令及时斩仓出局,避免形成更大的亏损。目的在于即使投资失误,通过该止损点把损失限定在较小的范围内。
止损订单	当价格朝投资者预期的相反方向波动时,为平仓而设置的保护性订单。
展期交割	展期交割是将一个交易的原有交割日向后延展到另一个日期的过程。这个过程的成本由两种货币的利率差价而定。

第二节 主要外汇交易终端简介

外汇交易终端通过个人电脑终端机或地区网络,可以提供有关外汇买卖价、投资组合、外汇数据、经济指标和公司活动等信息。目前全球主要的外汇交易终端有路透社交易终端、美联社终端、德励财经终端和彭博资讯终端,其中运用最广泛的外汇交易终端是路透社交易终端。

一、路透社交易终端

路透社交易终端是目前银行间外汇交易的主要工具。它是一套高速电脑系统,操作十分简单,主要包括控制器、显示屏、操作键盘和打印机等。交易员可以从终端显示屏上获得各种货币的汇价、报价以及有关汇价变动的新闻信息等。银行用户将自己的终端机与路透社交易系统连接后,交易员只要启动自己的终端机,通过操作键盘输入自己的终端密码,就可以与对方联系。

目前全球有数千家银行加入了路透社交易系统,每家银行都有一个指定的交易代码,如中国银行总行代码为 BCDD。如果交易员想与某银行进行交易,只要用键盘输入该银行的代码,叫通后即可与其进行询价、还价甚至交易。交易员在交易的过程中,可同时向几个交易银行进行即时询价或选择汇价,若报价过高,临时想改变汇价或更改其他内容,可按插入键(interrupt),以重新控制对话。路透社交易系统设有简化英文字码程序,交易员可自行编制所谓的代码来代替常用交易术语,如交易证实、交割日、交易员代码等。

在路透社交易系统中,所有对话都有书面记录,一旦对话完毕按结束键(enter)后,双方的交易过程都显示在终端机的显示屏上,双方打印机自动打印出完整的交易记录,作为原始的交易合同。路透社交易系统同时连接两台打印机或复印式双联打印机,一份作为交易合同与交易单一并交给清算员进行清算,另一份作为原始文件存档备案。

路透社交易终端具有安全、交易快捷、交易成本随交易递增而递减和能够提供多种有关汇率方面信息的四大优点。其提供的服务主要包括以下几项。

(1)即时信息服务。遍布全球的路透社记者将即时的政治、财金、商品等各种新闻汇集到路透社编辑中心,然后再输送到各地的终端。

(2)即时汇率行情。路透终端即时汇率版面,为交易员即时显示世界各大银行外汇买卖的参考数据,值得注意的是,此汇价只为参考价,不是交易者参与市场交易的成交价格。

(3)市场趋势分析。路透系统中,有许多高级经济学家、银行家、金融专家和分析专家负责每天撰写汇市评论和走势分析,然后输入路透电脑中心。用户可以利用键盘调出所需内容,以作为参考。

(4)技术图表分析。路透社为用户提供图表终端机,利用图表终端可以绘出各种技术图表,以帮助用户进行技术分析。

(5)从事外汇交易。通过路透交易机,交易员就可以与系统内任何一家银行交易外汇。路透交易机以电话线连接。在交易和结算系统方面,路透终端具有明显的优势。一旦交易完成,打印机就会把交易记录自动打印出来,便于核对和存档。

二、美联社终端

美联社终端结合了美联社在财经市场上的经验和在提供即时金融数据上的专长。通过个人电脑终端机或地区网络,该系统可以提供有关外汇买卖价、投资组合、经济评论、经济指标和公司活动等信息。美联社系统的情况与路透社系统大体是一样的,只是在提供的服务项目上略有区别。美联社终端的主要服务包括以下几项。

(1)汇率服务。客户可以了解到超过100种外币的即时汇率报价(包括交叉汇率的报价)。根据各主要金融中心的报价,还可以提供金融期货、欧洲美元、境内金融工具、美国政府债券及黄金市场行情。

(2)外汇市场消息。客户可以通过终端机的屏幕随意选阅所有主要的即时经济新闻,还可以自行取阅每条消息的详细内容。终端机里一般设有警报系统,用以提醒客户注意突发的要闻简报。

(3)期货服务。世界期货市场的即时价格、由市场专家撰写的推荐和评论都可以在信息终端机的屏幕上显示出来。提供的范围包括金属、谷物、油料、咖啡、可可豆、糖和橡胶等商品。用户可以选择个别项目,也可以选择全套收看。

(4)资本市场服务。这项服务提供全球各资本市场全面性的资信服务。64个国家超过3500名从事资本市场业务的人员,提供信息给该项服务系统。报价的范围包括欧洲债券、政府和境内发行的票据、认股凭证、商业票据和其他资本市场工具。

(5)股票服务。与亚洲、欧洲、北美洲和大洋洲主要证券和期货交易所直接连接,为客户带来源源不断的市场信息。美联社在世界各地的记者和通讯员网络不断报道有关股票的新闻和价格动向。专家、经纪人和其他专业人士也直接将报价和市场资料输入信息系统。

三、德励财经终端

德励财经终端原隶属于美国道琼斯公司,现隶属于 Money Line 公司,是一家专门的财经资讯公司,它的专家系统包括了全世界各大交易中心、数千家外汇银行、经纪商、证券公司和研究机构。该系统 24 小时为用户提供外汇、证券、期货、商品等方面的价格行情,还有市场评论、图表分析、走势预测等文字性的资料,信息内容广泛,多达 6000 多项。而且,德励财经公司专门租用了通信卫星,以保证信息传送的速度和质量。该系统主要提供以下几项服务。

(1)即时货币汇率和经济金融新闻。德励财经资讯系统提供各国货币汇价、利率、黄金、证券、期货和期权的即时同步行情和报价,提供美联社的全球性新闻服务。

(2)市场评论和图表走势分析。德励财经资讯系统提供 2000 多家银行、证券和外汇等专门金融机构的市场走势分析,以及各种有关价格走势的技术分析图表,包括动态的和静态的。交易员可根据所需调用或利用该系统的终端机绘制所需的技术分析图表。

(3)叙作外汇买卖。交易员通过德励财经资讯系统的终端机可与该系统内任何一家银行进行外汇买卖。交易员只要在键盘上输入自己的终端密码,然后再输入对方银行的代码,叫通后即可与其进行询价、还价甚至交易。一旦成交后与该终端机相连的打印机会自动打印出交易"合同"。

四、彭博资讯终端

彭博资讯终端由美国彭博信息公司(Bloomberg)于 1981 年创建,它是一家全球性的信息服务、新闻和传媒公司,总部位于纽约。彭博资讯终端将金融市场的实时数据、驱动市场的新闻、深度研究、分析功能、沟通工具和世界级的交易执行系统整合为一体,提供全方位解决方案。目前,彭博资讯终端在全球实时数据市场上已占据约 36% 的市场份额。

在国际金融界,彭博资讯系统的旗舰产品是"彭博专业服务"(Bloomberg Professional Service),即用电视、广播、文字、数据、软件分析等各种手段,即时向用户直播全球重大的财经新闻,以及各地各种交易市场的实时行情。彭博资讯终端上提供实时市场数据,覆盖金融市场,内容涉及固定收益、股票、外汇、商品和衍生品等各个资产类别,所有信息被无缝整合,通过个人电脑或移动设备向客户实时传递。彭博资讯终端还向用户提供驱动市场和影响企业决策的新闻,包括彭博新闻社和第三方新闻专线报道的新闻资讯,涵盖商业、市场、政府等多个领域。

彭博资讯系统的目标客户是金融证券投资领域的专业人士和机构,包括世界银行、国际清算银行等国际组织、投资机构、商业银行、政府部门、大型公司企业、新闻机构及其高级管理人员等。其主要优势在于向客户提供专业化的定价与财务分析方法,减少客户对中介机构的依赖。彭博资讯系统的分析软件和历史数据富有特色,可根据客户的投资组合计算投资回报,并为客户提供产业分析和投资策略。彭博新闻社还可提供债券收益、美国证券交易委员会(SEC)文件、公司 CEO(首席执行官)的自传、分析师报告等。在华尔街投资银行家和交易商看来,彭博资讯终端不仅是有价值的信息渠道,而且其非常时尚、不断翻新的界面也备受用户欢迎。彭博资讯终端甚至已成为使用者身份和地位的象征。

···· 本章实训任务 ··

　　任务一:运用外汇交易的基本术语,通过模拟外汇交易进行银行和客户的角色扮演。
　　任务二:收集主要外汇交易终端的有关服务项目的资料,并根据收集的资料进行服务特色的比较。

第二章　外汇交易的场所——外汇市场

一、了解外汇市场的含义与类型
二、熟悉外汇市场的参与者和交易层次
三、掌握外汇市场的交易机制和交易时间
四、了解全球主要的外汇市场

本章基础知识

第一节　外汇市场的含义与类型

一、外汇市场的含义

外汇市场是指在国际上从事外汇买卖,调剂外汇供求的交易场所。它的职能是经营货币商品,即不同国家的货币。它是由外汇需求者、供给者和中介机构组成的专门从事外汇买卖的场所和网络。贸易往来的频繁及国际投资的增加,使各国之间的经济形成密不可分的关系,全球的经常性经济报告如通货膨胀率、失业率及一些不可预期的消息如天灾或政局的不安定等,皆为影响币值的因素,币值的变动也影响了这个货币在国际上的供给与需求。国际性贸易及汇率变动的结果,造就了全球最大的交易市场——外汇市场,一个具有高效率性、公平性及流通性的一流世界级市场。同时,外汇市场的存在和发展,又促进了国家间的货币交易,便利了国际资本转移、借贷资金融通,方便了国际支付结算、债权债务清偿,从而对各国的经济发展乃至整个世界经济的发展起积极的推动作用。

目前世界上约有 30 多个主要的外汇市场,其中最重要的有伦敦、纽约、巴黎、东京、瑞士、新加坡、中国香港等,它们各具特色并分别位于不同的国家和地区,相互联系,形成了全球的统一外汇市场。外汇市场并非传统印象中的实体市场,没有实体的场所供交易进行,交易是通过电话及计算机终端机在世界各地进行,直接的银行间市场是以具备外汇清算交易资格的交易商为主,他们的交易构成总体外汇交易中的大额交易,这些交易创造了外汇市场的巨额交易,也使外汇市场成为最具流通性的市场。

外汇市场是目前全球最大的金融市场,日交易量高达 6.6 万亿美元。在传统印象中,外汇交易被认为仅适合银行、财团及财务经理人所应用,但是近年来外汇市场持续成长,并已连结了全球的外汇交易人,包括银行、中央银行、经纪商及公司组织如进出口业者及个别投资人,许多机构组织包括美国联邦银行都透过外汇赚取丰厚的利润。现今,外汇市场不仅为银行及财团提供了获利的机会,也为个别投资者带来了获利的契机。

二、外汇市场的类型

1.按市场的组织方式不同,外汇市场可分为交易所市场和柜台市场

交易所市场是指外汇交易的形式采用具体的、固定的交易所,有固定的营业日和开盘/收盘时间,外汇交易的参与者于每个营业日规定的营业时间集中在交易所进行交易。如巴黎外汇市场、米兰外汇市场等欧洲大陆的德、法、荷、意等国的固定外汇交易所。

柜台交易市场是指没有固定场所,没有一定的开盘/收盘时间,交易双方不必面对面地交易,只靠电传、电报、电话等通信设备和计算机网络相互接触和联系,协商达成交易。英国、美国、加拿大及瑞士等均采用此种方式。

2.按市场参与者不同,外汇市场可分为外汇零售市场和外汇批发市场

外汇零售市场是由外汇银行与公司及个人客户之间的交易构成的外汇市场,也称银行与客户间外汇市场,是外汇市场存在的基础。该市场的基本特点是:没有最小交易金额限制,每笔交易较为零散,银行所报买卖差价较大。

外汇批发市场是指银行同业之间买卖外汇形成的市场,每天成交金额巨大。银行间的外汇交易多是为了调整自身的外汇头寸,以减少和防止由汇率变动所产生的风险。

3.按政府干预的程度不同,外汇市场可分为官方外汇市场和自由外汇市场

自由外汇市场是指不受所在国政府控制,汇率由外汇市场供求关系决定的外汇市场。官方外汇市场是指受所在国政府控制,按照中央银行或外汇管理机构规定的官方汇率进行交易的外汇市场。

4.按外汇买卖交割期的不同,外汇市场可分为外汇现货市场和外汇期货市场

在外汇现货市场交易的货币是可以兑换的,交易协议成立后可以立即交割,或在极短的时间内交割。在外汇现货市场上进行外汇交易的汇率风险较小。

外汇期货市场是指外汇交易的双方购买或出售一种标准的外汇买卖契约,约定在将来某一规定的日期进行交割的市场,交割时按协议的汇率进行,而不是按交割时的汇率。外汇期货市场的形成是为了规避浮动汇率下的汇率风险,进行套期保值而形成的。

第二节　外汇市场的结构

一、外汇市场的参与者

1.外汇银行

外汇银行又叫外汇指定银行,由各国中央银行或货币当局指定或授权经营外汇业务的银行。外汇银行通常是商业银行,可以是专门经营外汇的本国银行,也可以是兼营外汇业务的本国银行,或者是在本国的外国银行分行。外汇银行是外汇市场的交易主体和外汇业务的中介。外汇银行不仅收买外汇供给者的外汇,并将外汇卖给外汇需求者,充当外汇供求的主要中介人,出于平衡头寸、保值或盈利的需要,也自行对客户买卖外汇,参与外汇市场投机活动。

2.外汇交易商

外汇交易商是指买卖外汇的交易公司或个人。外汇交易商利用自己的资金买卖外汇,从中取得买卖价差。外汇交易商多数是信托公司、银行等兼营机构,也有专门经营这种业务的公司和个人。

3.外汇经纪商

外汇经纪商是指介于外汇银行之间、外汇银行和其他外汇市场参与者之间,为买卖双方接洽外汇交易而赚取佣金的中间商。许多国家规定,外汇经纪人必须经过当地中央银行批准,才能取得经营业务的资格。有的国家还规定,外汇买卖必须通过外汇银行和外汇经纪人才能进行。

外汇经纪商与外汇交易商的本质区别在于外汇经纪商是一个中介方,本身很少或不进行交易,而外汇交易商是外汇市场上的买方或卖方,自身会进行交易。两者本质不同,所提供的服务也不同,外汇经纪商会帮助客户分析外汇市场情形,帮助选择外汇交易,还会帮投资人管理资金;而外汇交易商会提供市场交易平台,这些平台大部分都受到严格监管,这些平台的本质是为客户进行外汇交易提供一个媒介,方便客户进行交易,但客户交易的盈亏自负,外汇交易商不提供额外的服务。两者获利的方式也不同,外汇经纪商主要是通过帮助客户进行交易赚取佣金,本质上获利的是中介费;而外汇交易商则是通过外汇买卖的点差获利,本质是外汇交易盈利。

4.中央银行

中央银行在外汇市场上的活动主要有:(1)作为普通参与者,参加外汇交易活动。中央银行作为政府的银行参与外汇市场,为政府和重要的国有企业进行外汇交易。(2)通过中央银行对外汇市场进行干预,实现一国的货币政策。当某些因素导致一国汇率发生剧烈变动,或者一国宏观经济政策需要汇率调整的配合,或者为了管理和控制本国的货币供应量等原因需要中央银行参与外汇市场时,中央银行就会大量抛售或购进某种外汇,使外汇汇率或本币朝着有利于中央银行管理的方向变化。从这个意义上讲,中央银行不仅是外汇市场的参与者,而且是外汇市场的实际操纵者或领导者。(3)中央银行还是外汇市场的管理者,监督和管理整个金融市场。

外汇市场干预是央行买卖外币的主要原因之一。许多中央银行代理政府的主要国际业务,并为政府和其他公共部门及企业处理大部分外汇交易。这些部门包括邮局、电力公司、国营航空或铁路部门。即使中央银行不进行干预业务,中央银行也会入市为政府采购或为了投资目的买入或卖出外币。中央银行有可能增购外汇、调整持币或减少外汇储备存量。中央银行也有可能作为另一家中央银行的代理行入市,利用别国中央银行的资源影响该国的汇率。另外,中央银行也可能帮助另一家中央银行购入其业务或业务费用所需的外币。

以美国联邦储备银行纽约分行的外汇操作室为例,该交易室偶尔进行外汇干预操作,在日常交易中入市金额不大,为其客户(其他中央银行、美国政府部门和国际机构)买入或卖出数量不多的外币。代理客户业务既可为其他中央银行或机构提供有用的服务,又能使美国联邦储备银行的交易室熟悉与掌握货币市场的变化。

5.非银行客户

在外汇市场中,凡是与外汇银行有外汇交易关系的公司和个人都是外汇银行的客户,他们是外汇市场上的主要供求者。实际外汇供求者主要包括:进出口商、跨国企业、政府机构。他们参与外汇市场主要是为了进行债权与债务的结算、进出口收付款或是为未来的一笔账款的结算规避风险等。而外汇投机者则通过对汇率的涨跌趋势的预测,利用外汇汇率和时间的差异,低买高卖,赚取市场投机利润。

金融和非金融机构客户包括规模较小的、不具备做市商条件的商业银行和投资银行,还包括因业务需要(买卖产品服务、金融资产)进行外汇买卖的公司、企业货币基金、共同基金、对冲基金和养老基金的基金管理公司以及非常富有的个人客户。对这些中间机构和最终客户而言,外汇交易是支付过程的一部分,也就是为完成一些商业、投资、投机或保值活动的一种选择。

近年来,境内外投资(如资本流动、跨国界银行金融资产以及证券交易)的增长速度远远超过国际贸易。机构投资者、保险公司、养老基金、对冲基金和其他基金已成为外汇市场的主要参与者。许多基金已开始用全球眼光管理投资组合。尽管用于外汇投资的资金总量仅占基金的很少一部分,通常为 5%～10%,但基金所控制的雄厚资本足以使它们成为外汇市场的主角。只要这些基金把少量的资金转投外汇市场,外汇市场的交易额就会大幅增加。

二、外汇市场的交易层次

外汇交易一般可分为三个层次,即外汇银行与顾客之间的外汇交易、外汇银行之间的外汇交易以及外汇银行与中央银行之间的外汇交易。

1.外汇银行与顾客之间的外汇交易

顾客出于各种各样的动机,需要向外汇银行买卖外汇。非投机性外汇买卖常常是与国际结算联系在一起的,故主要是本币与外币之间的相互买卖;而投机性外汇买卖涉及的币种就较为广泛了。银行在与顾客的外汇交易中,一面从顾客手中买入外汇,一面又将外汇卖给顾客,实际上是在外汇的最初供给者与最终需求者之间起中介作用,赚取外汇买卖差价。

2.外汇银行之间的外汇交易

银行在经营外汇业务时,不可避免地会出现营业日内外汇买入额与外汇卖出额不平衡的情况。如果某一币种的购入额多于出售额,则该币种外汇头寸为"多头"(long position)或"超买"(overbought);如果某一币种的购入额低于出售额,则该币种外汇头寸为"空头"(short position)或"超卖"(oversold)。"多头"或"空头"统称"敞口头寸"(open position)。为了避免汇率波动造成损失,银行一般采取"买卖平衡"的策略,主动参与银行间市场的交易,以轧平(square)各币种的头寸,即将多头抛出,空头补进。当然,这并不意味着银行在买卖外汇以后,立即进行平衡,它们可根据各国的金融情况、本身的资金力量以及对汇率变动趋势的预测,或者决定立即平衡,或者推迟平衡。银行有意持有外汇"多头"或"空头",即为外汇投机。

3.外汇银行与中央银行之间的外汇交易

中央银行对外汇市场的干预,是通过与外汇银行之间的交易进行的,当某种外币汇率上涨幅度高于市场预期值时,中央银行就会向外汇银行出售这种外币,增加市场对该外币的供给,促使其汇率下跌;反之,当某种外币汇率下跌幅度超过市场预期值时,中央银行就会向外汇银行购入这种货币,增加该货币的需求,促使其汇率上升。

无论是银行与顾客之间的交易、银行同业之间的交易,还是银行与中央银行之间的交易,成交后的外汇交割都是采用对银行在国外往来银行的活期存款账户进行划拨处理的方式。外汇银行通常将持有的外汇存放在外国银行的活期存款账户上,当银行从顾客或其他银行手中购入外汇时,该账户的外汇余额增加;反之,当银行售出外汇时,该账户的外汇余额减少。因此,外汇交易往往就是买卖以外币活期存款形式存在的外汇。

三、外汇市场的交易机制

外汇市场有几个非常明显的制度上的特征:其一,这是一个庞大的具有两层结构的分散市场,即客户与银行、银行与银行的交易市场。其二,在这个市场中,巨大交易量是经过多个做市商机制来完成的。而且,交易者除了选择银行间的直接交易形式外,还可以选择利用经纪人中介的间接交易形式。其三,没有对交易价格和交易量等信息随时披露的要求,透明度明显低于其他的金融市场。其四,缺乏清算机制,信用风险较大。

外汇市场的交易制度有广义与狭义之分。广义的外汇交易制度泛指与外汇交易有关的运作规则,包括交易形式、市场层次、参与者行为规范和清算机制等。狭义的外汇交易制度是指外汇交易机制,是指使外汇买卖双方报价及订单匹配成交的方式和方法,其核心是价格形成机制。

外汇市场交易机制按照价格形成方式的不同可以分为指令驱动和报价驱动两种类型,也就是通常所说的竞价交易和做市商制度。前者是指订单(即外汇买卖指令)被发往同一个中心场所,由指令之间交互作用而形成外汇市场价格,包括集合竞价和连续竞价两种交易模式;后者是指由做市商报出买卖外汇的双向价格,其他市场参与者如果接受即可成交,因此市场价格就是做市商报价。竞价制和做市商制不同的运作原理决定了在这两种价格形成机制下相应的市场绩效(即市场的流动性、稳定性、透明度和交易成本)也是不同的。

1.做市商制度

做市商制度是成熟金融市场普遍存在的一种报价驱动交易机制,其显著特点是做市商同时进行买卖双向报价,并按这一价格接受其他交易者的交易需求进行交易。做市商通过这种不断的买进卖出为市场提供流动性,并通过低买高卖的适当差额来补偿所提供服务的成本费用,以期实现一定的利润。在外汇市场上,做市商制度一般是指多元做市商制度,即每一个交易品种同时由很多个做市商负责维持市场流动性。

做市商通常由具备一定实力和信誉的大银行或其他金融机构(如投资银行或保险公司)担任,持续向投资者提供外汇的买卖价格(即双向报价),并在该价位上接受投资者的买卖要求。以美国为例,联邦储备银行对做市商的入选标准没有硬性规定,但入选的银行必须积极参与外汇交易,有一定的知名度,并有良好的融资渠道。

做市商制度是随着外汇市场的逐渐发展才产生和完善的。起初,美国的少数大型商业银行代客户买卖外汇,承担着中间商和做市商的双重身份。同时,美国大银行还与许多其他商业银行以代理行的身份进行外汇交易,也有部分自营业务。大银行之间的交易日益频繁,于是外汇同业市场逐渐形成。

随后,一些投资银行和其他金融机构步大银行的后尘,纷纷加入外汇同业市场,这些机构既是外汇交易做市商,同时也为不同的客户提供外汇服务。因此,典型的做市商市场有两个层次:第一个层次是做市商和投资者之间的零售市场;第二个层次是做市商和做市商之间的批发市场。

正常交易时,做市商愿意在一定范围内动用公司资本按报价完成买卖交易,并期望利用差价获利。外汇做市商有助于市场运行,有利于提高市场的流动性,减少短期价格波动;能提供有效的价格信息,平稳外汇交易业务,保持市场交易的连续性。

2021 年 1 月,我国国家外汇管理局修订《银行间外汇市场做市商指引》,鼓励做市商提高各产品综合交易和做市能力,引导更多银行参与报价和提供流动性。银行间外汇市场在延续"做市商—尝试做市机构—普通机构"竞争性三级分层体系的基础上实现结构优化。第一级为做市商,共 25 家,包括大型银行、股份制银行、政策性银行、外资银行和城商行,涵盖类型全面,做市能力较强;第二级为分产品尝试做市机构,共 15 家,数量呈现显著增长;第三级为普通机构,共 719 家。通过优化做市商结构,扩充做市力量,进一步提高我国外汇市场机构做市积极性,提升做市质量和流动性供应水平。

2.竞价交易

集中竞价交易机制,即交易系统对金融机构录入的买入报价和卖出报价分别排序,然后按照价格优先、时间优先的原则撮合成交。竞价交易的基本特征是:成交价格的形成由买卖双方直接决定,交易者买卖外汇的对象是其他交易者。交易订单之间在一定的时间或时点按照一定的撮合原则进行交易。经纪商仅仅起中介作用,自身并不参与交易。

竞价交易可分为集合竞价和连续竞价。集合竞价是在交易时间的特定时间点对交易者的买卖需求集中进行撮合;连续竞价则是在交易时间的任何时间点均可对交易者买卖需求进行撮合。在集合竞价市场,外汇买卖具有分时段性,即交易者进行买卖委托后,不能立即执行并成交,而是在某一规定的时间,按照一定规则,由有关机构将在不同时点收到的订单集中起来,进行匹配成交。在连续竞价市场,外汇交易是在交易日的各个时点连续不断地进行的,只要根据订单匹配规则,存在两个相匹配的订单,交易就会发生。在连续竞价市场,汇率的相关信息连续提供,交易在订单匹配的瞬间进行。

竞价交易与做市商制度的对比如表 2-1 所示。

表 2-1　竞价交易与做市商制度的对比

交易机制	竞价交易		做市商制度
	集合竞价	连续竞价	
是否直接交易	是	是	否
交易双方的市场地位	平等	平等	做市商需要申请并经批准
定价者	交易双方	交易双方	做市商
价格连续性	差	好	很好
成交及时性	差	好	很好
信息传递速度	定期、间断	实时	实时
信息传递效率	低	高	高
交易双方信息是否对称	是	是	否,做市商有信息优势
结算价格	一个	多个	多个
市场平均交易成本	最低	较低	高

除了按照价格形成机制分类外,外汇市场的交易方式还有其他多种分法。例如,零售交易与批发交易、直接交易与通过经纪人交易等。综合来看,现有的外汇交易主要是通过三个渠道进行的:一是顾客与银行间的交易;二是国际市场上银行之间的交易;三是通过经纪人交易。后两者占据了绝大部分的外汇交易量。通过经纪人交易的成本通常来说高于银行间交易成本,但这一交易方式仍有市场,原因大致可以归纳为四点:一是交易规模较小,因为小额买卖无法进行银行间交易;二是为了获取更多的私有信息;三是为了保护自己的投资战略不被竞争对手察觉;四是为了减少搜索成本,因为不知道哪家银行可能给出最优报价。从价格形成机制的角度看,经纪人交易可以归类为指令驱动型交易,主要原因在于价格和数量是同时设定的,而且交易完全依靠经纪人作为中间媒介撮合成交。

近年来,随着电子交易方式的不断进步,外汇市场交易今后是否会朝着有组织化的交易方式(如证券那样的场内交易)的方向发展,成为近年人们最为关心的问题之一。电子交易系统(如 EBS 和 Reuters Dealing)的发展在一定程度上缓解了外汇市场的透明度问题,加快了外汇市场有组织化的进程(至少是价格信息的有组织化)。

四、外汇市场的交易时间

外汇市场是一个全球性的市场。由于全球各金融中心的地理位置不同,因此亚洲市场、欧洲市场、美洲市场因时间差的关系,刚好连接成一个全天24小时连续作业的全球外汇市场。主要外汇市场的开、收盘时间如表2-2所示。

表2-2 主要外汇市场的开、收盘时间

地区	市场	当地开收盘时间	非夏令(11月—次年3月)		夏令(4月—10月)	
			北京时间			
			开盘	收盘	开盘	收盘
大洋洲	惠灵顿	9:00—17:00	5:00	13:00	4:00	12:00
	悉尼	9:00—17:00	7:00	15:00	6:00	14:00
亚洲	东京	9:00—15:30	8:00	14:30	8:00	14:30
	香港	9:00—16:00	9:00	16:00	9:00	16:00
	新加坡	9:30—16:30	9:30	16:30	9:30	16:30
欧洲	法兰克福	9:00—16:00	16:00	23:00	15:00	22:00
	苏黎世	9:00—16:00	16:00	23:00	15:00	22:00
	巴黎	9:00—16:00	16:00	23:00	15:00	22:00
	伦敦	9:30—16:30	17:30	00:30	16:30	23:30
北美洲	纽约	8:30—15:00	21:00	4:00	20:00	3:00
	芝加哥	8:30—15:00	22:00	5:00	21:00	4:00

1.外汇交易的时间规律(以北京时间为准)

(1)上午5～14点行情一般甚是清淡。这主要是因为亚洲市场的推动力量较小。震荡幅度一般在30点以内,没有明显的方向,多为调整和回调行情。

(2)午间14～18点为欧洲上午市场,15点后一般有一次行情。欧洲市场开始交易后,资金就会增加。外汇市场是一个金钱堆积的市场,因此哪里的资金量大,哪里就会出现大的波动。而且,此时段也会伴随着一些对欧洲货币有影响力的数据的公布。该时段的震荡幅度一般在40～80点。

(3)傍晚18～20点为欧洲的中午休息和每周市场的清晨,较为清淡。这段时间是欧洲的中午休息时段,也是等待美国开市的前夕。

(4)20～24点为欧洲市场的下午盘和美洲市场的上午盘。这段时间是行情波动最大的时候,也是资金量和参与人数最多的时段。震荡幅度一般在80点以上。在这段时间,行情会完全按照当天的方向行动,故判断这次行情就要跟对大势了。它可以和欧洲是同方向的也可以和欧洲是反方向的。总之,应和大势一致。

2.最佳的外汇交易时段

(1)两大外汇交易地区重叠交易时段:如亚洲和欧洲市场重叠(北京时间15:00—16:00

左右),欧洲和北美洲市场重叠(北京时间20:00—24:00左右)的交易时段市场最活跃。

(2)伦敦、纽约外汇市场交易时段:特别是伦敦、纽约两个市场交易时间的重叠区(北京时间20:00—24:00左右),是各国银行外汇交易的密集区,因此是每天全球外汇市场交易最频繁,市场波动最大,大宗交易最多的时段。

(3)每周中间时段(北京时间周二至周四)是一周交易较活跃时期,较适宜交易。

3.不适宜的外汇交易时段

(1)周五:可能会有一些出乎意料的消息产生,此时交易风险较大。

(2)节假日:一些银行可能休市,交易量清淡,不宜交易。

(3)重大事件发生时:此时入市风险较大。

此外,一般本地货币会在本地市场的交易时段内比较活跃,交易者也可根据自己手中的币种进行交易时段的选择。比如:亚洲市场开市时的澳元、日元相对比较活跃,欧洲市场开市时的欧元、英镑、瑞郎相对比较活跃,美洲市场开市时的美元、加元相对比较活跃。但选择时段进行交易,仅是外汇交易中的小技巧,并非决胜的法宝。如果要让赚钱更有把握,还是应该保持对市场的观察,并熟练掌握分析技巧。

第三节　世界主要外汇市场简介

当前,全球主要的外汇市场主要分布在亚洲、欧洲、北美洲、大洋洲等四大部分。其中亚洲主要有日本东京外汇市场、新加坡外汇市场和中国香港外汇市场;欧洲主要有英国伦敦外汇市场、德国法兰克福外汇市场;美洲的主要是美国纽约外汇市场;大洋洲的主要是澳大利亚悉尼外汇市场。

全球最重要的三大外汇市场就是伦敦、纽约、东京。伦敦是世界上最大的外汇交易中心,纽约是北美洲最活跃的外汇市场,东京是亚洲最大的外汇市场。以下将围绕三大外汇市场的悠久历史、交易机制和监管特点展开介绍。

一、伦敦外汇市场——历史悠久的资金汇集地

1.发展历史

伦敦作为世界上最悠久的国际金融中心,伦敦外汇市场的形成和发展也是全世界最早的。早在一战之前,伦敦外汇市场已粗具规模。1979年10月,英国全面取消了外汇管制,伦敦外汇市场迅速发展起来。

全球主要的银行、机构、财团都会在伦敦外汇市场开盘后,才正式进行大宗交易。所以全球外汇市场一天的波动也伴随着伦敦市场的开盘开始加剧,如果投资者选择在这个时间段内进行外汇交易,不失为一个良好的时机。

2.主要参与者与交易品种

伦敦外汇市场由经营外汇业务的银行及外国银行在伦敦的分行、外汇经纪人、其他经

营外汇业务的非银行金融机构和英格兰银行构成。伦敦外汇市场有约 300 家领有英格兰银行执照的外汇指定银行,其中包括各大清算银行的海外分行。世界 100 家最大的商业银行几乎都在伦敦设立了分行。它们向顾客提供了各种外汇服务,并相互间进行大规模的外汇交易。

外汇银行和外汇经纪人分别组成了行业自律组织,即伦敦外汇银行家委员会和外汇经纪人协会,负责制定外汇市场交易规则和收费标准。外汇经纪人与外币存款经纪人共同组成外汇经纪人与外币存款经纪人协会。

伦敦外汇市场的外汇交易分为即期交易和远期交易,交易货币种类繁多,经常有三四十种,多时可达 80 多种,主要是美元、英镑、欧元、日元、瑞郎的交易,其中英镑兑美元(GBP/USD)交易规模最大。交易处理速度迅速,工作效率极高。当然,伦敦外汇市场上的外汇买卖与"欧洲货币"的存放有着密切联系。尤其是欧洲投资银行在伦敦市场积极地发行大量欧洲债券,使伦敦外汇市场的国际性更加突出。

3.经营范围

伦敦外汇市场经营一切可兑换货币的现货交易,也经营为期 1 年的期货交易。

(1)现汇交易。在伦敦外汇市场上,大部分经营的是现货交易(即期交易),即在外汇买卖成交后 2 天之内进行交割。如果外汇银行直接向客户买卖外汇,其交割日则在当天。在外汇行情表中,一般均标明两套不同的汇率:一种为上日幅度,即指前一天的最高与最低的行情;另一种为"本日收盘",即指本日收盘时的买价与卖价。在该市场上,英国银行与顾客进行交易的汇率,均以市场行情为依据,各银行的分支机构每天清晨都收到当天的汇率表,可在此幅度内自行变动。

(2)期货交易。外汇期货交易是在外汇买卖成交时,双方签订合约,规定按约定的时间进行交割。伦敦外汇市场上的期货交易预约的期限都按月计算,一般为 1 个月、3 个月或半年,最长可达 1 年,通常以 3 个月较为普遍。

4.运营特点

(1)无形市场

伦敦外汇市场是一个典型的无形市场,它与欧洲大陆某些国家的外汇市场固定在一定的场所进行交易有所不同,它没有固定的交易场所,相关人员只是通过电话、电传、电报完成外汇交易。1979 年 10 月 24 日,英国政府宣布完全解除外汇管制,伦敦外汇市场成为基本上完全自由的市场,从此外汇交易量便不断增长。

(2)间接标价法

伦敦外汇市场的标价采取间接标价,因为英国过去采取的不是十进位制,以外国货币来表示英镑的价格比用英镑表示外国货币的价格要方便些。虽然英国已在 1971 年 2 月改行十进位制但其汇率的标价方法仍沿袭其传统,采取间接标价法。

5.监管特点

随着伦敦外汇交易市场的迅猛发展,大批国内外外汇经纪商如雨后春笋般涌现出来,英国金融行为监管局(Financial Conduct Authority,FCA)应运而生,FCA 负责监管各类金融机构的业务行为,促进金融市场竞争,并保护消费者,直接向英国议会与财政部负责,FCA 的严格监管保证了伦敦外汇金融市场的长久繁荣。

根据FCA的客户资金使用准则的要求,相关经纪商需每日将应付客户的所有资金分离出来,并保存在FCA许可的银行中,经纪商仅作为受托人持有这些资金。如此,投资者的资金安全得到了极大的保障,如果出现外汇经纪商卷款逃走的情况,客户也有金融服务补偿计划(financial services compensation scheme,FSCS)作为后盾。FSCS由金融服务补偿计划有限责任公司负责实施,该公司是一个独立的法人机构,具有商业公司的所有特点。但该公司同时又是受FCA监督的独立法人机构,在职能上担任FCA委任的存款、保险和投资赔付,所以受FCA监管的经纪商成为投资者的主流之选。

二、纽约外汇市场——美元的全球调拨枢纽

1.发展历史

美国纽约外汇市场是在二战时期兴起的,目前是北美洲最活跃的外汇市场,同时也是全球第二大外汇交易中心,对世界外汇市场的走势有着十分重要的影响。

纽约外汇市场是全球美元交易的清算中心,同时美国也是全球大规模资本流动的中心,所以纽约市场对全球的外汇交易影响非常大。作为全球活跃度最大的外汇交易市场,投资者更倾向于在纽约市场交易时间内进行交易。

美国纽约外汇市场的日交易量仅次于英国伦敦外汇市场。在纽约外汇市场交易的除美元外,欧元、英镑、瑞郎、加元、日元等交易也较为活跃。

2.运营特点

(1)无形市场。纽约外汇市场是美国规模最大的外汇市场。和伦敦外汇市场一样,纽约外汇市场也是一个无形市场,但是和伦敦外汇市场相比,该外汇市场交易更显现代性,它通过现代化的通信网络与电子、电脑进行交易,其货币结算都可通过纽约地区银行同业清算系统和联邦储备银行支付系统进行。

目前,纽约外汇市场建立了最为现代化的电子计算机系统,它的电脑系统和监视系统纳入了外汇交易和信贷控制的全部程序。客户可随时了解世界主要货币的即期、远期汇率和货币市场汇率,并随时与外汇经纪人和经营外汇业务的银行保持着密切联系,这种联系组成了纽约银行间的外汇市场。

(2)报价方式。纽约外汇市场是一个完全自由的外汇市场,其汇率报价既采用直接标价法也采用间接标价法以便于在世界范围内顺畅地进行货币交易。

3.主要参与者与交易品种

美国对经营外汇业务没有限制,也没有专门指定的外汇银行,所以绝大部分美国银行和金融机构都可以办理外汇业务,参与主体主要包括美国联邦储备体系的成员银行和非成员银行(商业银行、储蓄银行等)、外国银行在纽约的分支机构、境外银行的代理行和代表处、证券公司、保险公司以及股票和外汇经纪商等。银行同业间的外汇买卖大部分是通过外汇经纪人办理,经纪人的业务不受任何监督,对其安排的交易也不承担任何经济责任,只是在每笔交易完成后收取卖方的佣金。

在外汇市场上,小部分外汇市场经纪商专门买卖某种外汇,但大部分还是同时从事多种货币的交易。纽约外汇市场交易是非常活跃的,不过与进口贸易相关的外汇交易量还

是比较小,相当部分外汇交易和金融期货市场密切相关。这主要是由于美国的进出口贸易多以美元计价结算,无须买卖外汇所致。美国的企业很少同外汇市场发生关系,只在进行金融期货交易时才与外汇市场发生关系。

4.监管特点

美国历经多次金融危机,依然享有外汇行业监管最严厉的盛誉。在美国,外汇保证金行业的监管归属于美国期货协会(National Futures Association,NFA)和美国商品期货交易委员会(Commodity Futures Trading Commission,CFTC),交易者只被允许与在CFTC 和 NFA 注册为期货佣金商(Futures Commission Merchant,FCM)的经纪商进行交易。

美国 NFA 监管被外汇交易者视为行业信任的根基所在。NFA 是保障高效创新的监管流程的独立机构,旨在保护衍生品市场的完整性。NFA 活动范围包括:(1)对外汇经纪商进行全面调查,授予合格经纪商必要的外汇运营牌照;(2)保证外汇经纪商符合必要的资金要求;(3)打击诈骗;(4)要求外汇经纪商的所有交易和相关业务活动做好完备的记录并进行报告。

CFTC 是美国独立监管期货业及衍生品行业的监管机构,由美国国会在 1974 年创立。CFTC 是设在美国联邦政府下独立的行政机构,负责监管商品、货币、衍生品和金融期货期权市场。CFTC 的职责和目标定义明确:"保护市场参与者和公众不受与商品和金融期货、期权有关的诈骗、市场操纵和不正当经营等活动的侵害,保障期货和期权市场的开放性、竞争性的和财务上的可靠性。"

三、东京外汇市场——亚洲最大的外汇市场

1.发展历史

日本是全球最大的零售外汇市场,凭着不足 2 亿的人口,创造了全球 35％到 40％的零售量,日本东京是和英国伦敦、美国纽约并列的前三大国际外汇交易中心。在日本,银行、外汇经纪商和中介机构是外汇交易的主力。不过,这个市场却有着最高等级的监管,这犹如一层保护伞,既保护了本国投资者,也保护了当地经纪商。

日本东京外汇市场目前是世界第三大外汇交易中心,也是亚洲最大的外汇交易中心。由于日本是贸易大国,其进出口商的贸易需求对东京外汇市场上的汇率波动的影响较大。在东京外汇市场上 90％的交易都是美元对日元的买卖,日元对其他货币的交易相对较少。由于汇率的变化与日本贸易状况密切相关,日本中央银行对美元兑日元的汇率波动极为关注,同时频繁地干预外汇市场,这是该市场的一个重要特点。

早期的东京外汇市场是伴随着日本对外经济和贸易发展起来的,由于日本的经济和国家环境,日本的对外投资比较发达,对外出口的依赖也比较重,所以日元在国际交易中比较活跃。

2.主要参与者及交易品种

自 20 世纪 70 年代起,日本推行金融自由化、国际化政策,1980 年 12 月,日本实施新的"外汇修正法",外汇管制彻底取消,居民外汇存款和借款自由,证券发行、投资及资本交

易基本自由。东京外汇市场伴随着外汇管理体制的演变迅速发展,从一个区域性外汇交易中心发展为当今世界仅次于伦敦和纽约的第三大外汇市场,年交易量居世界第三。

东京外汇市场的参加者主要有以下五类:(1)外汇专业银行,即东京银行;(2)外汇指定银行,指可以经营外汇业务的银行,共 340 多家,这包括日本国内 243 家银行、99 家外国银行;(3)外汇经纪人;(4)日本银行;(5)非银行客户,主要包括企业法人、进出口商社、人寿财产保险公司、投资信托公司、信托银行等。

在东京外汇市场上,银行同业间的外汇交易可以直接进行,不一定要通过外汇经纪人进行,但日本国内的企业、个人进行外汇交易必须通过外汇指定银行进行。

东京外汇市场业务种类正趋于多样化。目前市场上最大宗的交易仍是日元美元互换买卖,这是因为日本贸易多数以美元计价,日本海外资产以美元资产居多。进入 20 世纪 90 年代,由于美国经济增长缓慢,日元对美元的交易增幅下降,日元对欧元交易量大幅增加。

3.场内交易机制及其优势

场外业务的场内化是衍生品交易模式的一大创新,东京金融交易所(TFX)于 2005 年首次将外汇保证金交易引入交易所市场。东京金融交易所的外汇保证金交易以面向个人投资者的零售业务为主,亦有机构投资者参与,产品推出后,交易规模增长迅速。

东京金融交易所外汇保证金交易的运行机制是:由做市商向交易所提供外汇报价,交易所从所有报价中选择最优价格报给交易所会员,投资者须通过交易所会员平台进行交易。个人与机构会员均可以申请成为做市商,通过交易所审查后获得做市资格。按照规定,在交易时间内,做市商需要对交易所内的所有外汇保证金交易持续提供合理的双向报价,这种做市模式增加了做市商之间的竞争,能够确保投资者得到最优报价。东京金融交易所的做市商制度保证了市场的流动性,同时也增加了报价程序的透明度。

与 OTC 交易相比,日本的外汇保证金交易增加了交易所监督的部分,所有交易所会员单位在受到《金融商品交易法》制约的基础上,还受到交易所准则的监督。相较于 OTC 交易来说,这无疑更规范,整个交易过程也更加安全。

4.监管特点

日本金融厅(Financial Services Agency,FSA)是日本的金融监管当局,全面负责对金融市场的监管工作。日本对金融市场实行统一监管,所以日本的外汇零售行业归日本金融监管厅监管。

从 2011 年开始,日本监管规定最高杠杆不超过 25 倍。这样的规定对于许多外国经纪商来说无疑是一项打击,导致许多提供高杠杆的外国经纪商很难占据日本市场。日本外汇保证金市场,在政策上实行禁止劝诱、信托保全制度、保证金比例制度、自我资本规制比率(金融期货交易业者自我资本规制比率不能低于 120%)、广告规定等措施;业务上实行网络推广、加强自身平台优势、降低交易点差等措施。

严苛的监管不仅体现在保证金交易杠杆上,还体现在居民投资者方面上。日本的金融法规规定,非日本居民不可以在日本金融机构开设外汇保证金交易账户。对于客户资金,不管是本国经纪商还是外国经纪商,一律要求采用资金第三方托管。

本章实训任务

任务一：查询我国外汇市场的发展概况、参与者、交易层次、交易品种等信息，以进一步熟悉我国外汇市场。

任务二：比较竞价交易和做市商制度两种外汇交易机制的不同。

任务三：收集伦敦、纽约和东京外汇市场的有关资料，并根据收集的资料进行比较，内容包括：发展历史、运营特点、交易品种、监管特点等。

第三章　外汇交易的商品——外汇

一、认识美元的票样,明确美元的发行机构

二、学会解读美元指数(USDX)

三、掌握在外汇交易中运用美元指数的基本方法和技巧

四、认识主要货币:美元、欧元、日元在外汇交易中的特性

第一节　外汇的概述

一、外汇的含义

外汇的含义有静态与动态之分,外汇交易中的外汇指的是静态意义上的外汇,是指以外币表示的用于国际结算的支付手段。这种支付手段包括以外币表示的信用工具和有价证券,如银行存款、商业汇票、银行汇票、银行支票、外国政府库券及其长短期证券等。

二、外汇的形态:现钞与现汇

外汇的存在形态包括现钞和现汇。

现钞主要指的是由境外携入或个人持有的可自由兑换的外国货币,简单地说就是指个人所持有的具体、实在的外国纸币和硬币,如美元、日元、英镑等。

现汇是指由国外汇入或由境外携入、寄入的外币票据和凭证,是账面上的外汇,它不存在实物形式的转移,只在账面上划转。在我们日常生活中能够经常接触到的主要有境外汇款等。

　　由于人民币是我国的法定货币,外币现钞在我国境内不能作为支付手段,只有运送到国外存入外国银行成为现汇,才能充当国际支付手段。这个运送的过程是由银行来完成的,其间需要支付包装、运输、保险等费用,这些费用由卖出现钞的客户承担;而现汇作为账面上的外汇,它的转移出境只需进行账面上的划拨就可以了。因此,在银行公布的外汇牌价中现钞买入价与现汇买入价并不等值,现钞的买入价要低于现汇的买入价。

三、主要国家或地区的货币名称及代码

　　学习外汇交易,应该熟悉主要交易货币的国际标准三字符代码,其中美元、欧元、日元、英镑、瑞士法郎、加拿大元、澳大利亚元、新加坡元、港币为外汇交易中常见的币种,具体如表 3-1 所示。

表 3-1　主要国家或地区的货币名称及代码

货币名称	货币代码	货币名称	货币代码
人民币	CNY	美元	USD
日元	JPY	欧元	EUR
英镑	GBP	澳大利亚元	AUD
瑞士法郎	CHF	马来西亚林吉特	MYR
加拿大元	CAD	菲律宾比索	PHP
港币	HKD	新加坡元	SGD
印度卢比	INR	泰铢	THB
新西兰元	NZD	韩国元	KRW
俄罗斯卢布	RUB	瑞典克朗	SEK

第二节　主要交易货币及其在外汇交易中的特性

一、美元

(一)美元现钞的主要特征

　　货币名称:美元(United States dollar)
　　发行机构:美国联邦储备银行(U.S. Federal Reserve Bank)
　　货币代码:USD
　　货币符号:$

辅币进位:1 美元=100 美分(cents)

钞票面额:1 美元、2 美元、5 美元、10 美元、20 美元、50 美元、100 美元七种。以前曾发行过 500 美元和 1000 美元大面额的钞票,现在已不再流通。辅币有 1 美分、5 美分、10 美分、25 美分、50 美分。

从 1913 年起美国建立联邦储备制度,发行联邦储备券。现行流通的钞票中 99% 以上为联邦储备券。美元的具体发行业务由联邦储备银行负责办理。美元是外汇交换中的基础货币,也是国际支付和外汇交易中的主要货币,在国际外汇市场中占有非常重要的地位。

(二)美元现钞图样举例(见图 3-1)

图 3-1　美元现钞图样

(三)认识美元现钞

1.为何称美元为"绿背"

美国最早的纸币是由 13 个殖民地的联合政权"大陆会议"批准发行的,称为"大陆币"。1863 年美国财政部被授权开始发行钞票,背面印成绿色,被称为"绿背",一直沿用至今。

2.美元现钞的正面人像列举

美元现钞的正面人像是美国历史上的著名人物,具体如表 3-2 所示。

表 3-2　美元现钞图案

面额	正面人像	背面图景
1 美元	华盛顿（Washington）	正中大写"ONE",左右两颗大印
2 美元	杰斐逊（Jefferson）	1776 年宣告独立图
5 美元	林肯（Lincoln）	林肯纪念堂
10 美元	汉密尔顿（Hamilton）	美国财政部
20 美元	杰克逊（Jackson）	白宫
50 美元	格兰特（Grant）	美国国会大厦

续表

面额	正面人像	背面图景
100 美元	富兰克林（Franklin）	美国独立堂
500 美元	麦金利（Mckinley）	小写"500"
1000 美元	克利夫兰（Cleveland）	大写"ONE THOUSAND DOLLARS"

3.美元现钞上的格言:In God We Trust

在美元纸币上,我们经常可以看到各种用字母、数字或者是图案做成的标记,其中有的是用于辨认美元纸钞真伪的,而有的甚至只是用来宣扬宗教信仰的。一般在美元显著位置(硬币就在人物头像的下方,纸币一般位于反面中线的上方)有一句标语"In God We Trust"(我们信仰上帝)。此铭刻首次出现于 1864 年的 2 美分硬币上。自 1955 年起,国会使它成为法定的国家标语。现今法律规定,所有美国硬币和纸币上都必须使用此标语。第一次在纸币出现,是在 1957 年系列发行的 1 美元"银券"上,并开始在 1963 年系列的"联邦储备钞券"上出现。

（四）美元在外汇交易中的特性

美元是全球硬通货,是各国央行主要储备的货币,美国的政治经济地位决定了美元的地位;同时,美国也通过操纵美元汇率为其自身利益服务,有时甚至不惜以牺牲他国利益为代价。美国的一言一行对外汇市场的影响很大,因此,从美国自身利益角度衡量美国对美元汇率的态度,对把握汇率走势非常重要。当美国以外的国家间发生危机事件时,资金往往希望寻求避风港,此时美元通常是第一个被考虑的对象。

美国国内金融资本市场发达,同全球各地市场联系紧密,且国内各市场也密切相关。资金随时能在汇市、股市、债市之间流动,也能随时从国内流向国外,这种资金的流动对汇市具有重大的影响。

美国国债收益率的涨跌,对美元汇率也会有很大影响。如果国债收益率上涨,将吸引资金流入,而资金的流入将支撑汇率的上涨;反之,则相反。因此,投资者可以从国债收益率的涨跌判断市场对利率前景的预期,以决策汇市投资。

（五）美元指数

1.美元指数的由来

美元指数(USDX)类似于显示美国股票综合状态的道琼斯工业平均指数(Dow Jones industrial average),美元指数显示的是美元的综合值,是衡量美元强弱的指标。

美元指数并非来自 CBOT 或是 CME,而是出自纽约棉花交易所(NYCE)。纽约棉花交易所建立于 1870 年,初期由一群棉花商人及中介商所组成,目前是纽约最古老的商品交易所,也是全球最重要的棉花期货与选择权交易所。在 1985 年,纽约棉花交易所成立了金融部门,正式进军全球金融商品市场,首先推出的便是美元指数期货。

2.美元指数的解读

当前美元指数(US Dollar Index,即 USDX)是以 1973 年 3 月份为参照,计算 6 种货币对美元汇率变化的几何平均加权值,以100.00点为基准衡量其价值。若美元指数报价为105.50,则意味着美元指数以1973年3月份的基准为参照,其价值上升了5.50%(105.50-100.00);若美元指数为86.212,则意味着该指数以1973年3月份的基准为参照,其价值下跌了13.788%(86.212-100.00)。

之所以选择1973年3月份作为参照点,是因为当时是外汇市场转折的历史性时刻(布雷顿森林体系解体),从那时起主要的贸易国容许本国货币自由地与另一国货币进行浮动报价。

USDX水准反映了美元相对于1973年基准点的平均值。从诞生到现在,USDX曾高涨到165个点,也低至80点以下。该变化特性被广泛地在数量和变化率上同股票期货指数做比较。

3.美元指数的计算原则

USDX期货的计算原则是以全球各主要国家与美国之间的贸易结算量为基础,以加权的方式计算出美元的整体强弱程度,并以100点为强弱分界线。在1999年1月1日欧元推出后,这个期货合约的标的物进行了调整,币别由原来的10个减少为6个,欧元也一跃成为最重要、权重最大的币种,其权重达到57.6%,因此,欧元的波动对USDX的强弱影响最大。

USDX的币别指数权重如图3-2所示。

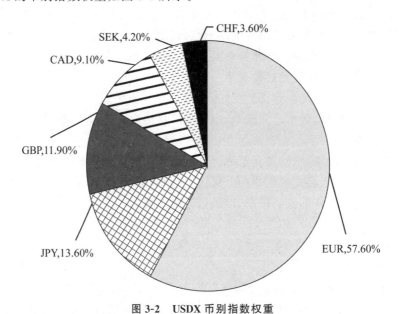

图3-2　USDX币别指数权重

4.如何使用美元指数进行交易

在实际交易中,直盘货币对,如欧元/美元、英镑/美元、美元/日元以及美元/加元等都包含美元,美元指数对于直盘的交易自然至关重要;即便进行交叉盘交易,鉴于美元当前是其他货币的关键货币,美元指数也是重要的参考指标。

因为美元指数中欧元权重超过50%,所以欧元/美元货币对的走势与美元指数存在非常紧密的负相关性,基本上可以将美元指数称为"反欧元指数"。图 3-3 为美元指数的日图走势,图 3-4 为同一时间段内欧元/美元货币对的日图走势。仔细观察,两图存在明显的互为镜像的关系,一个上涨,另外一个下跌;反之亦然。因此如果进行欧元/美元货币对交易,美元指数的走势对分析欧元/美元货币对很有帮助。

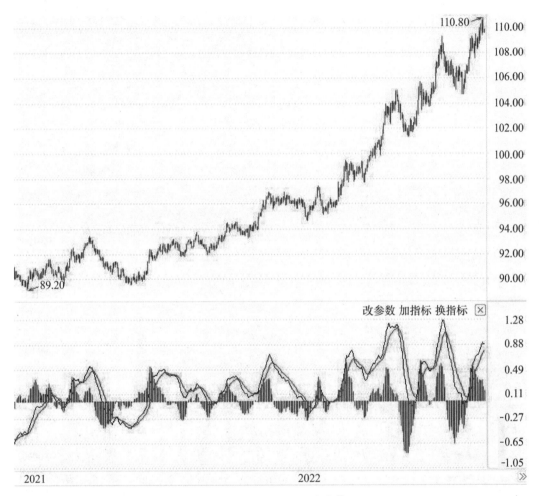

图 3-3　美元指数日图走势[①]

　　显然美元指数和美元/欧元货币对的走势呈负相关关系,那么与其他货币对到底呈什么关系呢? 一般遵循如下规则。

　　其一,如果美元是基础货币(美元/×××),那么美元指数走势和该货币对走势应该大体保持一致。

　　其二,如果美元是报价货币(×××/美元),那么美元指数走势和该货币对走势则大致相反。

---

　　① 本书外汇行情图均源自东方财富客户端,下同。

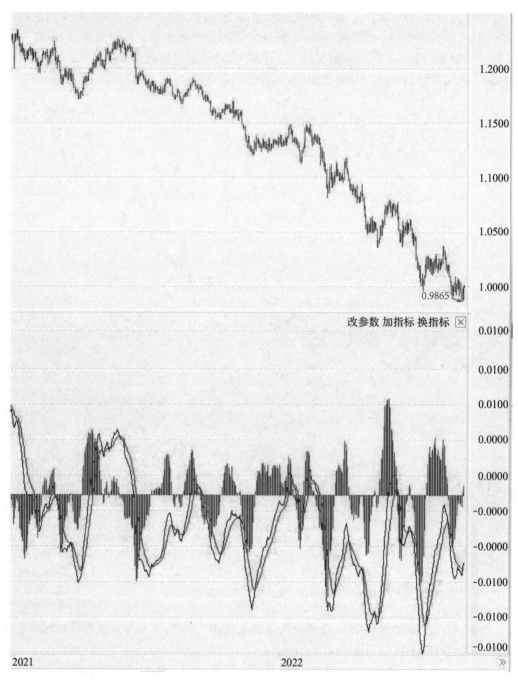

图 3-4　欧元/美元日图走势

二、欧元

(一)欧元现钞的主要特征

货币名称:欧元(Euro)

发行机构:欧洲中央银行(European Central Bank)

货币代码:EUR

货币符号:€

辅币进位:1 欧元＝100 欧分(Cents)

钞票面额:5 欧元、10 欧元、20 欧元、50 欧元、100 欧元、200 欧元、500 欧元。铸币有1 欧分、2 欧分、5 欧分、10 欧分、20 欧分、50 欧分和 1 欧元、2 欧元共 8 个面值。

欧元(Euro)这个名称是 1995 年 12 月欧洲议会在西班牙马德里举行时与会各国共同决定的。欧元的正式缩写是 EUR。欧元的符号是€,看起来很像英文字母 E,中间有两条平行线横在其中。这个符号的构想来自希腊语的第五个字母(ε),一方面取其对欧洲文明发源地的尊敬,一方面也是欧洲(Europe)的第一个字母,中间两条平行线则象征欧元的稳定性。

(二)欧元现钞图样举例(见图 3-5)

图 3-5　欧元现钞图样

(三)认识欧元现钞

1.欧元纸币的票面特征

欧元纸币是由奥地利中央银行的 Robert Kalina 设计的,主题是"欧洲的时代与风格",描述了欧洲悠久的文化历史中 7 个时期的建筑风格。其中,还包含了一系列的防伪特征和各成员国的代表特色。

在纸币的正面图案中,窗户和拱门象征着欧洲的开放和合作。代表欧盟 12 个成员国(欧元纸币始发时的成员国)的 12 颗五角星则象征着当代欧洲的活力和融洽。

纸币背面图案中,描述了 7 个不同时代的欧洲桥梁和欧洲地图,寓意欧盟各国及欧盟与全世界的紧密合作和交流。

7 种不同券别的纸币以不同颜色为主色调,规格也随面值的增大而增大。除此之外,欧元纸币还有以下主要特征。

(1)用拉丁文和希腊文标明的货币名称;

(2)用 5 种不同语言文字缩写形式注明的"欧洲中央银行"名称;

(3)版权保护标识符号;

(4)欧洲中央银行行长签名;

(5)欧盟旗帜。

2.欧元现钞的防伪简介

欧元采用了多项先进的防伪技术,主要有以下几个方面。

(1)水印:欧元纸币均采用了双水印,即与每一票面主景图案相同的门窗图案水印及面额数字白水印。

(2)安全线:欧元纸币采用了全埋黑色安全线,安全线上有欧元名称(EURO)和面额数字。

(3)对印图案:欧元纸币正、背面左上角的不规则图形正好互补成面额数字,对接准确,无错位。

(4)凹版印刷:欧元纸币正面的面额数字、门窗图案、欧洲中央银行缩写及 200 欧元、500 欧元的盲文标记均是采用雕刻凹版印刷的,摸起来有明显的凹凸感。

(5)珠光油墨印刷图案:5 欧元、10 欧元、20 欧元背面中间用珠光油墨印刷了一个条带,不同角度下可出现不同的颜色,而且可看到欧元符号和面额数字。

(6)全息标识:5 欧元、10 欧元、20 欧元正面右边贴有全息薄膜条,变换角度观察可以看到明亮的欧元符号和面额数字;50 欧元、100 欧元、200 欧元、500 欧元正面的右下角贴有全息薄膜块,变换角度可看到明亮的主景图案和面额数字。

(7)光变面额数字:50 欧元、100 欧元、200 欧元、500 欧元背面右下角的面额数字是用光变油墨印刷的,将钞票倾斜一定角度,颜色由紫色变为橄榄绿色。

(8)无色荧光纤维:在紫外光下,可以看到欧元纸张中有明亮红、蓝、绿三色无色荧光纤维。

(9)有色荧光纤维印刷图案:在紫外光下,欧盟旗帜和欧洲中央银行行长签名的蓝色油墨变为绿色,12 颗星由黄色变为橙色,背面的地图和桥梁则全变为黄色。

(10)凹印缩微文字:欧元纸币正、背面均印有缩微文字,在放大镜下观察,真币上缩微文字线条饱满且清晰。

(四)欧元的特性

欧元占美元指数的权重为 57.6%,比重最大,因此,欧元基本上可以看作美元的对手货币,投资者可参照欧元来判断美元强弱。欧元的比重也体现在其货币的特性和走势上,因为比重和交易量大,欧元是主要非美元币种里最为稳健的货币,如同股票市场里的大盘股,常常带动欧系货币和其他非美货币,起着领头羊的作用。因此,新手入市,选择欧元作为主要操作币种,颇为有利。

美国方面,因其国家实力、影响力及政治结构等,政府对货币的干预能力颇强,美元的长期走势基本上可以按照美国的意图来发展;而欧元的政治结构相对分散,利益分歧较多,意见分歧相应也多,因此欧盟方面影响欧元汇率的能力大打折扣,不能与美国同日而语。当欧美方面因利益分歧在汇率上出现博弈时,美国方面占上风是毋庸置疑的。

欧元历史走势平稳,交易量大,不易被操控,人为影响因素较少。因此,仅从技术分析的角度而言,对其较长趋势的把握更具有效性。除一些特殊市场状况和交易时段,一般而言,欧元在重要点位和趋势线及形态上的突破,都是较为可靠的。

三、日元

(一)日元现钞的主要特征

货币名称:日元(Japanese Yen)

发行机构:日本央行(Nippon Ginko)

货币代码:JPY

货币符号:￥

钞票面额:500 日元、1000 日元、5000 日元、10000 日元。铸币有 1 日元、5 日元、10 日元、50 日元、100 日元等。

日元的印制水平较高,特别在造纸方面,采用日本特有的物产三桠皮浆为原料,纸张坚韧,有特殊光泽,为浅黄色,面额越大颜色越深。日本是二战后经济发展最快的国家之一,曾经拥有世界最大的进出口贸易顺差及外汇储备,日元也是战后升值最快的货币之一,因此日元在国际外汇交易中占有比较重要的地位。

(二)日元现钞图样举例(见图 3-6)

图 3-6　日元现钞图样

(三)认识日元现钞

1.日元纸币的票面特征

现流通的日元主要是 1993 年版 1000 日元、5000 日元和 10000 日元及 2000 年版 2000 日元的纸币。此外还有一小部分 1984 年版纸币。日元纸币的票面特征 10000 日元主色调为棕色,票面正面主景是日本教育家福泽谕吉头像,背面主景是两只雉。5000 日元主色调为深紫色,票面正面主景是日本教育家新渡户稻造头像,背面主景是富士山。2000 日元主色调为蓝黑色,票面正面主景是古代牌楼,背面主景是古代书法绘画。1000 日元主色调为棕色,票面正面主景是日本小说家夏目漱石头像,背面主景是两只仙鹤。

2.日元现钞的防伪简介

日元纸币的防伪特征主要有以下几个方面。

(1)专用纸张:日元纸张呈淡黄色,含有日本特有植物三桠皮纤维,纸张有非常高的韧性和挺度。

(2)水印:日元的水印图案与正面主景图案相同,由于采用了特殊工艺,故水印清晰度非常高。

(3)雕刻凹版印刷:日元正背面主景、行名、面额数字等均是采用雕刻凹版印刷的,图案线条精细,次丰富,用手触摸有明显的凹凸感。

(4)凹印缩微文字:日元正背面多处印有"NIPPON GINKO"字样的缩微文字。

(5)盲文标记:日元的盲文标记由圆圈组成,用手触摸有明显的凸起,透光观察也清晰可见。

(6)磁性油墨:日元正背面凹印部位的油墨是带有磁性的,可用磁性检测仪检测出磁信号。

(7)防复印油墨:日元采用了防复印油墨印刷图案,当用彩色复印机复印时,复印出来的颜色与原券颜色明显不同。

(8)光变面额数字:2000 日元正面右上角的面额数字是用光变油墨印刷的,与票面呈垂直角度观察时呈蓝色,倾斜一定角度则变为紫色。

(9)隐形面额数字:2000 日元正面左下角有一装饰图案,将票面置于与视线接近平行的位置,面对光源,做 45 度或 90 度旋转,可看到面额数字"2000"字样。

(四)日元的特性

日本国内市场狭小,为出口导向型经济,特别 20 世纪 90 年代以来的经济衰退,使出口成为其国内经济增长的救命稻草。因此,经常性地干预汇市,使日元汇率不至于过强,保持出口竞争力,已成为日本惯用的外汇政策。

日本央行是世界上最经常干预汇率的央行,且日本外汇储备位居世界第二,干预汇市的能力较强。因此,对于做日元的汇市投资者来说,对日本央行的关注是必需的。日本干预汇市的手段主要是口头干预和直接入市,日本央行和财政部官员经常性的言论对日元短线波动影响较大,是短线投资者需要重点关注的,也是短线操作日元的难点所在。

本章实训任务

任务一：认识美元的票样，明确美元的发行机构。

任务二：解读美元指数（USDX）。

1.指出构成美元指数的篮子货币。

2.绘制美元指数权重构成图，标出各构成货币的具体权重。

任务三：在外汇交易中，如何使用美元指数？

选取一周的日 K 线图，观察该周美元指数走势、欧美货币对与美日货币对等主要货币对的走势，描述美元指数的走势与各主要货币对走势的关系。

任务四：认识主要货币。

1.描述美元在外汇交易中的特性。

2.描述欧元在外汇交易中的特性。

3.描述日元在外汇交易中的特性。

第四章 外汇基本面分析

一、了解外汇基本面分析的相关内容
二、熟悉影响汇率的经济因素和非经济因素
三、学会解读基本面分析中的经济数据
四、掌握影响汇率的基本面综合分析

第一节 影响汇率的基本面分析

基本面分析是基于对宏观基本因素的状况、发生的变化及其对汇率走势造成的影响加以研究,得出货币间供求关系的结论,以判断汇率走势的分析方法。基本面分析密切关注经济的各项影响因素。事实上,一个国家的经济可能会受到诸如政治变化、战争、环境灾难、卫生危机、能源价格变化以及全球经济整体变化(如经济增长放缓或复苏)等因素的影响。特别是某些热点事件往往会推高或压低一种货币的价格,而基本面分析就是聚焦于这些事件。

通常说的基本面分析主要包括宏观政治局势、宏观经济形势、各主要货币国家公布的经济数据、央行货币政策、地缘政治、突发事件等。这些基本面的信息是外汇市场汇率波动的基本动因,也是决定汇率长期走向的最根本驱动力。由基本面分析得来的汇率长期发展的趋势较为可靠,并具有提前性。但其缺点是无法提供汇率涨跌的起、止点和发生变化时间。并且在一些时候,汇率的变化并不是严格遵从于基本面的变化。因此,如果只将基本面分析定义为对经济因素的分析是片面的。对于基本面的分析一定要结合技术面以及市场心理等因素进行研究。

一、经济因素分析

一国经济各方面综合效应的好坏,是影响本国货币汇率最直接和最主要的因素。其中主要考虑经济增长水平、国际收支状况、利率水平、通货膨胀水平等几个方面。

(1)经济增长水平:从长期和根本上看,汇率的走势和变化是由一国经济发展水平和经济景气状况所决定的,这也是影响汇率最主要和最直接的因素。一国的生产发达,财政状况良好,物价稳定,商品的市场竞争力强,出口贸易增强,则说明该国的经济实力强,这时该国货币汇率就坚挺;反之,就疲软。经济增长水平对汇率的影响是长期性的。另外,投资者往往把经济增长率看作投资收益率的正相关函数。因此在经济持续稳定发展的国家,资本流入相对较多,资本的净流入增加又会使该国货币保持坚挺。

(2)国际收支状况:国际收支是一国对外经济活动中各种收支的总和。国际收支变动会影响一国外汇市场的供应关系,随之影响汇率水平。从较长时间看,它是决定汇率基本趋势的主导因素。当一国的国际收支出现较大的顺差时,说明外汇收入大于外汇支出,那么对该国的货币需求就会增加,这样在外汇市场上就表现为外汇的供给大于外汇需求,从而造成本币升值、外币贬值;当一国的国际收支出现较大的逆差时,说明外汇收入小于外汇支出,那么该国的货币需求就会减少,这样在外汇市场上就表现为外汇的供给小于外汇需求,从而造成本币贬值、外汇升值。

(3)利率水平:在影响汇率走势的诸多因素中,利率是一个比较敏感的因素。当利率上调时,信用紧缩,贷款减少,投资和消费减少,物价下降,在一定程度上抑制进口,促进出口,减少外汇需求,增加外汇供给,促使外汇汇率下降,本币汇率上升;同时,当一国利率上升时,就会吸引国际资本流入,从而增加对本币的需求和外汇的供给,使本币汇率上升、外汇汇率下降。当利率下降时,信用扩张,货币供应量增加,刺激投资和消费,促使物价上涨,不利于出口,有利于进口。在这种情况下会加大外汇需求,促使外汇汇率上升,本币汇率下降;同时,当利率下调时,可能导致国际资本流出,增加外汇需求,减少国际收支顺差,促使外汇汇率上升、本币汇率下降。

(4)通货膨胀水平:通货膨胀率的高低是影响汇率变化的基础。如果一国的货币发行过多,流通中的货币量超过了商品流通过程中的实际需求,就会造成通货膨胀。通货膨胀使一国的货币在国内的购买力下降,使货币对内贬值,在其他条件不变的情况下,货币对内贬值必然引起对外贬值。因为汇率是两国币值的对比,发行货币过多的国家,其单位货币所代表的价值量减少,因此在该国货币折算成外国货币时,就要付出比原来多的该国货币。通货膨胀率的变动,将改变人们对货币的交易需求量以及对债券收益、外币价值的预期。通货膨胀造成国内物价上涨,在汇率不变的情况下,出口亏损,进口有利。在外汇市场上,外国货币需求增加,本国货币需求减少,从而引起外汇汇率上升,本国货币对外贬值。相反,如果一国通货膨胀率降低,外汇汇率一般会下跌。

二、政治因素分析

在外汇市场中,汇率变动不仅受到经济因素的影响,还受到其他如政治、社会等非经济因素的影响,从而使得预测汇率变动变得非常复杂和困难。因此,在进行外汇交易基本面分析时,除了要关注各国经济情况,还必须注意世界政治局势的变化和各国政府(央行)的动态。

1.政治局势

国际、国内政治局势变化对汇率有很大影响,局势稳定则汇率稳定,局势动荡则汇率下跌。所需要关注的方面包括国际的政治形势、国家之间的关系、有关国家领导人的变换、国家间发生的战事、某些国家发生劳资纠纷甚至罢工风潮等,这些都会对一国汇率产生巨大的、突发性的影响。如战争、局部冲突、暴乱等将造成某一地区的不安全,对相关地区以及弱势货币的汇率造成负面影响,而对于远离事件发生地国家的货币和传统避险货币的汇率则有利。

2.政府、央行政策

政府的财政政策、外汇政策和央行的货币政策对汇率起着非常重要的作用,有时起决定性作用。如政府宣布将本国货币贬值或升值、央行的利率升降、市场干预等。汇率波动对一国经济会产生重要影响,各国政府(央行)为稳定外汇市场,维护经济的健康发展,经常对外汇市场进行干预。干预的途径主要有四种:直接在外汇市场上买进或卖出外汇;调整国内货币政策和财政政策;在国际范围内发表表态性言论以影响市场心理预期;与其他国家联合,进行直接干预或通过政策协调进行间接干预。

这种干预有时规模和声势很大,往往几天内就有可能向市场投入数十亿美元的资金,当然相比于目前日交易额高达 6.6 万亿美元的外汇市场来说,这还仅仅是杯水车薪,但在某种程度上,政府干预尤其是国际联合干预可影响整个市场的心理预期,进而使汇率走势发生逆转。因此,它虽然不能从根本上改变汇率的长期趋势,但在不少情况下,它对汇率的短期波动有很大影响。

三、其他因素分析

1.心理预期

外汇市场参与者的心理预期严重影响着汇率的走向。其实归根结底,外汇市场是一个心理市场,重大消息、国家政策、政治变动、军事行动、经济数据等都在影响投资者的心理预期,从而推动外汇行情的运行。对于某一货币的升值或贬值,市场往往会形成自己的看法,在达成一定共识的情况下,将在一定时间内左右汇率的变化,这时可能会发生汇率的升降与基本面完全脱离或央行干预无效的情况。当交易者预期某种货币的汇率在今后可能下跌时,为了避免损失或获取额外的好处,便会大量地抛出这种货币;而当交易者预期某种货币今后可能上涨时,则会大量地买进这种货币。国际上一些外汇专家甚至认为,外汇交易者对某种货币的预期心理现在已是决定这种货币市场汇率变动的最主要因素,因为在这种预期心理的支配下,转瞬之间就会诱发资金的大规模运动。

2.投机交易

随着金融全球化进程的加快,外汇市场中的国际游资越来越庞大,这些资金有时为某些投机机构所掌控,由于其交易额非常巨大,并多采用对冲方式,有时会对汇率走势产生深远影响。如量子基金狙击英镑、泰铢,使其汇率在短时间内大幅贬值等。

3.突发事件

一些重大的突发事件,会对市场心理产生影响,从而使汇率发生变化,其造成结果的程度,也将对汇率的长期变化产生影响。如"9·11"事件使美元在短期内大幅贬值等。

第二节　重要经济数据解读及分析

一、重要经济数据影响行情的方式

投资者对外汇走势的基本面分析,就是对国家一系列经济数据的分析。不同的国家与外汇汇率变化相联系的经济数据是不一样的,应该掌握各个国家基本面的数据名称和这些数据的变化对汇率的影响。投资者面对众多的数据,不是每一个都要求对其进行分析,投资者要学会根据当前的世界政治经济局势,从零碎的消息和数据中找到市场的热点。在对基本面进行分析时,主要分析这些市场的热点就可以了。但投资者要注意,市场的热点并不是固定不变的,随着政治经济环境发生变化,热点也会随着发生变化。比如投资者经常性地会看到,某个重要经济数据公布之后,汇市会出现短线的快速波动。那么这些重要的数据或者新闻消息究竟是通过怎样的规律来影响市场的呢?

1.对短期走势的影响

预期与实际的差异,是带来短线波动的动力。一般来说,当结果好于预期的时候,往往对该货币形成利好影响;当结果差于预期的时候,则对该货币形成利空影响。这是一个最根本的规律,也是从投资者心理预期的角度出发得出的结果。

但是在实际操作中,投资者经常会发现一些特殊情况,可能明明看到某个数据对美元利好,但是美元却出现下跌。这是因为市场不仅仅是看短期影响,还会通过一段时间的观察来确定中期影响,在中期方向一定的情况下,一些短期的逆向影响消息很可能被市场忽略,或者说带来的短线影响力可能会减弱。

在重要新闻和经济数据对短线行情产生影响的时候,另外一个动力来自市场不确定性消息的消失,市场开始按照正常计划交易。这表明该数据可能属于常规性的重要数据,但是在该阶段可能并不是市场的焦点,市场在等待的只是这个不确定性消息的明确,而根本不会因为数据本身不大的变化而影响操作。

2.对中长期走势的影响

单个重要消息或数据的影响大都是顺应技术面需求的,逆势数据往往被市场忽略,或者影响力有限;当单个数据的变化累计达到足够改变市场普遍心理时,市场趋势才会随之发生改变。投资者在外汇市场经常会发现这样的情况,比如美联储的加息举动:美联储的加息行为本身表示美联储对美国接下来的经济复苏持看好态度,而且认为有必要通过加息来抑制过快的增长,但是市场并未立即认同这一点,直到美联储的加息延续了较长的一段时间以后,市场才逐渐认同这一点,将资产逐渐转移到美元资产,从而推动美元汇率持续大幅度的上涨。

另外,一些焦点数据或局势的扭转可能带来中线方向的改变。这种情况比较少见,往往出现在和技术图形需求非常吻合的时候,借助于某个数据作为导火索,发生中线行情的改变。

二、各主要货币国家影响行情的重要经济数据介绍

美元在外汇市场中的地位,使得美国的经济数据在汇市中最为引人注目。下面将主要从美国经济出发讲解各个重要经济数据及其影响外汇市场的方式,其他货币国家则主要说明一些格外有影响力的数据。

(一)美国

1.宏观经济类数据

(1)国内生产总值(GDP):指某一国在一定时期其境内生产的全部最终产品和服务的总值,反映一个国家总体经济形势的好坏,与经济增长密切相关,被大多数西方经济学家视为"最富有综合性的经济动态指标"。GDP 主要由消费、私人投资、政府支出、净出口额四部分组成。数据稳定增长,表明经济蓬勃发展,国民收入增加,有利于美元汇率上涨;反之,则利淡。一般情况下,如果 GDP 连续两个季度下降,则被视为衰退。此数据每季度由美国商务部进行统计,分为初值、修正值、终值,一般在每季度末公布前一个季度的终值。

(2)利率(interest rate):利率是借出资金的回报或使用资金的代价。一国利率的高低对货币汇率有着直接影响。高利率的货币由于回报率较高,需求上升,汇率升值;反之,则贬值。美国的联邦基金利率由美联储的会议决定,一般每年会通过 8 次美联储公开市场委员会会议声明进行公布。

(3)领先指数(ECRI):领先指数是一个衡量美国总体经济运动的综合性指标。领先指数主要是对接下来一段时间经济增长前景的判断,通常是未来 6~9 个月,持续增长能起到和 GDP 加速增长同样的效果,ECRI 是投资者对经济增长现状、前景进行利率变化预测的重要依据。领先指数由美国经济咨商局在每月第三周公布,一般将领先指数连续 2~3 个月的下滑视为经济衰退警示信号,将 2~3 个月的连续上涨看作经济复苏信号或者加速增长的信号,该指标的准确率基本可以达到 75%。当领先指数对经济发出转向信号时,很容易引起外汇市场的明显反应。

2.通货膨胀类数据

(1)生产价格指数(PPI):主要衡量各种商品在不同生产阶段的价格变化情形。数据上升说明生产旺盛、通胀有上升的可能,美联储倾向于提高利率,有利于美元;反之,则不利于美元。此数据由美国劳工部编制,每月第二个周五公布。

(2)消费价格指数(CPI):以与居民生活有关的产品及劳务价格统计出来的物价变动指标,是讨论通胀时最主要的数据。数据上升,则通胀可能上升,美联储趋于调高利率,对美元有利;反之,则不利于美元。但是,通胀应保持在一定的幅度内,太高(恶性通胀)或太低(通缩),都不利于汇率稳定。此数据由美国劳工部编制,每月第三周公布。

(3)趸售(批发)物价指数(WPI):是根据大宗物资批发价格的加权平均价格编制而得的物价指数。包括原料、中间产品、最终产品与进出口品,但不包括各类劳务。讨论通货膨胀时,WPI是最常提及的三种物价指数之一,其观察方法与CPI、PPI基本相同。此数据由美国劳工部编制,每月中旬公布前一个月的数据。

3.就业市场类数据

(1)非农就业报告:美国非农就业报告历来被称为外汇市场能够做出反应的所有经济指标的"皇冠上的宝石",常年都是每月月初的市场重头戏。就业报告之所以被称为"皇冠上的宝石",因为如果美国经济发生大的变化,最早反应的往往都是就业市场,经济的复苏都是以就业市场复苏为开始,经济的衰退也是从就业市场的低迷开始,经济是否处于复苏阶段也需要从就业市场找到验证;同时就业报告又是每月最初公布的重要经济数据,对接下来一个月其他经济指标都有相应的参考意义。

由于农业生产和与之对应的就业状况有明显的季节性特点,所以剔除了农业就业人口的非农就业人口变化就显得格外重要。每月的非农就业人口增长情况变化可以清晰地反映美国这样的工业国家对人力的需求,从而进一步反映制造业的活跃程度。非农业就业人口数的上升意味着工资开支增加,购买力扩大,新的消费需求将刺激经济增长,对美元走势很有利。该数据由美国劳工部在每月第一个周五公布。

(2)失业率:是非农就业报告中第二重要的经济数据,数据上升说明经济发展受阻,反之则经济向好。对于大多数西方国家来说,失业率在4%左右为正常水平,但如果超过9%,则说明经济处于衰退趋势。此数据由美国劳工部编制,每月第一个周五公布。但失业率的影响力相对较弱,这是因为失业率数据的变动季节性变化较大,同时还会受到罢工等非季节性临时因素的影响,所以造成了失业率数据准确率的下降。

(3)上周初次申请失业救济金人数:美国劳工部每周四都会公布上周的初次申请失业救济金人数,40万是该数据的多空分水岭。当一周的初次申请失业救济金人数高于40万时,是就业市场出现衰退的迹象;当一周的初次申请失业救济金人数持续低于40万时,表明就业市场处于健康状态。每周初次申请失业救济金人数的变化比非农就业报告反应更为及时,根据最近一个月的周初次申请失业救济金人数变化能对下月公布的非农就业报告有一定的预示作用。

4.消费支出类数据

消费者支出占GDP的70%以上,持续稳定的消费支出预示着健康的经济,消费支出类数据主要包括零售销售额和耐用品订单。同时考虑到消费者信心等数据对消费支出的影响较大,所以也归到此类数据中形成分析链条。

(1)零售销售额:美国消费者的需求状况一直是经济发展的决定性因素之一,零售销售额包括所有从事零售业务的商店以现金或者信用形式销售的商品价值总额。零售销售额所反映的消费支出一般为整体消费支出的50%左右,而消费支出占GDP的70%以上,所以零售销售额占 GDP 的 35％左右,这决定了零售销售额对反映社会消费状况和总体经济状况都有特别直接的效果。所以零售销售数据的变化对美国经济的增长影响很大,是外汇投资重点关注的经济数据之一。该数据由美国商务部在每月第二周公布。

(2)耐用品订单:常规的耐用品、房屋、汽车等都可以归结到耐用品订单里面,由于这些耐用品都具有价值高、时间长的特点,所以其订单情况能在很大程度上反映消费者对美国接下来一段时间的经济信心,由此可以推断他们的其他支出意愿。该数据由美国商务部在每月下旬公布。

(3)消费者信心指数:消费者信心指数更直接地反映消费者对经济增长前景的看法,也将直接影响支出的变化。关注消费者信心指数,就更应该关注密歇根大学消费者信心指数,后者由密歇根大学每月进行 3 次调查,调查的样本量逐次增加,所以月末公布的密歇根大学消费者信心指数很具有说明意义,影响也往往更大。

(4)平均每小时收入:平均每小时和每周收入是衡量私人非农业部门的工作人员薪金水平的数据。平均每小时收入数据反映了每小时基础工资率的变化,并反映了加班的奖金增加情况。通过此数据,可以较早地反映出行业薪水成本变化趋势,劳动者收入的增加有助于消费支出的增加;同时此数据对通货膨胀的变化也有一定的辅助指示意义。该数据由美国劳工部在每月第一个周五公布。

5.生产类数据

制造业和工业的生产情况,是美国经济增长的核心基础。

(1)ISM 制造业指数:ISM(美国供应管理协会)制造业指数由一系列分项指数组成,其中以采购经理人指数最具有代表性。该指数是反映制造业在生产、订单、价格、雇员、交货等各方面综合发展状况的晴雨表,通常以 50 为临界点,高于 50 被认为是制造业处于扩张状态,低于 50 则意味着制造业的萎缩,影响经济增长的步伐。同期的 ISM 非制造业指数公布晚于 ISM 制造业指数。

(2)工业生产指数:工业生产指数是衡量美国工厂、矿山等公共事业每月实际产出的经济指标。由于商业生产行业产出占 GDP 的 40％左右,所以工业生产指数一般与国家经济发展同步,通过该指数能反映生产的实际产出,不受价格变动影响。工业生产增长表明经济增长,而工业生产下滑则表明经济收缩,增长的工业生产指数意味着繁荣的劳动力市场和扩张的消费需求。该数据由美国联邦储备局统计,每个月公布一次。

(3)商业库存(inventories):包括工厂存货、批发业存货、零售业存货,主要用以评估生产循环状况。存货低于适当水准,将增加生产,经济向好,对货币有利;反之则不利。该数据由美国商务部编制,每月中旬公布。

6.国家和政府收支类数据

国家收支主要包括贸易赤字和经常项目收支状况,政府收支主要是指政府的财政状况。

(1)贸易赤字(trade deficit):国际贸易是构成经济活动的重要环节。当一国出口大于进口时称为贸易顺差;反之,称逆差。美国的贸易数据一直处于逆差状态,重点在于赤字的扩大或缩小。赤字扩大不利于美元,反之则有利。此数据由美国商务部编制,每月中下旬公布前一个月数据。

（2）经常项目收支：经常项目为一国国际收支平衡表上的主要项目，内容记载一国与外国包括因为商品/劳务进出口、投资所得、其他商品与劳务所得以及单方面转移等因素所产生的资金流出与流入的状况。如果为正数，则为顺差，有利于本国货币；反之，则不利于本国货币。此数据由美国商务部编制，每月中旬公布。

（3）财政收支：指一国政府的收支状况。当一个国家财政赤字累积过高时，对国家的长期经济发展而言，并不是一件好事，对于该国货币亦属长期的利空，且日后为了解决财政赤字只有靠减少政府支出或增加税收。这两项措施，对于经济或社会的稳定都会产生不良的影响。若一国财政赤字加大，该国货币会下跌；若财政赤字缩小，表示该国经济良好，该国货币会上扬。

综上所述，影响美元走势的主要经济指标汇总如表 4-1 所示。

表 4-1　影响美元走势的主要经济指标

经济指标	公布频率	公布时间	来源
美国的联邦基金利率	每年八次	每次议息会议后	美联储
生产价格指数（PPI）	每月	每月第二个周五	劳工部
消费价格指数（CPI）	每月	当月第三周	劳工部
就业形势分析（数据）	每月	每月第一个周五	劳工部
上周首次申请失业救济人数	每周	周四	劳工部
零售销售额	每月	每月第二周	商务部
耐用品订单	每月	每月下旬	商务部
消费者信心指数	每月	每月月末	密歇根大学
消费者情绪调查（初值和终值）	半月	每月第二个周五（初值）和最后一个周五（终值）	密歇根大学
EIA 石油储存报告	每周	周三	能源信息署
领先指标	每月	月份结束后第三周	经济咨商局（会议局）
工业产值和设备利用率	每月	下月月中	美联储
国际贸易	每月	第二周	商务部
国内生产总值（GDP）	每季	每季结束第一个月的最后一周	商务部
个人收入和支出	每月	月份结束后 4～5 周	商务部
新屋销售、动工和建造许可	每月	月份结束后 2～4 周	商务部

（二）欧元区

IFO 经济景气指数：由德国 IFO 研究机构所编制，是观察德国经济状况的重要领先指标，预测的参考性较高。对包括制造业、建筑业及零售业等各产业部门每个月均进行调查，每次调查所涵盖的企业数在 7000 家以上，依据企业对当前的处境状况、短期内企业的计划及未来半年的看法编制 IFO 经济景气指数。由于 IFO 经济景气指数为每月公布讯息,并且调查了企业对未来的看法,而且涵盖的部门范围广,因此在经济走势预测上的参考性较高。

(三)日本

短观报告:日本政府每季会对近 1 万家企业做未来产业趋势调查,调查企业对短期经济前景的信心,以及对现时与未来经济状况与公司盈利前景的看法。负数结果表示对经济前景感到悲观的公司多于感到乐观的公司,而正数则表示对经济前景感到乐观的公司多于感到悲观的公司。历史数据显示,日本政府每季公布的企业短观报告数据极具代表性,能准确地预测日本未来的经济走势,因此与股市和日元汇率波动有相当的联动性。

(四)英国

(1)房屋价格走势:英格兰银行的高利率与其高房价是密不可分的,为了抑制房价持续上涨带来的通货膨胀非理性增高,英国央行重点关注了房屋价格的变化。

(2)消费者信贷余额:包括用于购买商品和服务的将于两个月及两个月以上偿还的家庭贷款。对于英国而言,其很大成分为房屋贷款。

值得注意的是,影响非美货币的重要经济指标也包括 GDP、利率、就业数据、物价指数、工业产值、采购经理指数、新屋开工率等。上述各非美货币独自的影响力较大的数据是否有效,同样关键看市场的关注点在哪里,即对该货币而言的独立热点在哪里,当这些货币处于加息或者降息传闻中的时候,通货膨胀相关数据的影响力显然是比较大的。

三、经济数据分析技巧

(1)趋势:经济数据也有发展的趋势,比如美国贸易赤字近年来一直保持上升趋势,2022 年更是创下历史最高纪录,这预示着美国贸易赤字很可能还将继续增加。在预测经济数据的时候,也要注意顺势而为。

(2)稳定性:任何再重要的经济数据,一旦稳定下来,其影响力就会明显地降低,最经典的案例莫过于美国每周初次申请失业救济金人数这个数据。

如在 21 世纪初期由于受到经济增速减缓和伊拉克战争的双重拖累,美国周初次申请失业救济金人数一直高于 40 万,该数据表明美国经济仍然没有复苏的迹象,带动国际游资的外流,对美元形成了非常大的压力。在当时,几乎每一次美国公布该数据都能引起美元的下跌。后来随着经济复苏,经过几个月的调整,美国周初次申请失业救济金人数慢慢减少到 35 万左右,预示了美国就业市场进入相对稳定的阶段,也就在这以后,该数据的影响力就一落千丈,几乎已经没有引起过市场的明显短线波动。

(3)行情是否有持续压缩迹象:一些特别重大、市场特别关注,而预期非常不明晰的经济数据,在公布之前往往能导致市场持续缺乏交易热情,而使大部分货币长时间处于小幅震荡,这种情况就是所说的"持续压缩迹象"。当出现这种持续压缩迹象之后,往往表明该数据一旦公布,可能引发非常凌厉的行情,而且这种短线行情几乎是没有短线反复的,在选择突破方向之后短时间内能够引发约 200 点的行情。投资者在操作的时候,发现这种持续压缩迹象之后,就可以尝试把握这样的低风险数据行情。

第三节 基本面分析的步骤与注意事项

一、基本面分析的思路和步骤

1.基本面分析的思路

基本面分析是外汇分析的一个主要类别,它着眼于市场的驱动因素,通过分析一国的宏观经济状况,预测基本走势和汇率变化。汇率波动起伏,但万变不离其宗,通常情况下:当一国经济走强,本国货币汇率就会上升;当经济下行时,货币稳定性减弱,货币贬值,同时汇率就会降低。

由于美元是世界贸易与结算货币,大多数货币与美元挂钩、美元化以及大多数中央银行持有美元储备,因此美元在金融市场和国际经济中起着关键作用,全球 80% 以上的外汇交易都涉及美元,这决定了美元本身具有避险属性,在外汇市场,美元占有绝对的主导地位和优势。美国的经济状况就成为影响汇率变动的主流力量,其经济数据也因此成为外汇投资者最为关注的要点。

不同经济数据对市场的作用大小,经统计分析由强到弱依次为:利率决议、失业数据、国内生产总值、工业生产、对外贸易、通货膨胀率、生产价格指数、消费价格指数、批发物价指数、零售物价指数、采购经理人指数、消费者信心指数、商业景气指数、建筑数据、工厂订单、个人收入、汽车销售、平均工资、商业库存、先行指数。

当然,在不同市场焦点及市场心理情绪下,数据的影响会发生变化。比如某一经济数据较预期值有较大出入时,其对市场的影响会被放大;比如在货币宽松政策变动前,就业数据、通货膨胀等数据会被更加关注;比如对货币政策变动或大型经济事件,官员言论、机构评价、政要演讲等都会对汇市产生较大影响,尤其在重要数据公布前夕,投资者期望从中获取更多有价值的信息。

在实际交易中,投资者不必也不可能对所有的数据逐一分析,而是要把握当时市场焦点变化,以及市场对焦点的反应。当然,对于一个成功的外汇投资者,在公布指标和数据之前就必须做出预计和判断,以及当数据公布后,决定应当采取何种交易策略。因此一定的经济理论知识是必须具备的。因为决策者们往往也会遵循同样的经济理论和逻辑思路。

2.基本面分析的步骤

确立基本面形势,投资者才能够在外汇市场做出正确的选择。多些实践才能够做好外汇的基本面分析,从而更好地预测价格趋势的发展方向到底是怎样的。如果投资者不清楚市场的发展趋势,做交易的时候往往会比较迷茫,而且对汇市行情的信心是远远不足的。所以,大致把握住趋势的准确动态,这样会更加得心应手。外汇基本面分析主要包括

以下 4 个步骤。

(1)研究宏观经济和政治环境

基本面分析需要建立一个基本的框架结构,这个框架的基础就是要弄清楚全球的宏观经济和政治环境。其中,全球主要央行的货币政策的周期性规律和一些重要数据十分值得关注。央行过去的政策和未来的决策有很大的关联性,这也是为什么在分析市场未来走势时,要用到历史数据。第一步相对简单些,在经济繁荣时期,波动性下降,全球流动性充裕;在低迷时期,情况则刚好相反。总而言之,投资者要学会过滤市场的噪声信息,大量的数据会让投资者无从入手,另外投资者也极容易受到政客和新闻媒体的舆论误导。

投资者首先要确定全球经济周期所处的阶段,主要判断依据是全球主要经济体的利率水平、国际储备累积和银行贷款数据。虽然这些数据是二手数据,对经济实况的反映存在滞后性,但通过这些数据,就大致可以判断全球经济周期所处的阶段。明确了全球经济周期阶段后,投资者就需要评估那些可以提高生产率并能促进无通胀条件下经济增长的要素。这些要素包括技术创新、政治环境、新兴市场。技术创新或者引进新技术都可以提高一国的生产效率和生产水平,可以在不创造通胀的条件下促进经济持续增长。全球的政治环境也是影响汇率波动的重要因素:政治环境不安定会引发一国的货币不被信任,引起投资者的抛售;一国的政治环境稳定,政府的信誉就得以保障,货币的可信赖程度相应提高。新兴市场的崛起也会对全球经济发展有利,因为大量的贸易往来促进了消费,刺激了生产。

总结来看,生产率的提高不断促进经济的发展与繁荣,直到所有的技术创新因素都被消化完毕,但是经济的繁荣也易产生泡沫。泡沫破灭,经济就会陷入萧条之中,投机活动就会受到抑制。套利交易者和一些激进的交易者就会减少交易活动,交易杠杆也会相应下调,当某货币对的汇率达到底部时,可以建立长期仓位头寸。如果经济周期处于繁荣阶段,就需要建立风险投资组合,通过相关性研究分散风险。

(2)研究全球货币环境

研究了宏观经济和政治环境后,投资者需要将视角转向研究个别重要的发达经济体,研究影响这些发达经济体的主要因素,需关注的主要是全球的货币环境,即这些发达国家的货币政策。

投资者要研究全球各主要国家和地区的中央银行(见表 4-2),如美联储、欧洲央行和日本央行,可以根据这些主要央行过去的政策行为判断它们的政策立场、法律框架和独立性。通过分析其政策立场,可以了解该行的货币供应量的控制水平,这有助于投资者分析新兴市场的增长潜力、股市波动性和利率预期等,其中两国利率之差是影响汇率波动的一个关键性因素。

表 4-2　主要中央银行介绍

银行名称	代码	主要职能
美国联邦储备局	FRB	(1)制定并负责实施有关的货币政策。 (2)对银行机构实行监管,并保护消费者合法的信贷权利。 (3)维持金融系统的稳定。 (4)向美国政府、公众、金融机构等提供可靠的金融服务。 (5)发行美联储券,即美元。

续表

银行名称	代码	主要职能
欧洲复兴开发银行	EBRD	(1)提供必要的技术援助和人员培训。 (2)帮助受援国政府制定政策及措施,推动其经济改革,帮助其实施非垄断化、非中央集权化及非国有化。 (3)为基本建设项目筹集资金。 (4)参与筹建金融机构及金融体系,其中包括银行体系及资本市场体系。 (5)支持筹建工业体系,尤其注意扶持中小型企业的发展。
日本银行	BOJ	(1)发行纸币现钞并对其进行管理。 (2)执行金融政策。 (3)担任"最后的贷款者"这个银行角色。 (4)执行与各国中央银行和公共机关之间的国际关系业务。 (5)搜集金融经济信息并对其进行研究。
英格兰银行	BOE	根据《英格兰银行法》(1998年),英国成立英格兰银行货币政策委员会,负责制定货币政策。货币政策委员会是个相对独立的机构,它根据英格兰银行各部门提供的信息做出决策,再由相关部门执行。
加拿大中央银行	BOC	加拿大中央银行是依据1934年的《加拿大中央银行法案》而建立的,旨在推广经济和保持加拿大的财政稳定。它是加拿大唯一的发钞银行,主要负责加拿大的货币发行。
中国人民银行	PBC	中国人民银行的主要职能是制定和执行货币金融政策、对金融活动实施监督管理和提供支付清算服务,也可以概括为"发行的银行""银行的银行""政府的银行"。

(3)分析经济数据和市场热点

投资者对外汇走势的基本面分析,需要对国家一系列经济数据展开分析。不同的国家与外汇汇率变化相联系的经济数据是不一样的。应该掌握各个国家基本面的数据名称和这些数据的变化对汇率的影响。面对众多的数据,不是每一个都要求对其进行分析,投资者要学会根据当前的世界政治经济局势,从零碎的消息和数据中找到市场的热点。在对基本面进行分析时,主要分析这些市场的热点就可以了。但投资者要注意,市场的热点并不是固定不变的,随着政治经济环境发生变化,热点也会随之发生变化。因此,对经济数据和市场热点进行分析要形成分析链条,同时要加强对热点轮换的把握。

(4)决定交易的货币

最后外汇投资者要决定自己交易什么货币对,并计划好交易方向、持仓时间等。判断交易的货币对时,有一个重要的因素就是利差,即两个货币的利率之差。高息货币比低息货币更有吸引力,因而高息货币对低息货币往往会升值,各国的利率主要是受央行政策的影响,因而研究各国央行尤为重要,这在前文也强调过。

总之,投资者进行外汇基本面分析,大致需要4个步骤,首先是研究宏观经济和政治环境,其次是研究世界货币环境,再次是分析经济数据和市场热点,最后决定拟交易的货币,并制定出适合自己的交易方向和持仓时间。值得注意的是,这四个步骤是一个动态循环的过程。

二、基本面分析的注意事项

首先,需要明确外汇基本面分析的内涵。外汇基本面分析,简单来说,就是判断外汇市场价格的动向及市场趋势的一种市场研究,研究的是影响一个国家整体经济的本质因素,通过这些分析可以制定适宜的交易计划。

其次,在进行外汇交易的时候,投资者必须重视基本面分析,通过全面的外汇基本面分析有助于对当前外汇市场的各种状况了如指掌,而且还可以更好地跟随市场的步伐做出最合理的判断。虽然说基本面分析并不能够预测后市的波动情况,却可以从中得到一些预兆。

再次,进行基本面分析还要注意避免被主观情绪困扰。其实不仅仅是外汇交易,任何时候交易者想要得出客观真实的结论,都需要保持客观性。市场从来不会给外汇投资者提供确定的判断,投资者要做的只能是清楚自己想要得到什么,怎样才能有更大的可能去取得这种结果。

最后,外汇基本面分析可以帮助投资人调整自己的交易计划,不管是价格波动还是基本面分析,都需要围绕市场进行,如果投资人所掌握的基本面并不是全方位且准确的数据,往往比较难得出更加准确的分析结果。

外汇交易从宏观的角度来看,分析外汇基本面是最好的选择,投资者可以通过各种技术指标进行外汇基本面分析,了解和掌握外汇市场的波动规律,追踪市场变化。进行外汇基本面分析的时候也是存在误区的,比如没有完全统揽全面的外汇基本面信息的话,很难做出准确的行情判断。

不过,即使全部掌握了外汇基本面,也很难在多空因素交织的资讯里做出客观而准确的判断。有些投资者喜欢拿公共媒体里的资讯进行外汇基本面的分析,其实是很容易出现差错的,因为最主要的还需要看主力到底是如何解读并利用外汇基本面的。总而言之,基本面分析是外汇分析中的重头戏,全面掌握基本面分析是每一位外汇投资者都要学习的功课。

本章实训任务

任务一:选取一个货币对,通过专业外汇网站,收集当日相关经济因素资讯,进行该货币对走势的经济因素分析。

任务二:选取一个货币对,通过专业外汇网站,收集当日相关非经济因素资讯,进行该货币对走势的非经济因素分析。

任务三:选取一个货币对,通过专业外汇网站的财经日历,收集当日经济数据,学会解读相关经济数据并分析其对货币对的影响。

任务四:选取一个货币对,通过专业外汇网站,收集当日基本面综合资讯,进行该货币对走势的基本面综合分析,形成分析报告。

第五章　外汇技术面分析

一、认识 K 线,并掌握 K 线形态分析法

二、掌握趋势分析法

三、掌握技术指标分析法

第一节　技术面分析概述

技术面分析是指依据市场的历史资料对整个汇市或某个货币对的未来变动方向和程度做出一定判断。由于通常是借助一些画有各种技术指标的图表,并结合一定规则预测汇率走势,因此常常被形象地称为图线分析方法。

一、技术面分析的三大前提

任何理论分析方法都有其成立的假设条件,外汇技术分析方法存在也有其假设条件和前提。外汇市场的技术分析是以预测市场价格变化的未来趋势为目的,以分析图表为主要手段对市场行为进行的研究。下面介绍技术分析三个基本假定或前提条件。

(一)市场行为包容消化一切

市场行为即市场中的买卖行为,市场行为包容消化一切即指市场行为包含所有信息。包容性是技术面分析最基本的假设和基石,其核心内容是,外汇市场的价格已经体现了各种理性和非理性的因素。技术面分析派认为,既然市场行为已经反映了影响价格的所有基本面因素——经济、政治、社会因素等,投资者在决定交易行为时,再研究它们就多余

了,图表分析抄了基本面分析的近道,可以以此确定交易方向、入场和出场时机等,无须过多地专注于外汇背后影响其价格的基本面因素。因此,在出/入市具体时机的选择方面,技术分析更具有前瞻性和可操作性。

具体而言,外汇交易中的汇价涨跌等规则、不规则的市场行为,已经全部将能够影响市场波动的各种内外因素进行了反映、包容和消化。同时,汇市的图表系统也对其进行了忠实而客观的记录和描述,因此市场行为包容消化一切也可以说图表包容了一切。图表就是市场的语言,图表会说话:如果有了好消息而行情却并不上涨,说明市场并不认为它是好消息,此时不可自以为是,要听市场的;反之,如果有了坏消息行情却并不下跌,也同理。任何利好,只要不转化为市场中实实在在的需求性多单,汇价就不会上涨;任何利空只要没有转化为市场中实实在在的空单,汇价也不会下跌。市场中买卖的真实需求决定一切,而非消息决定一切。而这一切又被图表忠实地进行了记录,即能够影响汇价的任何因素,包括政治、经济、政策、供求关系、投机心理、内幕消息、自然灾害等,实际上都反映在价格变动之中。市场永远是正确的,市场行为消化当时的一切,既然影响市场价格的所有因素最终必定通过市场价格反映,那么研究价格就足够了。这是"市场永远是对的"的本质含义。

(二)价格以趋势方式演变

即指市场汇价沿趋势变动并保持原有方向。该假设认为,市场趋势一旦形成,在一段时间里会继续保持着上升、下跌或者盘整的趋势。趋势性是技术分析的核心。技术面分析派研究汇价图表的全部意义,就是要在一个趋势发生或转折的早期,及时准确地把它揭示出来,从而达到顺势交易的目的。技术面分析派认为,外汇市场交易行为的参与主体很难回应瞬息万变的市场价格,其交易行为很可能受到自身交易习惯的影响,所以市场汇率的变化会呈现一定的方向性和连续性。这如同物理学中最著名的运动定律"惯性定律"的作用:趋势一旦形成,就会在一定时段内保持着原有的运行方向,除非有足够大的相反力量改变其趋势。该原则是技术面分析派交易者最为看重的投资原则"顺势而为"的根本理论依据。

在市场中,多头的买进力量未遭到空头卖出力量的根本打击之前,汇价将保持上涨的态势,牛市也将继续发展,直到空头的卖出力量从根本上超过多头的买进力量时,汇价的上涨才会停止,上涨趋势也才会结束;相反的结论也成立。在市场力量没有产生根本、质变性逆转时,投资者绝对不要轻言趋势已经结束并盲目地去预言市场的顶和底,从而展开反向逆势操作,自以为自己比市场聪明,结果却吃大亏,付出惨重的代价。

(三)历史会重演

历史会重演,具体而言就是,打开未来之门的钥匙隐藏在历史里,或者说将来是过去的翻版。历史的重演表现为时间周期的再现与价格形态的重现,汇市历史经常会以改头换面的方式重演。

技术面分析派强调技术分析与人类心理学的密切联系。价格形态通过特定的图表表示了人们对某市场看好或看淡的心理,过去有效,未来同样有效。"上涨—下跌—再上涨—再下跌",周而复始成为价格走势的特点。波浪理论、道氏理论之所以能流传,就是因为不仅过去证明过去是有效的,将来还会有效。投资者会在获利心理的驱使之下,按照一定的范式进行操作,从而外汇市场随之形成某些固定的运行模式。外汇价格过去的变动模式经过一段时间后往往会再次出现,而技术分析所依赖的技术指标和图形也同样反映了外汇价格过去的变动情况,它们所体现的价格信息会影响投资者对目前及将来价格的心理预期。因此,当外汇价格历史重演时,投资者就会参照历史进行下一步的投资。

人的心思不可预测,但人的目的和为达到该目的所采用的行为方式却是有限和可以在一定程度上被推测的,这才是历史会重演,市场可以被部分把握的本质原因。

二、技术面分析的主要内容

外汇技术分析是预测价格走势的方法,涉及图表模式识别。分析师们使用各种工具来识别支撑位和阻力位、向上突破和向下突破、趋势和交易区间。了解了基本的策略,交易者发现自己能够将一些关键元素融入自行设计的策略中。具体而言技术面分析包括外汇技术图表、时间框架、趋势、支撑和阻力、技术形态、技术指标等内容。

1.外汇技术图表

图表是在一定的时间框架内某一货币对价格变化的图形表示。几乎在所有的行情系统中,外汇技术图表都包括线形图、柱状图和 K 线图三种类型(见图 5-1),这三种图表都基于相同的数据,但显示方式不同。

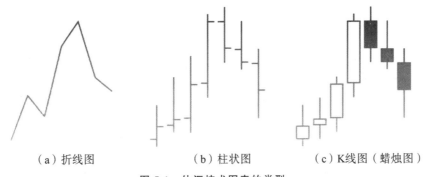

（a）折线图　　　　　　（b）柱状图　　　　　（c）K线图（蜡烛图）

图 5-1　外汇技术图表的类型

线形图,即折线图,是一个简单而基本的图表,只显示收盘价。

在柱状图中,可以观察到每个时段开盘、高、低和收盘价。垂线是由最高和最低价产生的,在左侧的短划线显示了开盘价,在右侧的短划线则显示收盘价。

K 线图,又称蜡烛图或日本图,是最流行、使用最广的外汇技术图表,显示设定的时间段的开盘、高、低和收盘价。每个“烛台”(即 K 线实体)一般都包括由开盘价和收盘价绘制成的“柱体”和最高价与最低价绘制的“灯芯”(即影线)组成。K 线分阳线和阴线,通常用两种不同的颜色表示。阳线表示收盘价高于开盘价,代表做多力量胜于做空力量,多方胜出;阴线表示收盘价低于开盘价,代表做空力量胜于做多力量,空方胜出。

2.时间框架

时间框架是指绘制一根蜡烛图(或线形图/柱状图)所需要的时间,短可以是一分钟,长可以是季度、半年甚至一年。交易者可以在交易平台上为每个图表自定义时间框架。外汇

交易使用最频繁的 K 线图包括日线图、4 小时图、1 小时图、60 分钟图、30 分钟图及 15 分钟图等。短的时间框架会产生更多的信号,但有不少是错误的干扰信号,不利于判断趋势;较长的时间框架提供相对少的信号,但是释放的信号更为强烈,利于研判趋势。

3.发现趋势

识别货币对的趋势或市场运动方向是技术面分析的基本功。趋势在外汇技术分析中极其重要,找到主导趋势将帮助交易者统观市场全局导向,在希望交易的时间跨度中研判趋势,并依据该趋势进行交易,从而决胜汇市,实现顺势而为,与趋势做朋友。

市场趋势一般主要分为以下三类(见图 5-2):

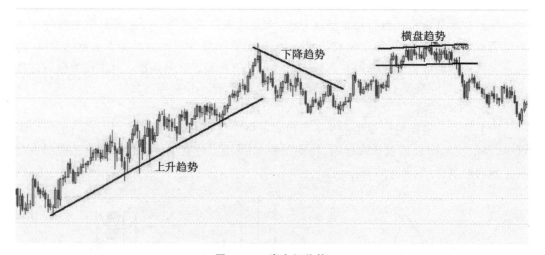

图 5-2　三类市场趋势

(1)上升趋势:技术图表上一系列不断上升的高点和低点,大部分的低点连线形成上升的趋势。

(2)下降趋势:技术图表上一系列向下的高点和低点,大部分高点的连线形成下降趋势。

(3)横盘趋势:缺乏任何明显方向的趋势被称为横盘或水平趋势。

可以用趋势线确定货币对的趋势。

4.趋势线、支撑线和阻力线

趋势线是一条显示货币对趋势的直线,由两个或两个以上的价格低点或高点连接而成。在上涨市场中,上升趋势线沿着容易识别的支撑区底部绘制,是一条支撑线;在下跌市场中,趋势线沿着容易识别的阻力区顶部绘制,是一条阻力线。

(1)支撑和阻力

当外汇市场上升然后回落的时候,在它回落之前所达到的最高点就是目前的阻力;随着市场的不断回升,在外汇市场开始上升之前所达到的最低点就是目前的支撑。支撑和阻力水准是外汇技术图表中经受持续向上支撑或向下压力的点。支撑水准通常是指某一时间框架(每小时、每周或者每年等)图表中的最低点(谷点),而阻力水准是图表中的最高点(峰点)(见图 5-3)。当这些点显示出再现的趋势时,它们即被识别为支撑和阻力。最佳交易时机就是在不易被打破的支撑/阻力水准附近。

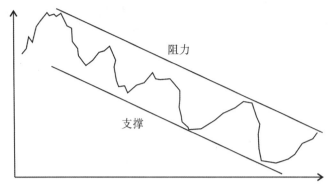

图 5-3　支撑与阻力

支撑/阻力水准经常相互转换:在上升行情中,被打破的阻力水准可能成为对向上趋势的支撑;在下跌行情中,被打破的支撑水准可能转变为向下趋势的阻力。

(2)支撑线和阻力线

在外汇技术图表中,支撑和阻力往往不是一个具体确切的数字,而是一个"区域",通过在图表中绘出支撑线或阻力线的方法可以帮助交易者找到这些区域。

支撑线,是指由具有支撑力的价格连接而成的线。如果汇价曾经跌至一个价格水平时多次折返,即可视为具有支撑作用。支撑点越多,支撑线越可靠(见图5-4)。

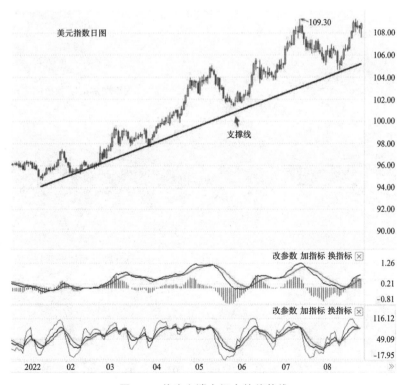

图 5-4　单边上涨市场中的趋势线

阻力线是指由具有阻力的价格连接而成的线。如果汇价曾经上涨至一个价格水平时多次折返,即可视为具有阻力作用。阻力点越多,阻力线越可靠(见图5-5)。

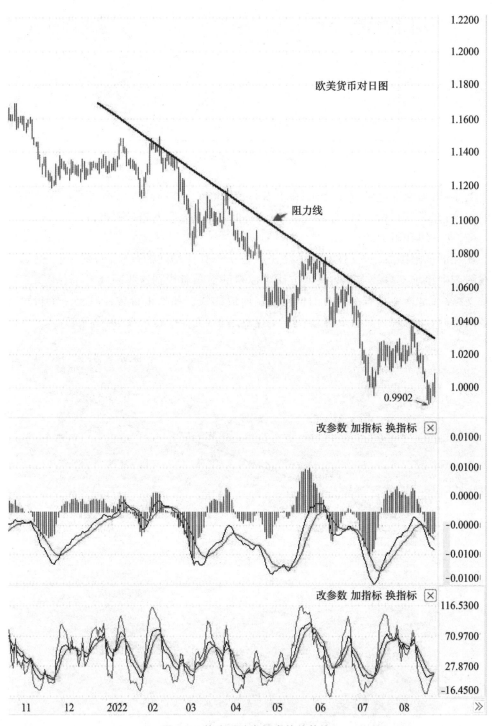

图 5-5　单边下跌市场中的趋势线

（3）通道线和通道

通道线又称轨道线或管道线,是汇市中一种常用而又行之有效的切线理论分析方法。通道线指标是基于趋势线建立的一种支撑/压力线。在已经得到趋势线后,通过通道线指标第一个峰或谷可以做出这条趋势线的平行线,这条平行线就是通道线。这两条平行线将价格夹在中间运行,有明显的管道或通道形状,故称为通道。依据通道的趋势可以分为上升通道和下降通道(见图5-6)。

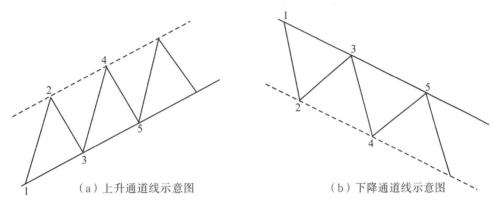

（a）上升通道线示意图　　　　　　　　　（b）下降通道线示意图

图 5-6　上升通道和下降通道

通道线的意义:

①具有支撑或阻力的作用;

②是买卖交易的参考依据。

通道线与趋势线的区别:

①趋势线说明趋势的方向,通道线说明价格区域的目标;

②趋势线突破后意味着市场转向,通道线突破后趋势可能会加速;

③趋势线起决定作用,通道线起辅助作用。

5.前高/前低

即从第二个高(低)点来判断顶与底,一般可以将第二个高(低)点与第一个高(低)点进行比较,是多空双方力量转换的关键位置。以高点为例,如果第二个高点(顶)比第一个高点(顶)低,表明多方力量有所衰竭,已经不能推动价格超过前期高点,则在这个位置,行情很容易出现逆转;原先做多的资金就可能会改变策略,转而做空,进而使得价格大幅下挫,顶部就此形成。

如图5-7日线图所示,1和2两个高点中,高点2(顶)低于高点1(顶),行情出现逆转。2和3两个高点中,高点3低于高点2,行情亦出现逆转。高点4、高点5同理,在这里,高点1为高点2的前高,高点2为高点3的前高,高点4为高点5的前高;前低情况以此类推。

6.技术形态

技术形态是外汇技术图表的一种独特形态,预测未来价格运动或创建一个买入或卖出信号。其背后的理论是基于先前观察到的特定形态指示了价格未来走向的假设。以K线图为例,随着K线根数的增加,更多的K线被纳入观察对象时,这些K线组合一般会

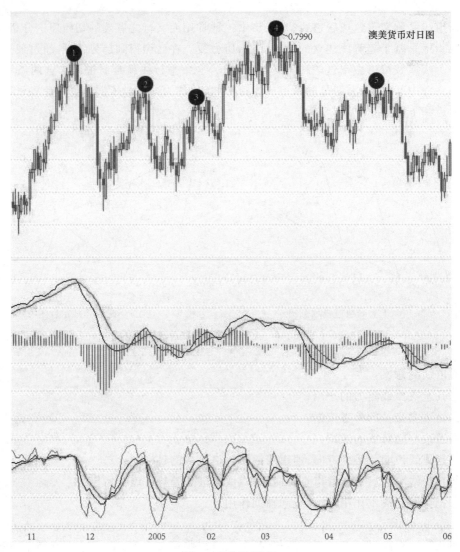

图 5-7　前高/前低

　　形成一条上下波动的汇价曲线,该曲线就是汇价在这段时间移动的轨迹,它会呈现为各种规则或不规则的图形,其中各种规则图形就是技术分析中的技术形态。技术形态包括反转形态和整理形态两大类。

　　反转形态是指 K 线平衡被打破之后价格波动的方向与平衡之前的价格方向相反的技术形态,头肩顶(底)形态、双重顶(底)形态、圆弧形态和 V 形反转等都属于典型的反转形态;整理形态则是指形态被突破后价格波动的方向与形态突破之前的运行方向相同的技术形态,三角形形态、矩形形态、旗形形态、楔形形态等都属于典型的整理形态。

　　7.技术指标

　　技术指标是可以预测或确认趋势模式、支撑和阻力水平或买入和卖出信号的工具。许多交易平台软件都有大量现成的指标。在一个价格图表上增加一个技术指标可能有助于交易者研判市场走势并帮助其决定交易方向。MACD、KDJ、RSI、BOLL 等都是常用的技术指标。

三、技术面分析的优缺点及其作用

(一)技术面分析的优缺点

1.优点

(1)客观性。虽然基本面分析的材料、数据是客观的,但用这些基本要素进行价格走势研判的主体往往带有主观感情色彩,难以达到客观研判。比如做了多头就会多考虑一些利好的因素,甚至把一些利空因素解读为利多因素;做了空头则会多考虑一些利空的因素,甚至把利多因素解读为利空因素。而技术面分析则不同,不管图表出现的是买入信号还是卖出信号,都是客观存在的,不以交易者的意志为转移,所以技术面分析具有客观性。

(2)简单性。一张价格走势图把各种变量之间的关系及其相互作用的结果清晰地表现出来,把复杂的因果关系变成简单的价格历史图,以图看势,就很容易把握其变化的趋势。而且在科学技术发达的今天,利用电脑制图、示图、读图十分方便,把各种图表程序变成软件,只要按照程序输入数据,图形立即可见。

(3)明确的显示性。短期投资存在着相当大的风险,但是风险和机遇总是并存的,要想规避风险而获得利润,就必须密切注视短期价格走势。技术面分析所运用的各种价格走势图形,特别是典型形态,如双底(双顶)形态、头肩形形态等,可以表明外汇汇率可能在此转势,外汇交易者应该在这个价位上买入或卖出。这就意味着短期投资者可以在外汇买卖中获得盈利,避免损失。

2.缺点

(1)信号迷惑。买入或卖出信号的出现与最高价或最低价之间往往有段距离,甚至会出现"走势陷阱",这反映了外汇交易技术分析的典型缺陷,使投资者不敢贸然行事,否则可能做出错误的决策。

(2)价位和时间不确定。技术面分析只是预测将来总的价格走势,不可能指出一定时期内价格的巅峰,也不可能指出低谷,同样更不可能标出每一次上升或下跌的持续时间。

(二)技术面分析的作用

1.技术面分析与基本面分析之辨

技术面分析与基本面分析各有长处。技术面分析主要研究市场行为,基本面分析则集中考察导致价格涨、跌或持平的供求关系。两派都试图解决同样的问题,即预测价格变化的方向,只不过着眼点不同。基本面分析追究市场运动的前因,而技术面分析则是研究其后果,两者各有所长。

基本面分析判断长期趋势准确性较高:由于经济周期、政策调整等对市场的影响时间跨度相对较长,一旦形成趋势,方向比较明显。基本面分析对影响供需关系的种种因素进行分析,在预测价格走势方面比较清晰,只要抓住关键因素,往往后市预测还是比较可靠的,所以可以用基本面分析来把握大的方向。

技术面分析对于判断短期走势和投资指导意义更大:技术指标由于在设计上更贴近市场,对价格变化的短期波动比较敏感,所以对短期投资的指导意义比较大。

两者结合,一般用基本面分析确定大方向,用技术面分析确定买卖点,以有效提高准确率。

2.技术面分析的不可替代性

基本面分析尽管有其把握市场比较全面,而且材料、数据来源比较客观等优点,但也存在先天的不足。

第一,基本面分析的结论必须具备科学性,分析材料与结论必须因果关系明确,结论是唯一确定的。把市场一定时期所有相关的信息综合起来,通过供求规律的作用,最终推算出某时期某货币对的内在价值,要做好这方面分析,不仅要对财务、会计、统计有很好的掌握,而且必须具备很高的分析能力以区分各种因素的影响力度和深度。真正能把握政治、经济、社会脉搏的恐怕是经济学家的专长,普通投资者的专业能力比较欠缺。

第二,基础面分析要求拥有完备的即时材料,要求有足够的信息量。但现实中由于"信息不对称"是永恒的话题,投资者要想收集市场中所有有用的信息几乎是不可能的。

因此,技术面分析具有不可替代性。

3.技术面分析并非万能

任何技术分析方法都不是万能的,其成功率都是以概率形式出现的。而且每种技术分析方法都有假设条件、使用场合和时机以及对反映的市场状况都有所不同。移动平均线对价格的反应往往比较滞后,预测短期价格走势有效性较差,可以侧重于其对价格的助涨助跌特性;KDJ、RSI指标在波动不大时,有效性比较高,但如果出现连续性上涨或下跌,指标将出现钝化,预测效果就比较差,可以截取其中间部分进行预测。每种指标都有其优缺点,实操中,可以选择几种擅长的技术指标(一般2~3种,技术指标多了反而无益)进行仔细研究,掌握其规律,扬长避短综合研判,将会提高准确率。

技术分析再好也是客观事物,其主宰者还是人,单纯依靠技术分析只能是一条腿走路。技术分析是预测科学,我们不应将它万能化,也不应否定它的作用,这也是对待任何预测科学的态度。面对技术操作系统,最好是保持客观怀疑的态度。

4.基本面分析与技术面分析有效结合才是王道

基本面分析是根本,如何把握市场近期炒作的热点,是成败的关键。基本面分析是分析影响供求关系的基本经济因素,是研究汇率运动的原因,而技术面分析则是注重研究汇率运动的方式。通俗而言,基本面分析侧重解决投资者在某种外汇的操作上"应该买还是应该卖"的问题,即选择交易方向的问题;而技术面分析则侧重解决"何时入市或何时买卖"的问题,即交易时机的问题。以天气预报为例,基本面解决的是是否下雨的问题,而技术面则着重于分析雨将在何时下的问题。

著名技术分析大师约翰·墨菲曾这样评价技术面分析:"技术分析是历史经验的总结,其有效性是以概率的形式出现的,技术分析必须与基本分析相结合,有效性才能得到提高。"因此,技术面分析,究其本源是相对于基本面分析而言的,两者有效结合使用,才是交易制胜法宝。

四、技术分析的基本原则

学习技术面分析,还要了解技术分析的基本原则。

(一)长期形态比短期形态更重要

短期走势是在相对较小的区间中运动,也容易受到各种各样因素的影响而随时变化。所以,投资者把握汇价的短期走势难度较大,容易陷入繁多的影响因素中而迷失方向。如果在分析短期汇价走势前对长期走势有一个透彻的把握,做到胸有成竹,那么投资者就可以俯瞰短期走势,抓住主要矛盾,做出正确的分析判断。

如"早晨之星"形态通常是汇价即将见底反转的K线形态,但若此时汇价仍处于长期下降通道,阻力线没有任何被突破的可能性,那么该"晨星"可能只是一个小幅的反弹,是部分投资者平仓获利、市场消化压力的一个小调整,甚至连做短线的机会都没有。这时,短期形态中的"早晨之星"就没有长期趋势反转的意义了。

(二)位置比形态更重要

外汇技术图表有许多典型的技术形态,在交易中必须结合行情的位置来分析,单纯就形态分析形态,则易成空中楼阁,没有任何的意义。

比如"头肩底"形态是一个非常经典的底部反转形态,它通常出现在外汇行情的底部区域,但如果在行情的相对高位出现一个"头肩底"形态,则不宜作为进场做多的依据。此时一般宁可退出市场观望,因为"在高位最可能出现头部,在低位最可能出现底部"是最朴素也是最有效的投资规律。

(三)市场方向比位置更重要

"趋势为王""与趋势做朋友"都是外汇交易的重要箴言,因此在实际交易中,汇价的趋势是最重要的,汇价位置的高低不如趋势重要。也许汇价已经达到很高或很低的区域,但只要投资者能够准确判断汇价的趋势,就仍然可以开仓或者持仓。投资者要分析的最重要且最难的是市场的方向,市场的方向和趋势比位置重要,唯其如此,才能拥抱趋势,决胜汇市。

五、技术分析的基本方法

技术分析的方法五花八门,但究其根本无外乎三个方面,即"势、位、态",这是技术分析最微观的部分,是技术分析的空间要素分析。

(一)势

势,即指汇价的趋势和方向。趋势是任何技术分析的第一对象,主要通过技术分析方法来判断趋势。趋势分析之所以最重要是因为一旦趋势建立,就一定会按照规律前进,不

会轻易改变。找到主导趋势将帮助交易者统观市场全局导向,并能赋予交易者更加敏锐的洞察力,特别是当更短期的市场波动搅乱市场全局时。一旦发现整体趋势,交易者就能在希望交易的时间跨度中研判走势并做出相应的交易决策。一般使用较长时间框架的 K 线图来识别较长期的趋势。

（二）位

位,即位置,指进场位/出场位。位置是任何技术分析的第二个分析对象,通过一些动量指标和支撑阻力线可以找到位置。位是经常被新手忽略的对象。深入研究技术分析会发现,技术分析法只有结合位置来研判,才有意义。

（三）态

态,即指汇价的技术形态,是趋势和位置的具体组成部分,包括 K 线图的组合及其形态等。在交易中,一般大致确认汇价方向,并找到准备的进场位置之后,通过特定的 K 线图组合或形态可以确认这些进场位置的有效性和正确性。

势、位、态是技术分析按空间要素分析的三个关键,三者紧密相连,任何交易的形成必须集合三者的确认。

第二节　K 线分析

一、K 线基础知识

（一）K 线的概念及起源

K 线又称为阴阳线、棒线、红黑线或蜡烛线,起源于日本德川幕府时代（1603—1867）的米市交易,故又称为日本线。K 线由影线和实体（矩形）组成,影线在实体上方的部分叫上影线,下方部分叫下影线。K 线图将多空双方力量的增减与转变过程及实战结果用图形形象地表示出来,一根日 K 线图即可记录某种外汇一天的价格变动情况。K 线分析方法经过 200 多年的使用与改进,形成现在具有完整形式和分析理论的一种技术分析方法,被全世界投资人广泛接受。

（二）K 线图的绘制

以交易时间为横坐标,价格为纵坐标将每日的 K 线连续绘出即成 K 线走势图。

K 线图有阳线和阴线之分。交易软件的 K 线图一般用红色柱体表示阳线,绿色柱体表示阴线。阳线表示某时间框架内的收盘价高于开盘价,即汇价上涨;阴线表示某时间框架内的收盘价低于开盘价,即汇价下跌。

K线图的具体画法:找到该日或某一时间框架(15分钟、30分钟、1小时、4小时等)的开盘价、收盘价、最高价和最低价。首先确定开盘和收盘的价格,它们之间的部分画成狭长的矩形实体。如果收盘价格高于开盘价格,便以红色实体表示,或将矩形留空,该K线被称为阳线;反之如果收盘价格低于开盘价格,便以绿色或黑色实体表示,该K线被称为阴线。然后用较细的线将最高价和最低价分别与实体上、下底的中点连接,最高价和实体上底中点之间的连线被称为上影线,最低价和实体下底中点之间的连线称为下影线。

本书由于印刷需要,为了便于辨析,用矩形留白表示阳线,矩形涂黑表示阴线。如图5-8所示。

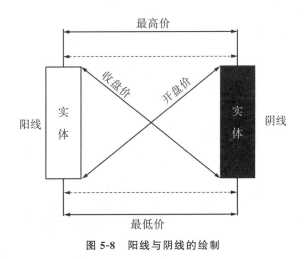

图 5-8　阳线与阴线的绘制

如果用一分钟价格数据来绘制K线图,就称为一分钟K线图;用一个月的数据绘制K线图,就称为月K线图。周K线是指以周一的开盘价、周五的收盘价、全周最高价和全周最低价来画的K线;月K线则以一个月的第一个交易日的开盘价,最后一个交易日的收盘价和全月最高价与全月最低价来画的K线图,同理可以推得其他K线定义。K线绘图周期(即K线的时间框架)可以根据需要灵活选择,K线从时间上分,可分为日K线、周K线、月K线、年K线,以及将一日内交易时间分成若干等分,如5分钟K线、15分钟K线、30分钟K线、60分钟K线等,在一些专业的图表软件中还可以看到2分钟、3分钟等周期的K线。

(三)K线图基本要素的市场含义

一根K线图一般包括上影线、下影线和实体三要素。以日K线为例,K线反映当天汇价多空力量较量的情况,上影线表示多方曾经攻占的地盘被空方随后强行收复;反之,下影线表示空方占领过的地盘被随后的多方强力收回。当日收阳表明尾市多方力量大于开盘空方力量,反之同理。

就单根K线而言,一般上影线和阴线的实体表示汇价的下压力量,下影线和阳线的实体则表示汇价的上升力量;上影线和阴线实体比较长就说明汇价的下跌动量比较大,下影线和阳线实体较长则说明汇率的扬升动力比较强。结合观察开盘、最高、最低、收盘价,

便可以掌握：多空双方谁在主导行情、他们在做什么、多空双方在交易期间驱动均衡点的互动关系等市场信息。

以图 5-9 为例，从左到右，市场力量由多向空转变。最左侧 K 线开盘空方占优，开盘后多方一路上攻，收盘于当天最高价，形成大阳逼空走势，空方毫无还手之力；左侧第二个 K 线表明开盘空方占优，且盘中一度空方向下占领更多阵地，但被随后的多方一一收复且反攻向上，收于当天最高价，多方气势凶猛，全天战事发生空到多的转折；而中间的长上影线的阳 K 线表明开盘空方占优，随后多方一路反攻占领大部分地区，但盘中空方不甘示弱，收回不少失去的阵地，收盘时多方以微弱优势胜出；而中间的长上影线的阴 K 线表明开盘空方占优，随后多方一路反攻占领大部分地区，但收盘前又发生二次转折，空方强势收回失去的阵地，收盘时空方胜出；而最右侧的大阴线表明开盘多方的优势被全天空方蚕食殆尽，空方以最大优势收盘。

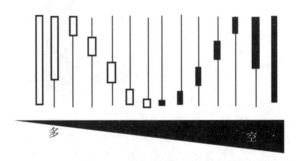

图 5-9　多空力量的变化与 K 线图谱

对于 K 线组合，只要有 3 根以上的 K 线（最好是 5 根 K 线组合），便可以快速判断价格波动的趋势，其方法主要从相互高低点、收盘价、K 线重心的移动、相互重叠等状况判断，更简化的方法是将 K 线组合叠加为单支 K 线进行操作。

二、单根 K 线图分析

每一根 K 线都是相应的时间框架内多空力量争斗的结果，以日 K 线为例，每天交易结束，其最高价、最低价、开盘价、收盘价都真实地反映某一货币对当天的交易状况。虽然 K 线图谱上 K 线的种类繁多，但只要掌握基本分析技巧，就可以明了每一根 K 线所代表的市场意义，洞察其透露出来的信息。

(一)单根 K 线图分析的基本技巧

单根 K 线图的解读简单归纳为三招，即：一看阴阳，二看实体大小，三看影线长短。
一看阴阳：
阴阳代表趋势方向，阳线表示将继续上涨，阴线表示将继续下跌。
如果 K 线是一根阳线，说明经过一段时间的多空拼搏，收盘价高于开盘价表明多头占据上风,即不管当天盘中经过了多么复杂的厮杀过程,是先涨后跌还是先跌后涨,多头最终把价格从开盘价推高到收盘价结束一天的交易,多头获胜,说明当天行情在总体上是一个上升趋势,即阳线代表趋势向上。既然阳线是代表向上趋势,表明多头占据上风,根据牛顿第一定律,在没有外力作用下价格仍将按原有方向与速度运行,那么随后次日,多头乘胜继续向上冲击的可能性就要大于前一天失败的空头向下反击的可能性,因此阳线的后续趋势基本向上可能性大,最起码能保证下一阶段初期能惯性上冲,故阳线往往预示着继续上涨。

如果 K 线是一根阴线,说明当天的开盘价高于收盘价,即不管当天经过了多么复杂的变化过程,空头最终把价格从开盘价压低到收盘价结束一天交易,空头获胜,说明当天行情在总体上是一个下跌趋势,即阴线代表趋势向下。既然阴线代表向下趋势、是空头获胜,那么随后次日空头乘胜继续向下打压的可能性就要大于失败的多头反击的可能性,因此阴线的后续趋势向下的可能性大。

阴阳线代表的趋势方向实质上就是市场的牛顿惯性定律的体现。趋势一旦向某个方向运动,没有受到新的外力足够的影响就会朝原方向继续运动。这一点也极为符合技术分析中三大假设之一汇价沿趋势运动,而这种顺势而为也是技术分析最核心的思想。

二看实体大小:

实体大小代表内在动力和能量大小,实体越大,上涨或下跌的趋势越是明显,反之趋势则不明显。

以阳线为例,其实体就是收盘价高于开盘价的那部分,阳线实体越大说明了上涨的动力越足,就如质量越大与速度越快的物体,其惯性冲力也越大的物理学原理,阳线实体越大代表其内在上涨动力也越大,其上涨的动力将大于实体小的阳线。

(1)红实体很长的长阳线:表示经过多空双方一天的较量,多方把价格从开盘价到收盘价向上推高了很大的幅度,多方占据压倒性的绝对优势;

(2)红实体稍短于长阳线的中阳线:表示经过多空双方一天的较量之后,多方把价格推高的幅度不如长阳线,多方占据的优势也不如长阳线那样大,只能说多方占据明显优势;

(3)红实体较小的小阳线:表示经过多空双方一天的较量后,多方把价格从开盘到收盘只推进了较小的幅度,只能说多方略占上风;

(4)实体长度为零的十字星:表示多空双方一天的较量之后,汇价又回到了原来的开盘价位,收盘价等于开盘价,多空双方打成平手,谁也没能占据优势,这是多空双方力量相等造成的相对平衡状态。

同理可得阴线实体越大,下跌动力也越足。

(1)实体较小的小阴线:表示经过多空双方一天的较量后,空方把价格从开盘价到收盘价向下推进了较小的幅度,只能说明空方略占上风;

(2)实体大于小阴线的中阴线:表示经过多空双方一天的较量后,空方把价格向下打压的幅度大于小阴线,表明空方占据了明显优势;

(3)实体很长的长阴线:表示经过多空双方一天的较量后,空方把价格从开盘价到收盘价向下推进了很大幅度,空方占据压倒性的绝对优势。

综上所述,从十字星、小阳线、中阳线到长阳线代表了从多空双方力量平衡到多方优势越来越明显的变化过程,直到多方完全胜利的极端形式;从十字星、小阴线、中阴线到长阴线代表了从多空双方力量平衡到空方优势越来越明显的变化过程,直到空方完全胜利的极端形式。K线以实体的由长到短、再由短到长,并结合阴阳变化,体现的是一幅"多空双方力量对比渐变图",通过该多空双方力量对比渐变图,能直观看出多空双方谁的力量更强、强到什么程度等信息,利于研判后市。

三看影线长短:

影线代表转折信号,向一个方向的影线越长,越不利于汇价向这个方向变动,即上影线越长,越不利于汇价上涨,下影线越长,越不利于汇价下跌。

以较长上影线为例,其蕴含的市场信息:当天行情中多头曾经发动一轮向上的攻势并曾达到较高位置,但是后来在空头的反击之下多头未能在当天的市场新高站稳阵脚,空头打退了多头的进攻并且收复了当天的大部分失地,故长上影线代表在经过一段时间多空斗争之后多头进攻失败。既然多头的进攻被击退,那么随后空头继续反击的可能性就大于多头立刻再次发动进攻的可能性,因此,不论K线是阴还是阳,长上影线部分已构成下一阶段的上档阻力,汇价向下调整的概率变大。

同理,如果K线出现一条较长下影线,则蕴含如下市场信息:较长下影线说明在当天行情中空头曾经发动一轮向下的攻势,并曾达到较低位置,但后来在多头的反击之下空头未能在低位站稳阵脚,多头打退了空头的进攻并且收复了大部分失地,即长下影线代表了空头一次进攻的失败。既然空头的进攻被击退,那么随后多头乘胜继续反击的可能性就大于空头立刻再次发动进攻的可能性,因此长下影线预示着汇价向上攻击的概率大。

影线转折信号的强弱程度需要投资者的经验积累,一般影线一倍于实体以上才能称得上一般性转折信号。要得出其准确结论,还需要结合趋势和具体位置综合分析才能准确判断。

单根K线分析技巧既可对日K线、周K线、月K线甚至年K线进行分析,也可对二根、三根甚至N根K线进行研判。前者可简单运用,后者将N根K线叠加为一根然后进行研判。

(二)典型单根K线图详解

单根K线图的基本形态及其形态意义如表5-1所示。

表 5-1　单根 K 线图详解

基本形态	名称	形态意义
	大阳线	此种图表示最高价与收盘价相同,最低价与开盘价一样。上下没有影线。从一开盘,多方就积极进攻,中间也可能出现多方与空方的斗争,但多方发挥最大力量,一直到收盘。多方始终占优势,使价格一路上扬,直至收盘。表示强烈的涨势,市场呈现高潮,多方疯狂涌进,不限价买进。握有该货币者,因看到买气的旺盛,不愿抛售,出现供不应求的状况。

续表

基本形态	名称	形态意义
	下影大阳线	这是一种先跌后涨型的K线,是带小段下影线的红实体。最高价与收盘价相同,开盘后,卖气较足,价格下跌。但在低价位上得到买方的支撑,卖方受挫,价格向上推过开盘价,一路上扬,直至收盘,收在最高价上。由于阳线实体部分比下影线长,价位下跌不多,即受到强劲的下档买盘支撑,价格上推。破了开盘价之后,还大幅度推进,买方实力很强。 若实体部分与下影线相等,表示买卖双方交战激烈,但大体上,买方占主导地位,对买方有利,买卖双方在低价位上发生激战,遇买方支撑逐步将价位上推。
	上影大阳线	这是一种带小段上影线的红实体,开盘价与最低价相同。一开盘买方强盛,价位一路上推,试图创下高点,但在高价位遇卖方压力,使汇价上升受阻。卖方与买方交战结果为买方略胜一筹。价格上涨但上方卖出压力沉重,价格回落。此形态表示多方占优,但上方价位卖压很大。红实体比影线长,表示买方在高价位是遇到阻力,部分多头获利回吐。但买方仍是市场的主导力量,后市继续看涨。 若实体与影线同长,表示买方把价位上推,但卖方压力也在增加。二者交战结果,卖方把价位压回一半,买方虽占优势,但其优势显然不如上影线短的红实体优势大。
	小阳线	此K线上下影线长度基本相同,红实体较小。开盘后价位下跌,遇买方支撑,双方争斗之后,买方增强,价格一路上推,临收盘前,部分买者获利回吐,在最高价之下收盘,此形态表示多空双方争夺激烈,多方仍占据一定优势,但空方的力量不可小视。这是一种反转试探型K线,如在大涨之后出现,表示高位震荡,如成交量大增,后市可能会下跌。如在大跌后出现,后市可能会反弹。 这里上下影线及实体的不同又可分为以下情况。 上影线长于下影线之红实体:(1)影线部分长于红实体表示买方力量受挫折;(2)红实体长于影线部分表示买方虽受挫折,但仍占优势。 下影线长于上影线之红实体:(1)红实体长于影线部分表示买方虽受挫折,仍居于主动地位;(2)影线部分长于红实体表示买方尚需接受考验。
	长上影阳线	这也是一种上升阻力的K线,但与上影大阳线相比,其实体比影线短,影线至少是阳线实体长度的二到三倍。在高价位遇卖方的压力、卖方全面反击,买方受到严重考验。大多短线投资者纷纷获利回吐,在当日交战结束后,卖方已收回大部分失地,买方虽仍具有优势,但已经处于强弩之末,买方一块小小的堡垒(实体部分)将很快被消灭。这种K线是强烈的反转形态。 此K线如出现在近期价格底部,则为倒锤线,是见底反转信号;如出现在高价区,则为射击之星或流星,后市看跌,反转意义更强。
	长下影阳线	这也是一种先跌后涨型的K线,但与下影大阳线不同的是其下影线很长,至少是阳线实体长度的二到三倍。此形态表示多方处于优势,并且有多方买盘不断加入,推高价格。由于实体部分较小,说明买方所占据的优势不太大,如卖方次日全力反攻,则买方的实体很容易被攻占。 此K线如出现在近期价格底部,则为锤子线,是强烈的见底反转信号;但若出现在近期价格顶部,则为上吊线(或吊颈线),强烈的见顶反转信号。

续表

基本形态	名称	形态意义
	大阴线	此种图表示最高价与开盘价相同,最低价与收盘价一样。上下没有影线。从一开始,卖方就占优势。市场处于低潮。持有者不限价疯狂抛出,造成恐慌心理。市场呈一面倒,直到收盘价格始终下跌,市场内空方是绝对的主力,呈现强烈的跌势。
	下影大阴线	这是一种带小段下影线的黑实体,开盘价是最高价。一开盘卖方力量就特别大,价位一直下跌,价格试图创下低点,但在低价位上遇到买方的支撑,价格回升,是下跌抵抗型K线。此形态表示空方占优,但下方价位买压很大,有反转的意味,应引起警觉。 下影线部分越短,说明买方把价位上推不多,从总体上看,卖方占比较大的优势;下影线越长,表示买压越大,反转意味更强。
	上影大阴线	这是一种带小段上影线的黑实体。收盘价即是最低价。一开盘,买方与卖方进行交战,买方占上风,价格一路上升。但在高价位遇卖压阻力,卖方组织力量反攻,买方节节败退,最后在最低价收盘,卖方占优势,并充分发挥力量,使买方陷入"套牢"的困境,是典型的先涨后跌型K线,表示空方力量占优,上档卖盘强劲。上影线的长度越长,表示空方力量越强。
	小阴线	这是一种上下都带影线的黑实体,上下影线长度基本相同。在交易过程中,汇价在开盘后,有时会力争上游,随着卖方力量的增加,买方不愿追逐高价,卖方渐居主动,汇价逆转,在开盘价下交易,汇价下跌。在低价位遇买方支撑,买气转强,不至于以最低价收盘。有时汇价在上半场以低于开盘价成交,下半场买意增强,汇价回至高于开盘价成交,临收盘前卖方又占优势,而以低于开盘价之价格收盘。 这是弹升试探型K线,也是一种反转试探。表示多空双方争夺激烈,空方仍占据一定优势,但多方的力量不可小视。如在大跌之后出现,表示低档承接,行情可能反弹。如大涨之后出现,后市可能下跌。
	长上影阴线	与上影大阴线同属于先涨后跌型K线,但黑实体比影线短,卖方虽将价格下压,但优势较少,次日买方力量可能再次反攻,黑实体很可能被攻占。 顶部:射击之星或流星、底部:倒锤线,此形态表示空方处于优势,并且有做空力量不断加入,推低价格。此形态如出现在近期价格顶部,是强烈的反转信号,应引起注意。
	长下影阴线	与下影大阴线一样也是属于下跌抵抗型的黑实体,其实体部分比影线短,影线至少是阴线实体长度的二到三倍。卖方把价位一路压低,在低价位上,遇到买方顽强抵抗并组织反击,逐渐把价位上推,最后虽以黑棒收盘,但可以看出卖方只占极少的优势。后市很可能买方会全力反攻,把小黑实体全部吃掉。 顶部:上吊线、底部:锤子线,此形态表示空方仍处于优势,但已经处于强弩之末,是强烈的反转形态。此形态如出现在近期价格的底部,反转意味更强。

续表

基本形态	名称	形态意义
╋	十字星	这是一种只有上下影线,没有实体的图形,是 K 线收敛到极致的一种体现。开盘价即是收盘价,表示在交易中,汇价出现高于或低于开盘价成交,但收盘价与开盘价相等。十字星表示多空僵持到均衡阶段,表示多空双方势均力敌,是行情即将变盘的重要标志性 K 线。其中:上影线越长,表示卖压越重;下影线越长,表示买盘旺盛。上下影线看似等长的十字线,可称为转机线,若发生在反复上涨后,趋势以看跌为主;若发生在反复下跌后,趋势以看涨为主。
┳	T 字线	又称多胜线,开盘价、最高价与收盘价均等值,有长长的下影线,可阴可阳,当日交易以开盘价以下之价位成交,又以当日最高价(即开盘价)收盘。卖方虽强,但买方实力更大,局势对买方有利。在波段高位是主力试盘出货的见顶信号;而在波段低位则是探底回升、表示多方有很强的支撑,为底部强烈的反转信号。
┻	倒 T 字线	又称空胜线,开盘价、最低价与收盘价相同,有长长的上影线,可阴可阳,当日交易都在开盘价以上之价位成交,并以当日最低价(即开盘价)收盘,表示买方虽强,但卖方更强,买方无力再挺升,总体看收盘价上方空方卖盘积极。处在高位,是汇价上攻受阻、即将见顶的重要信号;而处在低位,则是主力上攻试盘、即将发动行情的重要信号。
━	一字线	此图形不常见,即开盘价、收盘价、最高价、最低价在同一价位。阳线为涨停,阴线为跌停。在上升趋势里,这是汇价极强势的体现;而在下跌趋势里,这是汇价极弱势的体现。只出现于交易非常冷清,交易只有一档价位成交。交割月中此类情形较易发生。

三、K 线组合分析

(一)K 线组合的含义

　　指由两根及两根以上的 K 线组合所形成的某种形态,该形态通过 K 线之间的对比,预示着某种货币对的运动轨迹,因而上升到了更高的技术分析层面。

(二)K 线组合分析的基本方法

　　一位置:最重要的是它们相对的位置,同样一根 K 线在不同位置、不同背景之下所反映的市场含义或趋势有可能不同,需要辩证地具体综合分析。所以,应认真观察多空双方在 K 线图中的力量变化情况,并以此判断行情走势。

　　二模样:其次是它们分别是什么模样,即是带影线还是不带影线,多长或多短等。

　　三颜色:再次才是它们分别是什么颜色,是阴还是阳。千万不要因为是大阴线或大阳线就匆忙下结论。

　　一般而言,当出现带有影线的 K 线时,它往往说明形势可能有变,这需要第二日来验证。即:要看第二日出现的 K 线在什么位置,是根什么形状的线,它是阴线还是阳线。

　　以最简单的两根 K 线来说,在分析它们的时候,要考虑两根 K 线的阴阳、高低、上下影线,然后把单根 K 线的意义与前一根 K 线的意义相比较,基本上就可以知晓过去价格

发生的由来,及后一日价格大致的运动空间。

如图 5-10 所示,第二日的 K 线只会开市或收市在前一日 K 线的 6 个区域。第二日多、空双方争斗的区域越高,越有利于上涨;越低,则越有利于下跌。

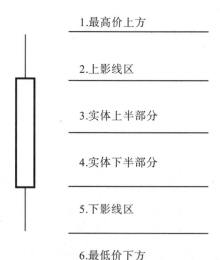

1.最高价上方

2.上影线区

3.实体上半部分

4.实体下半部分

5.下影线区

6.最低价下方

图 5-10　一根 K 线图的区域划分

图 5-11 至图 5-14 的前四根 K 线是一段连续上涨后的 K 线图,将倒数第二日的 K 线划分为 6 个区域,将单根 K 线中的典型代表挑选出来充当最后一日的 K 线,按照 6 个区域依次放置,其行情一目了然。

图 5-11 六张图的最后一根 K 线尽管都是阳线,但从左到右其所处的区域越来越低,显示形势越来越不乐观。

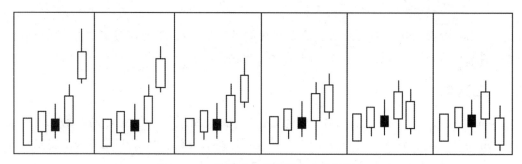

图 5-11　K 线组合分析的基本方法图示一

图 5-12 六张图最后一根 K 线都是阴线,本身就不妙,加上从左到右其所处的区域越来越低,显示越往后越恶劣。

图 5-13 六张图最后一根 K 线尽管都是阳线,但本身就已有疲软之意了,从左到右越往后情况越糟。

图 5-14 六张图最后一根 K 线为星形态,本身就说明多方犹豫了,从左到右越往后形势越不利于多方。

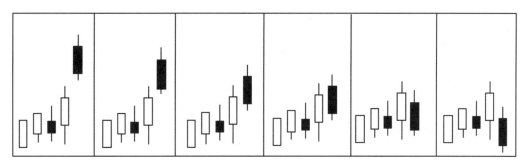

图 5-12　K 线组合分析的基本方法图示二

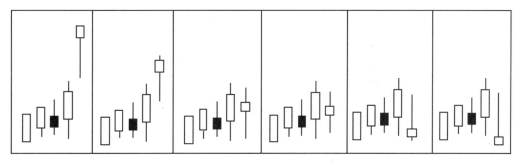

图 5-13　K 线组合分析的基本方法图示三

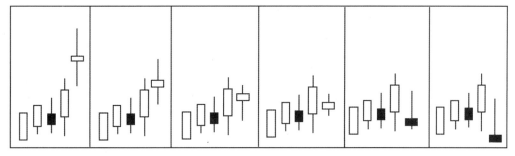

图 5-14　K 线组合分析的基本方法图示四

(三)常见的 20 种 K 线组合图解

表 5-2 对常见的 20 种 K 线组合进行了图解说明。

表 5-2　20 种 K 线组合图解

序号	名称	图形	特征	备注
1	早晨十字星		①出现在下跌途中。 ②由 3 根 K 线组成,第一根是阴线,第二根是十字线,第三根是阳线。第三根 K 线实体深入到第一根 K 线实体之内。	(无)

续表

序号	名称	图形	特征	备注
2	早晨之星		与早晨十字星相似,区别在于早晨十字星的第二根是十字线,而早晨之星的第二根是小阴线或小阳线。	信号不如早晨十字星强
3	好友反攻		①出现在下跌途中。 ②由一阴一阳2根K线组成。 ③先是一根大阴线,接着跳低开盘,收一根中阳线或大阳线,并在前一根K线收盘价附近的位置上。	转势信号不如曙光初现强。
4	曙光初现		①出现在下跌途中。 ②由一阴一阳2根K线组成。 ③先是一根大阴线或中阴线,接着出现一根大阳线或中阳线。阳线的实体深入阴线实体的二分之一以上处。	阳线实体深入阴线的部分越多,转势信号越强。
5	旭日东升		①出现在下跌途中。 ②由一阴一阳2根K线组成。 ③先是一根大阴线或中阴线,接着出现一根高开的大阳线或中阳线。阳线收盘价高于前一根阴线的开盘价。	①见底信号,强于曙光初现。 ②阳线实体高于阴线实体部分越多,信号越强。
6	倒锤头线		①出现在下跌途中。 ②阳线或阴线实体很小,上影线大于或等于实体的2倍。 ③一般无下影线,少数会略有一点下影线。	实体与上影线比例越悬殊,信号越有参考价值。如倒锤头与早晨之星同时出现,信号更强烈。
7	锤头线		①出现在下跌途中。 ②阳线或阴线实体很小,下影线大于或等于实体的2倍。 ③一般无上影线,少数会略有一点上影线。	实体与上影线比例越悬殊,信号越有参考价值。如锤头与早晨之星同时出现,信号更强烈。
8	平底		①出现在下跌途中。 ②由2根以上的K线组成。 ③最低价处在同一水平上。	(无)

续表

序号	名称	图形	特征	备注
9	塔形底		①出现在下跌途中。 ②先是一根大阴线或中阴线,接着一连串的小阳线或小阴线,最后出现一根大阳线或中阳线。	转势信号不如曙光初现强。
10	圆底		①出现在下跌途中。 ②汇价出现一个圆弧底。 ③圆弧内的K线多为小阴小阳线,最后以向上跳空缺口来确认圆底形态成立。	与技术图形的圆底有一定区别。
11	低档五阳线		①出现在下跌途中。 ②连续拉出5根阳线,多为小阳线。	低档5阳线不一定都是5根阳线,也有可能是6、7根阳线。
12	连续跳空三阴线		①出现在下跌途中。 ②出现连续三根向下跳空低开的阴线。	如汇价已有大幅下挫的情况出现,见底的可能性更大。
13	红三兵		①出现在连续上涨行情初期。 ②由3根连续创新高的小阳线组成。	当3根小阳线收于最高或接近最高点时,称为3个白色武士,拉升作用要强于普通的红三兵。
14	冉冉上升形		①在盘整后期出现。 ②由若干根K线组成(一般不少于8根),其中以小阳线居多,中间也夹杂着小阴线,十字线。 ③整个排列呈轻微向上倾斜状。	(无)
15	缓缓上升形		①多出现在涨势初期。 ②先接连出现几个小阳线,然后才拉出中大阳线。	(无)

续表

序号	名称	图形	特征	备注
16	稳步上升形		①出现在上涨行情中。 ②众多阳线中夹杂着较小的小阴线。整个K线排列呈向上倾斜状。	后面的阳线对插入的阴线覆盖速度越快越有力,上升的潜力就越大。
17	上升抵抗形		①在上涨途中出现。 ②连续跳高开盘,即使中间收出阴线,但是开盘价要比前一根K线的收盘价高。	(无)
18	弧形线		①在上涨初期出现。 ②汇价走势是一个向上的抛物线。	一旦弧线被市场认可,上涨周期就很长。
19	黄昏十字星		①出现在涨势途中。 ②由3根K线组成,第一根阳线,第二根为十字线,第三根为阴线。 ③第三根K线实体深入到第一根K线之内。	(无)
20	黄昏之星		和黄昏十字星相似,区别在于黄昏十字星第二根K线为十字线,而黄昏之星第二根K线为小阴线或小阳线。	信号不如黄昏十字星强。

(四)若干经典K线组合详解

1.吞没形态(见图5-15)

吞没形态也叫吞噬形态,是常见反转K线组合之一,由两根K线构成。看涨吞没发生在下降趋势的末期,第二根阳线的实体吃掉第一根阴线的实体;看跌吞没则发生在上升趋势的末期,第二根阴线的实体吃掉第一根阳线的实体。

形态特征:

——在吞没形态之前,市场必须处在清晰可辨的上升趋势或下降趋势中,哪怕这个趋势只是短期的,横盘阶段不具有参考性。

——吞没形态必须由2根蜡烛线组成。其中第二根蜡烛线的实体必须覆盖第一根蜡烛线的实体,但是不一定需要吞没前者的上下影线。

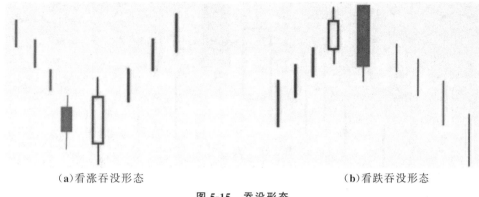

（a)看涨吞没形态　　　　　　　　　　（b)看跌吞没形态

图 5-15　吞没形态

——吞没形态的第二个实体必须与第一个实体的颜色相反。这一条标准有例外的情况,条件是,第一根蜡烛线的实体必须非常小,小得几乎构成了一根十字线(或者它就是一根十字线)。如此一来,如果在长期的下降趋势之后,一个小小的白色实体为一个巨大的白色实体所吞没,那么也可能构成了底部反转形态。反之,在上升趋势中,如果一个小小的黑色实体为一个巨大的黑色实体所吞没,那么也可能构成了顶部反转形态。

形态原理:

——吞没形态是指后一根 K 线的实体"吞没"了前一根 K 线实体的一种 K 线形态。K 线实体的大小其实代表着"开盘价"和"收盘价"的差值,也代表着一种资金做多或做空的动能,显示多空力量的消长。

——在看涨吞没形态中,市场本来是处于下降趋势中的,但是后来出现一个比较坚挺的阳线实体,这根阳线实体把它前面的阴线实体"包住",或者说是把它"吞没"了,出现"阳包阴"。说明市场中多头势力增长,气势如虹,已经压倒了做空的力量,预示着短期将出现较强的上涨动能,可视为一个见底反转信号。

——在看跌吞没形态中则恰巧相反,表明空头来势汹汹,能够把前面的阳线全部吞没,足见空头力量强大,多头毫无还手之力,表明空方一举打垮了多头,获得统治权,意味着行情短期很可能下跌。

形态应用:

——看涨吞没形态:在一个连续下降的趋势中出现,是典型的市场见底信号,可以尝试地入场做多,待反转趋势确定后果断加仓做多。

——看跌吞没形态:在一个连续上升的趋势中出现,是明显的市场见顶信号,可尝试性地入场做空,待反转趋势明确后果断加仓做空。

在运用吞没形态时,须结合这一形态所处的整体技术面判断,注意整体的形势。比如,如果一个发生在支撑区的看涨吞没,其底部反转信号的意味就比没有支撑的看涨吞没更强。

2.乌云盖顶(见图 5-16)

乌云盖顶是一种看跌的 K 线组合。在外汇市场里,在一段上升趋势的末期,或在箱体调整区间的上边沿,汇价在第 1 个交易日收出较大阳线,第 2 天却高开低走,大幅下跌,

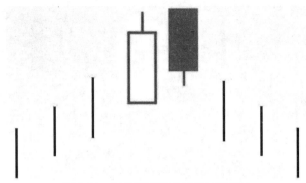

图 5-16　乌云盖顶形态(乌云线形态)

跌幅达第 1 根阳线实体一半以下,这常常是一种见顶标志,表明后市价格失去上涨动能,可能转而下跌,是看跌反转信号,故称乌云盖顶。

形态特征:

——第 1 根 K 线为大阳线,承接前期上涨行情。

——第 2 根 K 线为大阴线,收市价深入第 1 根大阳线实体一半以下。如果全部吞噬该实体,就是看跌吞没形态,见顶意味更强。

第 2 天的阴线下穿第 1 天阳线实体的程度越深,该形态构成顶部反转可能性就越大,一般认为必须下穿过红色实体的 50%。如果没有下穿过红色实体中点,则最好等等,看后市有没有进一步下跌信号。

乌云盖顶发生在一个超长期的上升趋势中,还是个光头光脚的大阴线,反转下跌形态更加确立。

形态原理:

——市场本来处于上升趋势中,有一天,出现一根大阳线。第 2 天市场开市向上跳空。此刻为止,买方完全掌握着主动权。然而市场并没有继续上冲,市场收市价在当日最低处,或接近最低,并明显地深深扎入了前一天实体内部。这意味着市场价格上升动力耗尽,买方策划的最后一番上攻失利,结果被卖方控制大局,形成下跌。

形态应用:

——乌云盖顶是一个见顶标志,预示价格可能会见顶回落。交易者可以制定初始的空单策略,轻仓做空。在一段上升趋势中,不要被第 1 天的大阳线所迷惑,但也要看第 3 天走势是否下跌,确定下跌形态。

——在乌云盖顶做空时候,一种设定止损的方法,是在第 2 天形成的 K 线高点之上设立止损单。

3.曙光初现(见图 5-17)

曙光初现是在市场底部出现的反转信号。它出现在下跌市场上,由 2 根 K 线组成。其中第 1 根为大阴线,而第 2 个交易日跳空低开,但最终收出大阳线,且收市价已经向上穿越了前一天的黑色实体的中点。后市可能结束下跌行情,转而向上。这种形态称之为曙光初现。

图 5-17　曙光初现

形态特征：

——第 1 根 K 线一般为大阴线，承接之前的下跌行情。

——第 2 根 K 线为大阳线，并且其收市价应该在第 1 根实体的一半之上。如果吞噬之前的实体，则更有效。

——第 2 天开盘价跳空低开，低于第 1 天的收市价。

形态原理：

市场价格经过一段时间下跌以后，整体下跌动能开始消耗殆尽，但卖方依然想再创新低，大力打压价格。曙光初现形态第 1 天疲弱的阴线加强了这种预期。第 2 天市场以向下跳空形式开市，到此为止，卖方力量依然很强大，可是后来，出现大量承接买盘，价格上扬，并最终收出大阳线，并且一般上穿前一实体 50％ 以上。卖方开始对手上的空单忐忑不安起来，加上一些一直寻求市场低位待机买进者，市场不能维持在这个低位，可能结束前期跌势，开始回暖，这也是入市做多的一个机会。

形态应用：

曙光初现是一个见底标志，预示价格下跌动能耗尽，可能后市转而上扬。可以制定建立多单策略，但最初还要轻仓。也不要被第 1 天的大阴线所迷惑，还要看第 3 天走势是否上涨，确定反转上扬。

如果某个曙光初现形态中，第 2 天的开市价不仅向下突破前一天最低价，同时还突破数天、数周、数月等历史低位，或支撑位，进而失守上涨，后市很可能就是不跌反涨，形成上扬趋势。

在曙光初现做多时，一种参考设定止损的位置是在第 2 天形成的新低价格水平上。

4.锤子线与上吊线(见图 5-18)

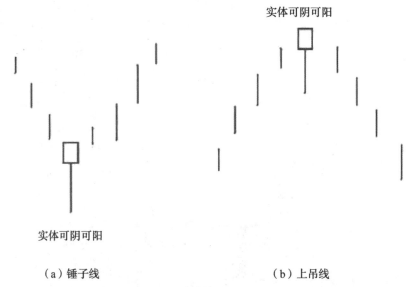

实体可阴可阳

实体可阴可阳

（a）锤子线　　　　　　　　　　　（b）上吊线

图 5-18　锤子线和上吊线

锤子线和上吊线,这类反转蜡烛线,既可看涨,也可看跌。若出现在下降趋势中,代表下降趋势即将结束的信号,称为锤子线,意思是"市场正在用锤子夯砸底部";它出现在上涨行情中,代表市场上冲运动也许已经结束,称为上吊线,其形态也如绞刑架上上吊的死人,预示市场不可盲目乐观。

形态特征：

——实体部分最高价及收市价均在烛体顶部,开市价在最高价之下不远的地方,下影线明显过长,实体颜色(红、绿)无所谓。

——锤子线和上吊线,应该没有上影线,但也允许有,必须非常短,一般认为下影线应是实体的 2～4 倍。

——二者,下影线越长、上影线越短、实体越小,这类蜡烛线越有效。

形态原理：

锤子线:市场在做空一段时间后,价格不断下跌,卖方力量逐步消耗,而买方力量慢慢积聚,在某一交易日,价格大幅下跌,但底部此时已明显呈现极强的吸纳愿望,有买家大力将价格上推,一直达到当天最高收市或是接近最高收市价位收市。锤子线,一般处于下跌势中,表明市场可能见底,如果当天收市价高于开市价(红色锤子线),对于买方更是利好标志。

上吊线:市场在屡屡做多后,买卖双方力量达到平衡,在一个交易日内,多方努力将价格上推,创出当天新高后,并无心维持高位,价格大幅下跌,卖方力量势不可挡,多日来卖方被压制的能量瞬间释放,价格大力下挫,但当天收市价仍处于较高位置,接近最高价,形成实体部分相当小。上吊线,一般处于上扬市中,表明市场可能见顶,阴线比阳线效果更好。

形态应用：

——首先应判断其是否可靠,是否为反转形态。可以根据上面的形态特征加以分析,还需要看第 2 天走势是否配合反转,不可盲目建重仓进场,可以当日建轻仓(比如 1/10 仓或更小等)试探,注意设好止损位。

——上吊线看跌信号的确立,还应谨慎看其是在市场顶部,还是中继指标。如果上吊线的实体与次日的开市价之间向下的缺口越大,那么构成市场顶部的可能就越大。

——形成顶与底后,其后市有可能出现反抽,即价格再度试探锤子线底部,只要不破最低位,锤子线见底形态依然有效。

5.平头形态(见图 5-19)

图 5-19　平头形态

平头形态是一种常见的 K 线组合形态,是指在当市场在相邻的两个交易时间单位,或者在数个交易时间单位内,二度试探同一个高点或者低点的水平时,就形成平头形态。平头形态有平头顶部形态和平头底部形态。

形态特征:

——此形态第一根 K 线与第二根 K 线的最高价(或最低价)相同,而不是收市价。

——平头形态既可以由实体构成,也可以由影线或者十字线构成;既可以由相邻的 K 线组成,也可以由相隔较近的 K 线组成。

——平头形态是由具有几乎相同水平的最高点的两根蜡烛线组成的,或者是由具有几乎相同的最低点的二根蜡烛线组成的。之所以将这种形态称为平头形态,是因为这些蜡烛线的端点就像镊子腿一样平齐。在上升的市场中,当几根蜡烛线的最高点不相上下时,就形成了一个平头顶部形态。

——在平头形态中,具有几乎相同高价的 K 线可以是相邻的,也可以是相近的(中间

可以相隔数根 K 线),可以是有两根几乎相同高位的 K 线也可以是几根。这些组成平头形态的 K 线既可以是阳线,也可以是阴线,当然也可以是十字线。只要具有几乎相同的顶部价位就可以。

形态原理:

平头顶:价格在上升过程中,在一定高位的抛售压力非常大,在价格连续二次上冲依然失败的情况下可能见顶回落。所以在操作上,对这样的形态特征应给予足够的注意。

平头底:价格在下跌过程中,推低价格的空头,力量逐渐枯竭,市场下方的承接买盘不断出现,卖方力量在同一个价位受到抵抗,价格即将上扬。空头在连续 2 天(或几天)向下冲击失败,阵营出现分散,之后推高价格的多头取得主动,从而形成价格运行的底部,后市价格有可能上扬。

形态应用:

平头形态并非重要的顶部反转形态,但如果在其他顶部看跌的信号配合下,它是一个很好的、重要的参考信息。

6.孕线(见图 5-20)

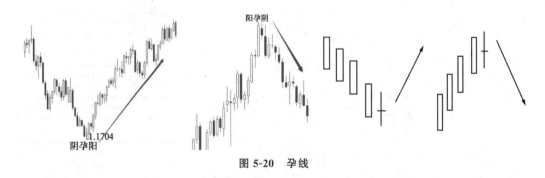

图 5-20　孕线

孕线是由两根并排 K 线图组合而成。第一根 K 线图实体较长,第二根 K 线图较短,第二根 K 线图的最高价和最低价在第一根 K 线图范围内。一般情况下,孕线处在双底走势的右底低点处是强烈的买入信号,短中线投资者均可在此建仓做多。如果高位出现孕线则是明显的见顶信号。

形态特征:

——孕线一般分为三种形态。一是前一根 K 线图是一条较长阴线,第二根 K 线图是一条短小的阳线,称为阴孕阳线;二是前一根 K 线图是一条较长阳线,第二根 K 线图是一条短小的阴线,称为阳孕阴线;三是前一根 K 线图是一条较长的阳线(或阴线),第二根 K 线图是一条十字星线,称为十字星孕线,简称星孕线。

——左边的 K 线可以是阳线也可以是阴线,可以带有上下影线,但如果是光头光脚的中阳线或大阳线并伴随着成交量放出,可信度会比较高。

——右边的 K 线实体必须与左侧 K 线实体颜色相反,但是绝对不可以超过左边阴阳线的 K 线实体。右边的 K 线也可以带有上下影线,但是影线越短越可信。

形态原理:

孕线是 K 线形态中转折组合的一种,可以理解为一根长 K 线把另一根短 K 线包含住了,多空变化上,以第一个交易日出现单边下跌或上涨,为空头或多头的单边市场,第二个交易日突然在第一个交易日的波动范围内开盘,收盘的上升或下跌幅度也比第一个交易日要小,此为多头或空头市场由趋势明确的单边市变得犹豫不决,在寻找新方向的态势。抓住这个本质就能更好地理解孕线的真正含义。

形态应用:

——高位中的阳孕阴孕线,多为大顶信号,该孕线出现后,汇价至少要出现一波中级以上的下跌行情,投资者要给予重视,一旦确认,就应该果断进场做空。

——低位出现的阴孕阳孕线,多为大底信号,孕线过后会出现一波中级以上的上涨行情,投资者应多加关注此处的孕线形态,一旦确认,就应该果断进场做多,以免错失进货良机。

四、经典 K 线形态分析

在外汇市场中,K 线图全面地记录了多空双方每一刻博弈的结果,K 线形态是由 K 线群组成的特定形状,K 线形态分析是通过将几天的 K 线组合,扩大到连续的几十天甚至更长的一段时期,这些众多的 K 线就组成若干不同的轨迹形态,通过研究汇价走过的这些形态轨迹,来分析多空双方力量的对比变化,研判后市的走势并据以进行外汇操盘。

K 线形态分析理论可以分为反转形态和整理形态两大类。反转形态意味着原有的趋势可能要发生逆转;整理形态表明市场只是暂做调整,之后趋势仍会继续。

(一)反转形态

反转形态表明,当前正在持续的趋势即将结束:如果在上升趋势中形成反转形态,则意味着上升趋势将会逆转,汇价不久将会下跌;反之,如果反转形态出现在下跌趋势中,则意味着汇价不久将走高。一般来说,K 线图都具有正反对应的特点,即有一个顶部的反转图形,就一定有一个正好相反的底部反转图形,因此具有若干两两对应的反转形态。

1.双重顶与双重底(见图 5-21、图 5-22)

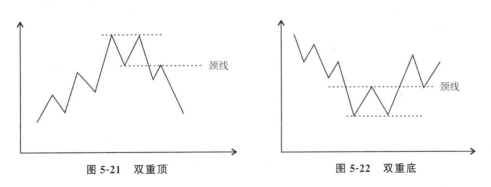

图 5-21 双重顶　　　　　　　图 5-22 双重底

双重顶和双重底:俗称 M 顶和 W 底,图形由两个高点或两个低点构成,过中间的低点(或高点)作一条平行于两个高点(或低点)所成直线的平行线,此线称为颈线,只有颈线突破,才能确认双重顶(底)的形成。

双重顶(M 头)形态特征(见图 5-23)

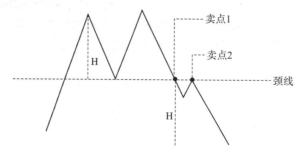

图 5-23　双重顶(M 头)形态特征

(1)在涨势中出现;

(2)有两个高峰,两个峰不一定一样高;

(3)形成第二个峰后,回落时跌破了前一个低点,并收于其下方;

(4)跌破颈线后常常有回抽,在颈线附近受阻回落,从而确认向下突破有效;

(5)当双重顶形态形成时,跌幅基本达到一倍的头部与颈线的距离 H。

双重顶(M 头)实例(见图 5-24)

图 5-24　双重顶(M 头)实例:镑美货币对日线图 2021 年 12 月中旬至 2022 年 5 月中旬行情

双重底（W 底）形态特征（见图 5-25）

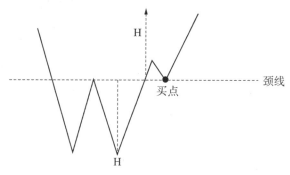

图 5-25　双重底（W 底）形态特征

（1）在跌势中出现；

（2）有两个低谷，两个谷底不一定一样深；

（3）形成第二个谷底后，反弹时突破了前一个反弹高点，并收于其上方；

（4）向上突破颈线后常常有回抽，在颈线附近受支撑上涨，从而确认向上突破有效；

（5）当双重底形态形成时，涨幅基本达到一倍的底部与颈线的距离 H。

双重底（W 底）实例（见图 5-26）

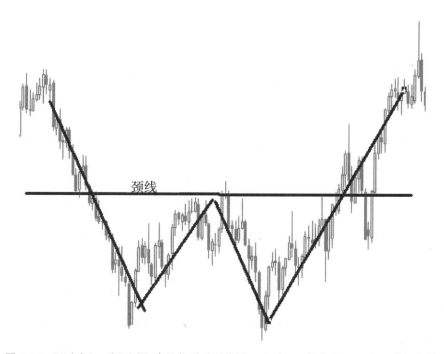

图 5-26　双重底（W 底）实例：澳美货币对日线图 2021 年 10 月底至 2022 年 4 月初行情

2.头肩顶与头肩底(见图5-27、图5-28)

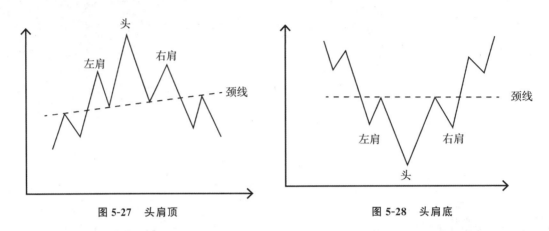

图 5-27　头肩顶　　　　　　　　　　图 5-28　头肩底

头肩形:是最著名、最可靠的反转形态,其标准形态是由一个主峰、两个次峰构成,主峰为头,两个次峰分别为左右肩,连接左右肩的低点(或高点)的直线称为颈线。只有价格突破了颈线,才能确认头肩形反转形态的形成。头肩形可分为头肩顶和头肩底(或称倒头肩)两种。

头肩顶形态特征(见图5-29)

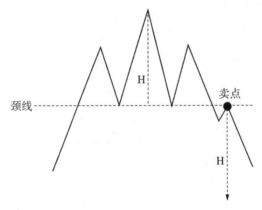

图 5-29　头肩顶形态特征

(1)在涨势中出现;

(2)有三个高峰,左右两个峰基本处于同一水平,但中间的高峰的高点明显高于左右两个高点;

(3)前两次冲高回落止跌的低点基本相同,最后一次回落跌破前两次低点的连线(颈线),并收于其下方;

(4)跌破颈线后常常有回抽,在颈线附近受阻回落,从而确认向下突破有效;

(5)当头肩顶形态形成时,跌幅基本达到1.5～2倍的头部与颈线的距离 H。

头肩顶形态实例(见图5-30)

如图5-30所示,即为一个典型的头肩顶形态:在上升途中出现了3个峰值,这3个峰值分别称为左肩、头部和右肩。从图形上看左肩、右肩的最高点基本相同,而头部最高点

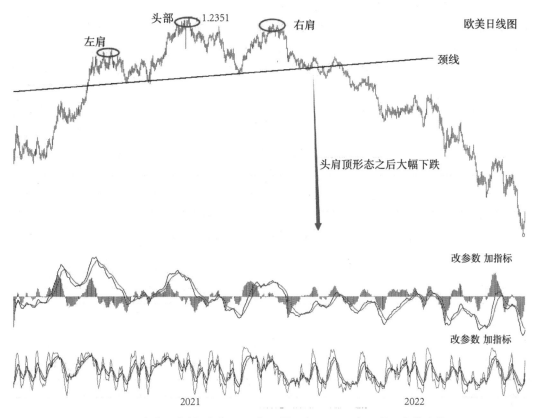

图 5-30　头肩顶实例：欧美 2020 年 7 月下旬至 2022 年 8 月下旬的走势

比左肩、右肩最高点要高。2021 年 9 月中旬欧美货币对上冲颈线失败，宣告该头肩顶形态正式形成。价格跌破颈线位，开启了一轮深跌，这一轮跌幅大于头部顶点到颈线位的垂直距离。因此通过头肩顶形态可以设置获利目标。方法是测算出头部顶点到颈线位的垂直距离，这一段距离大约等于价格跌破颈线位后可能运行的距离。

头肩底形态特征（见图 5-31）

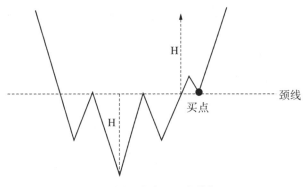

图 5-31　头肩顶形态特征

(1)在跌势中出现；

(2)有三个低谷，左右两个低谷基本处于同一水平，但中间的低谷的低点明显低于左右两个低点；

(3)前两次下跌反弹的高点基本相同，最后一次反弹突破前两次反弹高点的连线(颈线)，并收于其上方；

(4)突破颈线后常常有回抽，在颈线附近受阻回落但不破颈线，从而确认向上突破有效；

(5)当头肩底形态形成时，涨幅基本达到1.5~2倍的头部与颈线的距离 H。

头肩底实例

如图 5-32 所示，该形态和外汇头肩顶刚好相反。在下跌趋势中，先是形成一个低谷(左肩)，紧随而来的是一个更深的低谷(头部)，随后是一个较高的低谷(右肩)。价格在突破颈线位后回踩上攻，出现一轮漂亮的上升行情。美瑞这一轮的涨幅大约为头部和颈线位垂直距离的 2 倍。

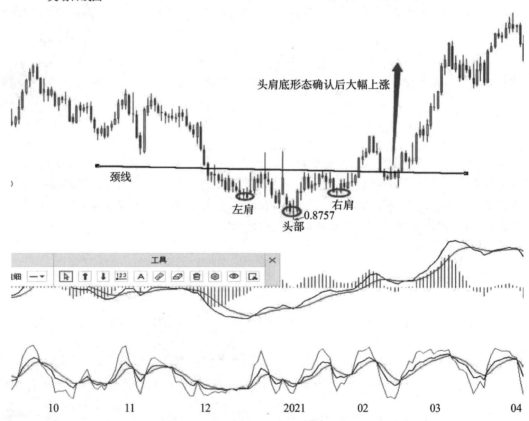

图 5-32 头肩底实例：美瑞 2020 年 12 月初至 2021 年 3 月的走势

3.V 形顶与 V 形底(见图 5-33、图 5-34)

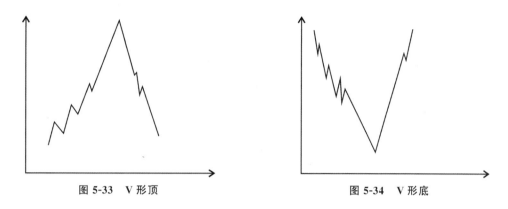

图 5-33　V 形顶　　　　　　　　　　　　图 5-34　V 形底

V 形顶和 V 形底:代表一种剧烈的市场反转,且顶和底只出现一次,没有试探顶和底的过程。在确认 V 形时,应有成交量的增加相配合。V 形多是由某些消息引起的。

V 形顶形态实例(见图 5-35)

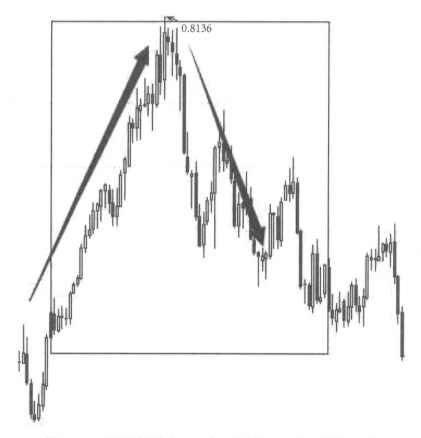

图 5-35　V 形顶实例:澳美 2017 年 4 月中至 2018 年 4 月的深 V 顶

V形底形态实例（见图 5-36）

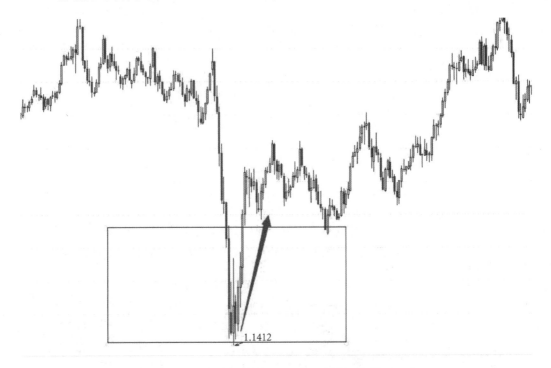

图 5-36　V形底实例：镑美 2020 年 3 月中下旬的深 V 底

4.圆弧顶与圆弧底（见图 5-37、图 5-38）

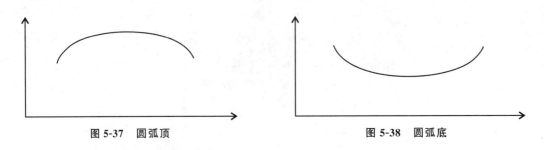

图 5-37　圆弧顶　　　　　　　　　　图 5-38　圆弧底

圆弧形：代表趋势很平缓、逐渐变化。一般来说，在圆弧形的形成过程中，其成交量在两头比在中间时要大。

圆弧顶形态实例（见图 5-39）

图 5-39　圆弧顶实例：镑美 2021 年 5 月至 2021 年 6 月中旬的圆弧顶

圆弧底形态实例（见图 5-40）

图 5-40　圆弧底实例：美元指数 2021 年 5 月至 2021 年 6 月中旬的圆弧底

反转形态的市场意义小结（见图 5-41）

　　反转形态是指汇价改变原有的运行趋势所形成的运动轨迹。反转形态存在的前提是市场原先确有趋势出现，而经过横向运动后改变了原有的方向。反转形态的规模，包括空

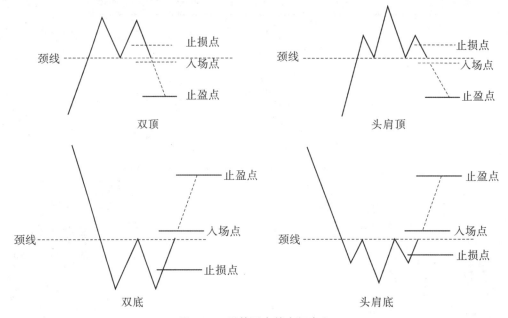

图 5-41 反转形态的市场意义

间和时间跨度,决定了随之而来的市场动作的规模,也就是说,形态的规模越大,新趋势的市场动作也越大。底部区域,市场形成反转形态需要较长的时间,而在顶部区域,则经历的时间较短,但其波动性远大于底部形态。交易量是确认反转形态的重要指标,而在向上突破时,交易量更具参考价值。

在交易中,可以利用反转形态进行交易:在穿过颈线位的区域设置自设停损单(stop entry order,也称停损订单,是指以一定价格在市场价格上方买入或在市场价格下方卖出的订单),方向和新趋势的方向保持一致。然后将目标锁定在和形态高度一致的水平。比如说,如果看到双底形态已经形成,可在形态的颈线位顶部设置多单,目标幅度大致和形态底部到颈线位的垂直距离等同。此外,鉴于风险管理的需要,也要记得设置止损单,止损可以设在形态中部附近:比如可以测量一下颈线到双底底部的垂直距离,将这段距离一分为二,并将这段距离的居中区域作为止损目标。

当然反转形态并不是说趋势一定会发生反转,而是特指经过一段时间的连续运动后,近段时期的汇价可能不再向原有方向前进,它可以横向整理,也可以反向运行,提示交易者应该加以注意。

(二)整理形态(持续形态)

与反转突破形态不同,持续形态描述的是在汇价向一个方向(大涨或大跌)经过一段时间的快速运行后,不再延续原趋势,而是进入一个波动较小、在一定区域内上下窄幅波动且无明显趋势的调整阶段,等待时机成熟后再继续前进。这种运行所留下的轨迹称为持续形态或整理形态,它显示出多方或空方在汇价进一步沿着当前方向运行之前将稍作喘息,暗示原来的趋势将会继续。持续形态成立的前提是市场事先确有趋势存在,市场经过一段趋势运动后,积累了大量的获利筹码,随着获利盘纷纷套现,价格出现回落或上升,市场采取横向运动的方式消化获利筹码,重新积聚了能量,然后又恢复原先的趋势。持续形态是市场的横向运动,它是市场原有趋势的暂时休止。

三角形、矩形、旗形和楔形是著名的持续形态。

1.三角形

三角形是比较典型的整理形态,连接短期的高点和低点,其图像呈现出对称三角形、上升三角形或下降三角形三种形态,第一种有时也称等腰三角形,后两种合称直角三角形。

(1)对称三角形。对称三角形情况大多是发生在一个大趋势进行的途中,它表示原有的趋势暂时处于休整阶段,之后还要随着原趋势的方向继续行动。因此出现对称三角形后,汇价今后走势很可能是维持原来的趋势。

对称三角形分为上升对称三角形和下降对称三角形两种(见图 5-42、图 5-43)。

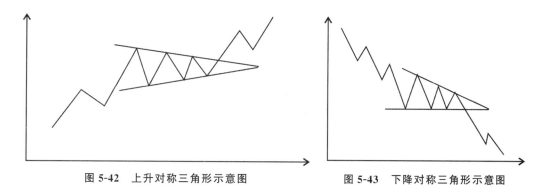

图 5-42 上升对称三角形示意图　　　　图 5-43 下降对称三角形示意图

上升对称三角形形态特征(见图 5-44)

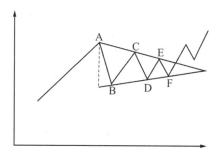

图 5-44 上升对称三角形形态特征

——原有趋势是上升的。

——高点不断下降,低点不断上移,两条聚拢的直线构成对称三角形:上面的直线向下倾斜起压力作用,下面的直线向上倾斜起支撑作用,两直线的交点称为顶点。

——对称三角形一般应有六个转折点(如图 5-44 中的 A、B、C、D、E、F 各点)。这样,上下两条直线的支撑、压力作用才能得到验证。

——第三次高点突破上方压力线后可能会有回抽。

——距离可以测算。

上升对称三角形形态实例(见图 5-45)

图 5-45 上升对称三角形实例：美元指数 2022 年 6 月中旬至 2022 年 7 月初的走势

下降对称三角形形态特征(见图 5-46)

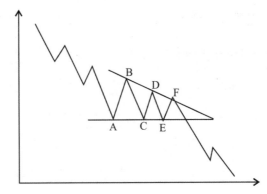

图 5-46 下降对称三角形形态特征

——原有趋势是下降的。

——高点不断下降，低点不断上移，两条聚拢的直线构成对称三角形：上面的直线向下倾斜起压力作用，下面的直线向上倾斜起支撑作用，两直线的交点称为顶点。

——对称三角形一般应有六个转折点(如图 5-46 中的 A、B、C、D、E、F 各点)。这样，上下两条直线的支撑压力作用才能得到验证。

——第三次高点突破上方压力线后可能会有回抽。

——距离可以测算。

下降对称三角形实例（见图 5-47）

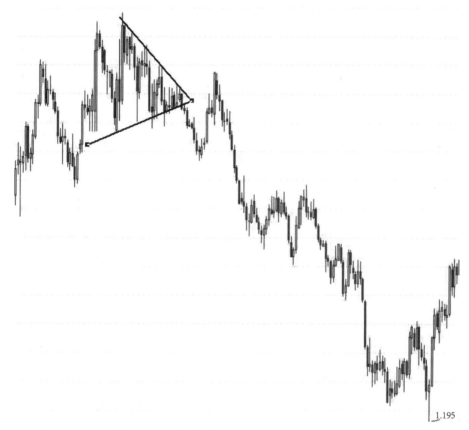

1.195

图 5-47 下降对称三角形实例：镑美 2019 年 2 月下旬至 2019 年 4 月中旬的走势

（2）上升三角形（见图 5-48）。又称上升直角三角形，是对称三角形的变形：两类三角形的下方支撑线同是向上发展，但上升三角形的上方阻力线是一条水平直线，而对称三角形是向下倾斜的。

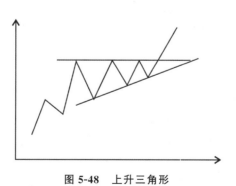

图 5-48 上升三角形

上升三角形态特征（见图 5-49）

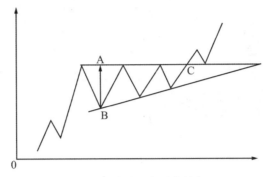

图 5-49　上升三角形态特征

——原有趋势是上升的。

——上升三角形上方的压力线接近水平，表明各次级波动的顶点均在某一价位附近，下面的支撑线向右上方倾斜，表示各次级波动的低点一底高过一底，越撑越高，比起对称三角形来，有更强烈的上升意识，多方比空方更为积极。

——通常以三角形的向上突破作为这个持续过程终止的标志。

——突破后的升幅量度方法与对称三角形相同。

上升三角形形态实例（见图 5-50）

图 5-50　上升三角形形态实例

（3）下降三角形（见图 5-51）。又称下降直角三角形，下降三角形同上升三角形正好反向，是看跌的形态。它的基本内容同上升三角形可以说完全相似，只是方向相反。一般下降三角形的成交量比较低，突破时不必有大成交量配合；另外，如果汇价原有的趋势是向上的，则遇到下降三角形后，趋势的判断有一定的难度；但如果在上升趋势的末期，出现下降三角形后，可以看成是反转形态的顶部。下图是下降三角形的简单图形。

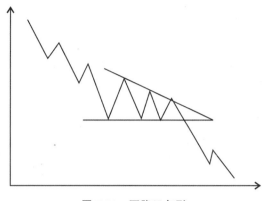

图 5-51　下降三角形

下降三角形形态特征（见图 5-52）

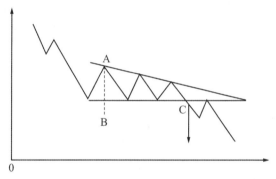

图 5-52　下降三角形形态特征

——原有趋势是下降的。

——下降三角形下方的支撑线接近水平，表明各次级波动的低点均在某一价位附近，上面的压力线向右下方倾斜，表示各次级波动的高点一顶低过一顶，越走越低。下降三角形属于弱势盘整，空方显得较积极，抛出意愿强烈，不断将价格压低。

——通常以三角形的向下突破作为这个持续过程终止的标志。

——在下降三角形形态被突破后，其价格会有"回抽"的过程，回抽的高度一般也就在水平颈线附近。

下降三角形形态实例（见图 5-53）

运用下降三角形形态的时候需要注意以下事项。

第一，下降和上升三角形都属于整理形态，上升三角形在上升过程中出现，暗示有向上突破的可能，而下降三角形在下降趋势中出现则暗示有向下突破的可能。下降三角形出现在上升趋势中，在实际走势下突破方向存在变数，在实际运用的时候需要结合均线系统等其它技术指标来具体判断。

第二，下降三角形虽属于整理形态，有一般向下突破的规律性，但亦有可能朝相反方向运行。即下降三角形也有可能向上突破，这里若有大成交量向上突破则可证实，另外在

图 5-53　下降三角形形态实例

向下跌破时,若出现回升,则观察其回抽确认是否阻于底部水平线之下,若受阻则是假性回升,若带量上破底线则是骗线,最终向上发展。

2.矩形(见图 5-54)

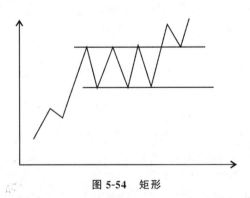

图 5-54　矩形

　　矩形又叫箱形,也是一种典型的整理形态,汇价在两条横着的水平直线之间上下波动,做横向延伸的运动,分别将相邻的几个高点和低点相连即可构成矩形。一般来说,矩形过后会维持原来的趋势。

矩形在形成之初，多空双方全力投入，各不相让。空方在汇价涨到某个位置就抛压，多方在汇价下跌到某个价位就买入，时间一长就形成两条明显的上下界线。随着时间的推移，双方的战斗热情会逐步减弱，市场趋于平淡。

如果原来的趋势是上升，那么经过一段矩形整理后，会继续原来的趋势，多方会占优势并采取主动，使汇价向上突破矩形上面的压力线；如果原来是下降趋势，则空方会采取行动，突破矩形下面的支撑线。

矩形形态特征：

(1)在涨势或跌势中出现；

(2)上涨高点的连线和回落低点的连线均处于水平位置；

(3)价格冲破压力线或者支撑线后，常常有回抽，并在压力线或支撑线附近止跌回升或者扭头向下，确认形态形成；

(4)距离可以测算：涨跌幅度通常等于矩形本身宽度。

矩形形态实例（见图 5-45）

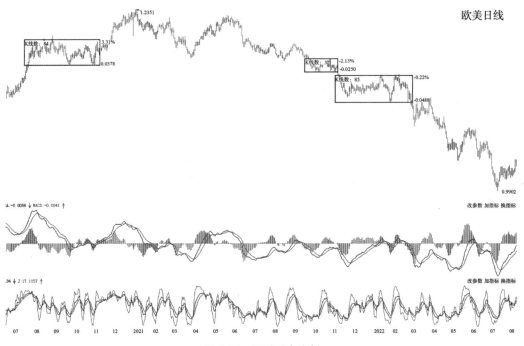

图 5-55　矩形形态实例

运用矩形形态注意要点：

由于矩形形态在其形成的过程中极可能演变成三重顶（底）形态，因此在面对矩形和三重顶（底）进行操作时，一定要等到突破之后才能采取行动，因为矩形持续整理形态，要维持原来的趋势；三重顶（底）是反转突破形态，要改变原来的趋势。

与别的大部分形态不同，矩形提供了一些短线操作的机会。如果在矩形形成的早期能够预计到汇价将进行矩形调整，那么，就可以在矩形形态的下沿附近做多，在上沿附近

做空,来回做若干次交易。

3.旗形

在市场急速而又大幅的波动中,汇价经过一连串紧密的短期波动后,形成一个稍微与原来趋势呈相反方向倾斜的长方形,这就是旗形走势。由于旗形走势的形状就如同一面挂在旗杆上的旗帜,故此得名。在汇价急剧上升或下降之后,市场必然会有所调整,旗形是经常出现的调整形态之一。在上升或下跌行情的中途,可能出现好几次旗形。经过旗形调整后,市场往往还会维持原来的趋势。旗形形态的特殊之处在于,它们都有明确的形态方向(向上或向下);并且形态方向与原有的趋势方向相反,即:如果原有的趋势方向是上升,则旗形的方向是下降的;如果原有的趋势方向是下降,则旗形的方向就是上升的。

旗形的上下两条平行线类似轨道线,分别为该形态的压力线和支撑线,两条平行线的某一条被突破是旗形完成的标志。

旗形可分为上升旗形(见图 5-56)和下降旗形(见图 5-57)两种。

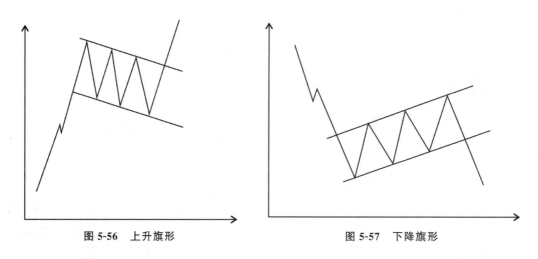

图 5-56 上升旗形   图 5-57 下降旗形

上升旗形形态特征:

(1)在涨势中出现。

(2)上涨高点的连线和回落低点的连线平行,且倾斜向下。

(3)价格冲破压力线后,常常有回抽,并在压力线附近止跌回升,确认形态形成。

(4)距离可以测算:旗形的形态高度是平行四边形左右两条边的长度。旗形被突破后,汇价将至少走到形态高度的距离,大多数情况是走到旗杆高度的距离。

上升旗形形态实例(见图 5-58)

下降旗形形态特征:

(1)在跌势中出现。

(2)上涨高点的连线和回落低点的连线平行,且倾斜向上。

(3)价格冲破支撑线后,常常有回抽,并在支撑线附近止涨回落,确认形态形成。

(4)距离可以测算:旗形的形态高度是平行四边形左右两条边的长度。旗形被突破后,汇价将至少走到形态高度的距离,大多数情况是走到旗杆高度的距离。

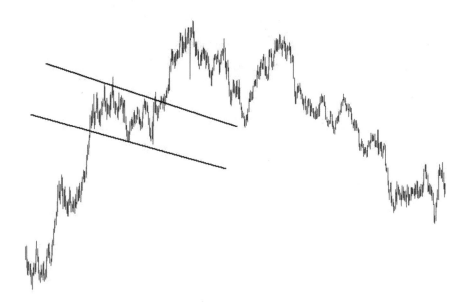

图 5-58 上升旗型实例:欧美 2020 年 7 月底至 2020 年 11 月下旬的走势

下降旗形形态实例(见图 5-59)

图 5-59 下降旗形实例:欧美 2022 年 3 月初至 2022 年 4 月初的走势

应用旗形形态注意事项：

①旗形出现之前，一般应有一个旗杆，这是由于价格做直线运动形成的。

②旗形持续的时间不能太长，时间一长，保持原来趋势的能力将下降。

③旗形形成之前和被突破之后，成交量都很大。在旗形的形成过程中，成交量从左向右逐渐减少。

4.楔形

楔形是汇价在由逐渐降低的高点和低点所组成的波动区域内构成的整理形态。楔形与三角形不同，它的两条边都是斜线，且在观察期内不能形成一个角。楔形整理过后一般会维持原来的趋势。

楔形可分为上升楔形（见图5-60）和下降楔形（见图5-61）两种。

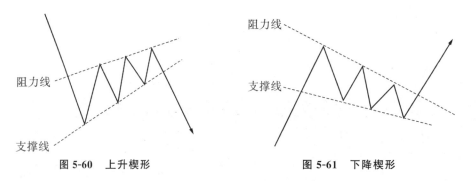

图 5-60 上升楔形   图 5-61 下降楔形

楔形形态特征：

上升楔形，又称上倾楔形，通常由一组在下跌趋势中反弹向上的、呈楔形震荡的 K 线组成。在震荡反弹过程中，汇价反弹形成的高点与低点虽然不断上移，但却逐渐接近，使汇价震荡区间不断被挤压。若将反弹的高点和低点分别用直线相连，两条直线的方向相同但呈现收敛状，从而形成一个向上倾斜的楔子形态。

下降楔形，又称下倾楔形，与上升楔形非常相似，只是倾斜的方向稍有不同。它通常由一波在上升趋势中回调向下的、呈楔形震荡的 K 线组成。汇价在震荡回调过程中所形成的高点与低点虽然不断下移，但却逐渐接近，使汇价震荡区间不断被挤压。将回调的高点和低点分别用直线相连，两条直线的方向相同且呈收敛状，从而形成一个向下倾斜的楔子形态。

同旗形一样，楔形也有保持原有趋势方向的功能。趋势的途中会遇到这种形态：上升楔形表示一个技术性反弹渐次减弱的市况，常在跌市中的回升阶段出现，显示汇价尚未见底，只是一次下跌后技术性的反弹；下降楔形常出现于中长期升市的回落调整阶段。

楔形的上下两条边都是朝着同一方向倾斜，具有明显的倾向，这是该形态与前面三角形整理形态的不同之处。

楔形形态实例（见图5-62、图5-63）

与旗形和三角形稍微不同的地方，楔形偶尔也出现在顶部或底部而作为反转形态。这种情况一定是发生在一个趋势经过了很长时间、接近于尾声的时候。

图 5-62　上升楔形形态实例

图 5-63　下降楔形形态实例

四种整理形态的关系：

从图形比较看,三角形是两条相交线,矩形是两条水平线,旗形是两条倾斜的平行线,而楔形则是将在更远处相交的两条线,如果行情在楔形中整理时间一直延长到尖端才突破,实际上就演变成了三角形。

整理形态的市场意义小结(见图 5-64)

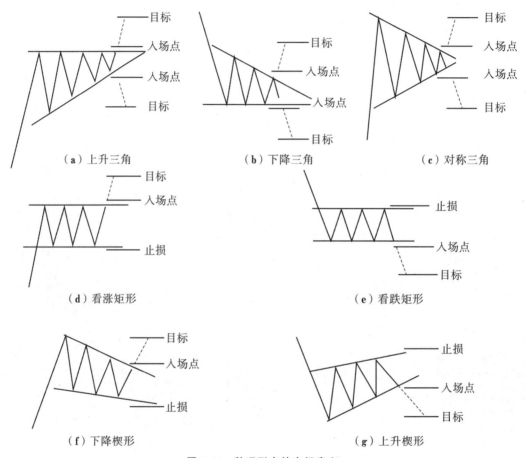

图 5-64　整理形态的市场意义

在交易中,可以利用整理形态进行交易：

——对于看涨的整理形态,如看涨矩形、上升旗型、下降楔形等,在其压力线附近设置多单,做单方向和原趋势的方向保持一致,将目标锁定在大约与整理形态高度一致的水平,止损设在整理形态的支撑线下方区域附近。

——对于看跌的整理形态,如看跌矩形、下降旗型、上升楔形等,在其支撑线附近设置空单,做单方向和原趋势的方向保持一致,将目标锁定在大约与整理形态高度一致的水平,止损设在整理形态的压力线上方区域附近。

——对于三角形等具有双边性质的整理形态,其形态带有更多的欺骗性,因为这些形态暗示汇价朝上下两个方向运行的概率几乎等同。在面对这些形态之前,应该考虑到两种可能性(上行或下行突破),依据两种可能决定进场策略。双重的机会,意味着多一份交易的乐趣。问题是,如果自设停损单过于接近形态顶部或底部,面临的可能是一次假突破行情,因此进场时务必记得设置好止损位。

反转形态和持续形态比较多,信息量相应较大,表 5-3 对主要的形态进行汇总,便于大家学习参考。

表 5-3　反转形态和持续形态汇总表

图表形态	原有趋势	形态类型	未来方向
M 顶	上升趋势	反转	看跌
W 底	下跌趋势	反转	看涨
头肩顶	上升趋势	反转	看跌
头肩底	下跌趋势	反转	看涨
上升楔形	下跌趋势	持续	看跌
下降楔形	上升趋势	持续	看涨
上升旗形	上升趋势	持续	看涨
下降旗形	下跌趋势	持续	看跌
看跌矩形	下跌趋势	持续	看跌
看涨矩形	上升趋势	持续	看涨

第三节　趋势分析法

在外汇市场上,多空双方犹如战场上的敌对双方,其力量总在不断变化,一方可以在一段时间内获得绝对的主动,但不可能永久地占优势;一方可能暂时处于劣势,但终有一天有出头之日。与战争不同的是,交易者在外汇市场上所扮演的角色是不固定的,在任何一个时间,任何一个位置,既可以加入多方阵营,也可以加入空方阵营。交易者只有审时度势,把握主流趋势,始终站在力量最强的一边,做到顺势而为,才能成为外汇市场的赢家。因此把控外汇价格趋势运动的趋势分析法应运而生,趋势分析法是外汇交易技术分析的重要内容,了解和把握外汇交易的趋势分析原理及其方法,对于准确地分析和预测外汇价格的走势具有重要意义。

一、趋势分析的一般原理

(一)外汇汇率走向的趋势(trend)

"趋势"是进行技术分析首先要了解的基本概念,它是市场何去何从的方向。但在技术图表上市场通常不会朝任何方向直来直去,其运动轨迹是曲折的,酷似前赴后继的波浪,具有相当明显的"波峰""浪谷",这些峰和谷所形成的方向被称为市场趋势。

上升趋势定义为一系列依次上升的峰和谷,下降趋势定义为一系列依次下降的峰和谷,横盘趋势定义为一系列依次横向伸展的峰和谷。

从事外汇交易,在上升趋势中做多才能获得收益;而在下跌趋势中做多可能遭受亏损;在水平趋势中难以判断汇率的走向,因此,水平趋势也是最考验投资者耐心与信心的时刻。据统计,在外汇交易市场上,水平趋势行情约占每年交易日的 70%~80%,其余的20%~30%才属上升趋势(多头行情)或下跌趋势(空头行情)。因此掌握趋势的相关知识对于外汇交易非常必要。

1.上升趋势

如图 5-65 所示,上升趋势是指由一浪比一浪高的波峰与波谷组成的形态,说明汇价呈总体上升走势。在上升趋势中,每一次汇价的下跌回调均为购入机会,是外汇交易做多最有利的时期。在技术分析过程中,把上升行情中两个或两个以上的价格最低点连接起来形成直线,称为上升趋势线。上升趋势线又称下跌支持线,因为连接最低点的直线把全部交易价支持在直线上方。价格的每次下跌,总跌不破这条直线。判断上升趋势线所指示的买卖信号的可靠性,一是要看连接趋势的点的多少,点越多,可靠性越高;二是要看趋势线所跨越时间的长短,时间越长,可靠性越高。

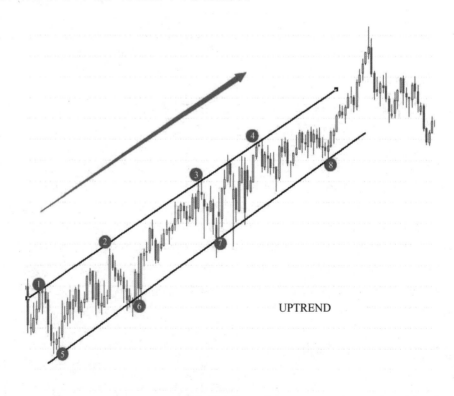

图 5-65 上升趋势举例:镑美 2020 年 9 月中旬至 2021 年 2 月下旬的走势

2.下降趋势

如图 5-66 所示,下降趋势是指一浪比一浪低的波峰与波谷组成的形态,说明汇价呈总体向下走势。在下跌趋势中,每一次汇价的反弹均为卖出的机会。在技术分析过程中,把下降行情中两个或两个以上的价格最高点连接起来形成的直线,称为下降趋势线。下降趋势线又称为上升阻力线,因为这条线将全部交易价格压在其下方。判断下跌趋势线所指示的买卖信号的可靠性,与上升趋势线一样,一是要看连接趋势的点的多少,点越多,可靠性越高;二是要看趋势线所跨越时间的长短,时间越长,可靠性越高。

图 5-66 下降趋势举例:欧美 2022 年 1 月初至 2022 年 7 月底的走势

3.水平趋势

如图 5-67 所示,处于水平趋势中汇价表现为横盘调整,每次波动的波峰、波谷价位差别不大,震幅较小。水平趋势多发生在市场缺乏消息引导时期或有重大消息即将公布之前的时期。由于水平趋势突破后,汇价走势将进入上升趋势或下降趋势,很多投资者害怕错过抄底的机会,汇价上涨立刻追进,结果汇价开始下跌,投资者又害怕汇价进入下降趋势,容易发生步调错误。因此在汇价处于水平趋势时期,投资者要控制自己追涨杀跌的行为,调整操作的步调,顺应市场变化。

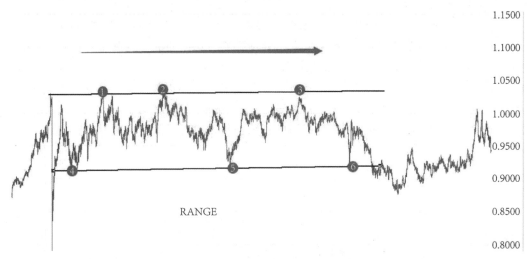

图 5-67 水平趋势举例：美瑞 2015 年 2 月中旬至 2020 年 8 月上旬的走势

(二)趋势(trend)线、支撑(support)线和阻力(resistance)线

技术面分析基于一个基本的前提，即价格按趋势变动。趋势线则是验证并确认趋势的一个重要工具，是判断外汇市场趋势最为直观的尺度，即所谓"一把尺子走天下"。由趋势线的方向可以明确地看出汇价的趋势。趋势线是连接两个或多个高点或低点的直线。在上涨市场中，趋势线是一条支撑线；在下跌市场中，趋势线是一条阻力线。这条直线延伸出去后作为以后的支撑或阻力价位的参考。阻力线和支撑线都是图形分析的重要方法。

很多时候支撑与阻力是相对而言的，支撑与阻力只能在一段时间内发生作用。一旦支撑被突破，支撑会变为阻力；反之亦然。如果支持或阻力价位被测试的次数越多，其今后所产生的支持与阻力的作用就会越强。下面具体分析支持线和阻力线(见图 5-68)。

1.支撑线

支撑线也称支持线，是指一根在图形上由两个相对的低点(即波谷)组成的直线。波谷对下跌过程中的价格起支撑作用，市场消化卖方力量，买方力量开始推升价格，所以汇价在波谷停止下跌向上反弹，支撑线起着阻止价格继续下跌的作用，价格在支撑线附近开始止跌上涨。在同一个图形中可以画出很多条不同的支撑线，它们的支持作用大小不同。通常情况下，支撑线所跨越的时间间隔越长，汇价波动触及的次数越多，将起到的支撑作用越有效。

根据两个支撑点的距离和时间，支撑线可以分为长期支撑线和短期支撑线。长期支撑线的支撑作用要大于短期支撑线的支撑作用。

2.阻力线

阻力线也称压力线，将价格波段运行的两个相对高点(即波峰)连接成一条直线就是阻力线。阻力对应波峰，波峰阻挡价格上升，市场消化买方力量，卖方力量压低价格，汇价在此停止上涨向下回落。与支撑线一样，在同一个图形中可以画出很多不同的阻力线，它

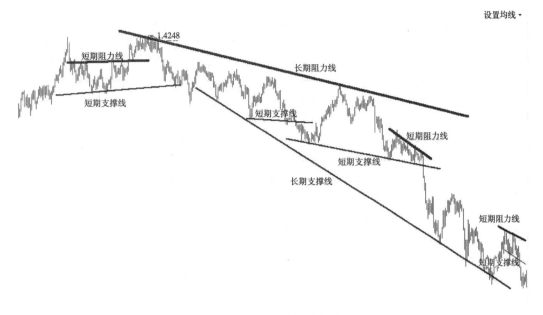

图 5-68　支撑线与阻力线

们的阻力作用大小不同。通常情况下,阻力线所跨越的时间间隔越长,汇价波动触及的次数越多,将起到的阻力作用越有效。

根据两个阻力点的距离和时间,阻力线可以分为长期阻力线和短期阻力线。长期阻力线的阻力作用要大于短期阻力线的阻力作用。

3.支撑线和阻力线是可以相互转化的

趋势线被突破后,就说明汇价下一步的走势大概率要反转方向。越重要越有效的趋势线被突破,其转势的信号越强烈。被突破的趋势线原来所起的支撑或阻力作用,将相互交换角色,即原来是支撑线的,将起阻力作用,原来是阻力线的将起支撑作用,这种情况也称为支阻互换。

如果支撑线被突破,在很多时候将起到阻力作用,如图 5-69 中的 B 线被跌破后,对汇价的上涨形成一定的阻力。无论支持线或阻力线通常在汇价突破后的第一次返回时这种作用最强。

如果阻力线被突破,在很多时候将起到支撑作用,如图 5-70 中的 C 线被升突破后,对汇价的下跌形成一定的支撑。无论支持线或阻力线通常在汇价突破后的第一次返回时这种作用最强。

支撑与阻力互换实例如图 5-71 所示。

4.趋势线绘制的要点

趋势线可以帮助交易者更清晰地辨别当下市场的趋势,并判断一段趋势是否仍然延续。绘制趋势线的基本方法如下。

首先,必须确实有趋势存在。

趋势线不可能在趋势不存在的情况下画出。在上升趋势中,必须确认两个依次上升

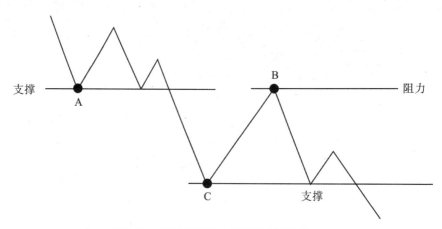

图 5-69　支撑线与阻力线相互转化图示(一)

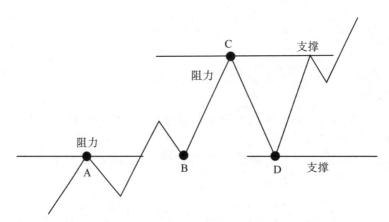

图 5-70　支撑线与阻力线相互转化图示(二)

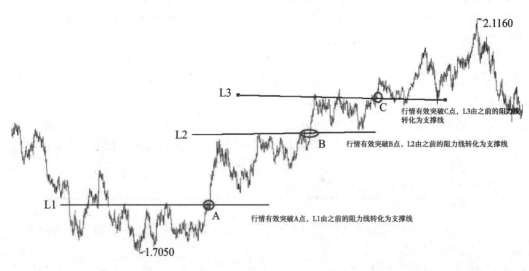

图 5-71　支撑与阻力互换实例

的低点(即波谷);在下降趋势中,必须确认两个依次下降的高点(即波峰),才能确认趋势的存在;还有一种是价格的低点和高点横向延伸,没有明显的上升和下降趋势,这就是横盘整理或称为箱形整理。连接两个点的直线才有可能成为趋势线。

其次,画一条趋势线最少需要两个点。

至少连接两个点的直线才有可能成为趋势线,所画出的直线被触及的次数越多,其作为趋势线的有效性越被确认,用它进行预测越准确、有效,作为支撑或阻力线的可靠性就越大。虽然趋势线是技术面分析中的一个重要工具,但是有时却非常难找到两个以上的点来画这条线,如果找不到更多的点一般只需要两个点就可以了,然后等第三个点来确认这条趋势线。

第三,点间距离。

在画趋势线时两个参照点之间的距离不宜太大,也不宜太小。如果两点间的距离太小,可能趋势线的可靠程度值得怀疑;但是趋势太大,则两点之间是否有关联也是个问题。理想的趋势线最好各点之间的距离比较平均。

第四,角度。

趋势线的角度至关重要,过于平缓(倾斜的角度小)的角度显示出力度不够,不容易马上产生大行情;过于陡峭的趋势线(倾斜的角度大)则不能持久,往往容易很快转变趋势。著名角度线大师江恩认为:45度角的趋势线非常可靠,也就是江恩所说的1×1角度线。

5.趋势线可靠性的研判

绘制出趋势线之后,可以观察并判断趋势线是否可靠,其判断准则有以下两条。

第一,依据落在趋势线上的点的多寡:落在趋势线上的点越多,趋势线的可靠程度就越高。落在上升趋势线上的点越多,说明上升的支持力越强;落在下降趋势线上的点越多,说明下降的阻力越大,也就是可靠程度越高。

第二,依据趋势线所跨越的时间长短:如果趋势线所跨越的时间越长,可靠程度就越高。因为汇价是不断波动地时升时跌,如果随汇价变动的趋势线跨越的时间越长,就是汇价保持这种趋势(上升或下降)的时间越长,因而更能说明汇价变动的总趋势。

6.趋势线的实战意义

第一,可以追踪趋势的演化。

指示趋势,这是趋势线最基本的作用,趋势线使得追踪趋势的变化变得直观准确。因为每条趋势线都有一个角度,从角度的变化中,可以清楚地看出趋势变化的特征。

第二,具有支撑和压力作用。

上升趋势线一旦形成,则它就成为多方的一条防线,具有支撑作用,即汇价回调至该线时,应该就像皮球撞到墙上一样,立即弹起。所以上升趋势线又被称为支撑线。类似地,下降趋势线一旦形成,它就成为空方的阻力线,汇价反弹到该线时会遭到有效狙击,重归跌势。所以下降趋势线又称为压力线。趋势线的支撑、压力作用可以互相转化。此外,由于前期的高点、低点也具有明显的支撑、压力作用。因此,过前期的高点、低点的水平线也是重要的支撑、压力线。

第三,提示转折,即突破。

突破分为假突破和有效突破,在交易中有效突破才具有实战价值。识别有效突破的

几条原则如下。

原则一：如果汇价的收盘价突破趋势线，则可以初步判断对趋势线有效突破；

原则二：如果连续两天收盘价突破趋势线，则这个趋势线的突破更有效；

原则三：在判断趋势线的有效突破时，应与其他技术分析指标相结合判断；

原则四：不应使用技术图线突破趋势线的幅度作为判断是否有效的突破依据。

趋势线是一个很好的工具，但它也仅仅是衡量趋势的工具之一，是趋势即将改变的一个信号，应该结合其他技术指标一起使用才具有更高的准确性。

7.判断趋势是否延续的两个基本法则

在一段上升的趋势中，当价格跌破支撑线，是否意味着上升趋势已结束呢？123 法则和 2B 法则可以帮助研判趋势是否已经转向。

(1)123 法则

上升趋势中 123 法则：

①上升趋势线被突破；

②升势中价格未能创新高；

③升势中价格回落并跌破前低。

下跌趋势中 123 法则：

①下跌趋势线被突破；

②跌势中价格未能创新低；

③跌势中价格反弹并升破前高。

三个条件中如果前两个条件成立，趋势可能改变；如果三个都成立，趋势已改变并很可能向反方向前进。这三个条件的实现顺序可以不同（见图 5-72）。

图 5-73 以 EURGBP 1 小时图为例来说明 123 法则的运用，上升趋势中价格未能形成新高（2 处低于前高）、趋势线被跌破（1 处）、价格回落至前低下方（3 处），可以确认这波上升趋势已结束。

123 法则一般建议至少是在小时图上运用以判断趋势，因为分钟图上的价格量太少，还不足以形成有效趋势。判断趋势是否结束对短线交易具有非常重要的意义，如果通过123 法则判断长线趋势仍在延续，短线交易需要警惕趋势中的短暂回调，尽量避免做与趋势相反的交易，以避免被市场深度套牢。

(2)2B 法则

2B 法则是 123 法则的一种特殊形态，同样用来判断趋势是否发生反转。有时候在上升趋势中，价格穿越了前一个高点，但在后市发展中未能站稳，稍后又跌破之前的高点，则价格可能见顶，将展开下跌行情。下跌幅度是两次最高点之间的低位。如果这个低位也被跌破，价格将可能以更大的幅度下行。在短期趋势中，价格突破前高后，一般以 1 天内跌破前高为准，中期趋势以 3～5 天为准，长期趋势以 7～10 天为准。这就是 2B 法则。在下跌趋势中也是类似的。

2B 法则提供了更清晰的交易信号，在实际交易中具有很强的可操作性（详见图 5-74）。

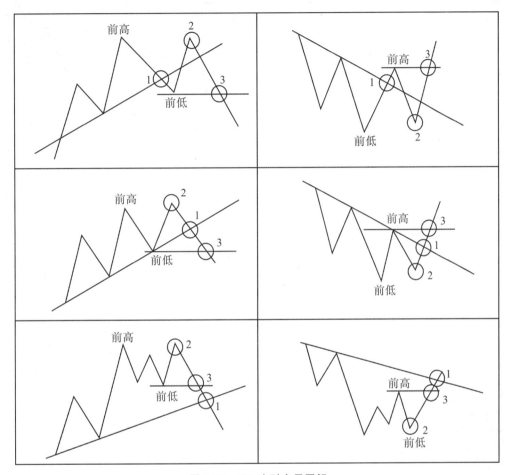

图 5-72　123 法则应用图解

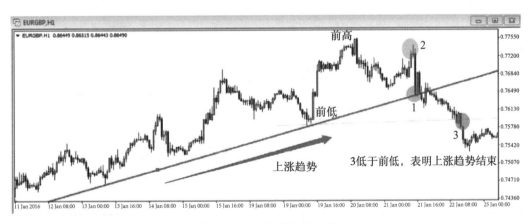

图 5-73　123 法则应用实例

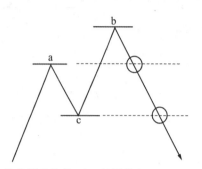

价格跌破前高a时，目标看向c；
价格进一步跌破c时，看向更低的底部。

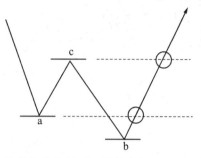

价格突破前高a时，目标看向c；
价格进一步突破c时，看向更高的顶部。

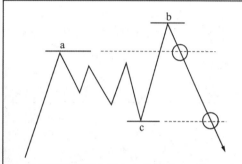

2B法则可以应用在很复杂的图形上，当遇到
前高时就要留意是否会迅速回落形成2B形态；
价格进一步跌破c时，看向更低的底部。

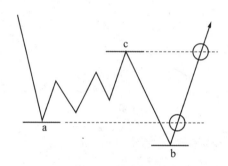

2B法则应用在复杂的跌势当中

图 5-74　2B 法则应用图解

（三）通道线及通道（见图 5-75）

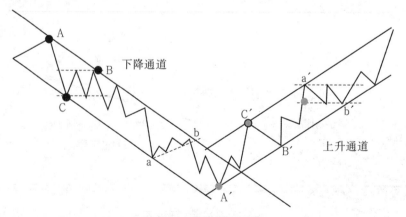

图 5-75　通道线及通道

1.基本概念

价格通道是技术分析中最基本的概念之一。通道线也被称为轨道线或管道线,它是在趋势线的基础上产生的一种分析方法。当我们已经有了趋势线之后,在第一个峰顶或谷底就可以画出这条趋势线的平行线,它就是通道线,两条平行线构成一个价格通道。通道是价格波动的区间,具有固定的宽度。当价格通道向下倾斜时便视为跌市,而价格通道向上倾斜时,则视为涨市。在上升趋势中,趋势线是正斜率;在下降趋势中,趋势线是负斜率。

以两条平行线形成的价格通道,一条称为主趋势线,另一条称为通道线。主趋势线决定有力的趋势。如上升(下跌)通道向上(向下)倾斜时,最少以两点的低点(高点)连成一线而绘出。另一条趋势线称为通道线,与主趋势线平行。在上升通道时,通道线是一条阻力线;在下降通道时,通道线则是一条支撑线。

2.通道线的画法

要构建一个向上的通道,只需要按相同的角度画出作为上升趋势线的平行线,然后移动这条线,使它触到最近的高峰处;要构建一个向下的通道,只需要按相同的角度画出作为下降趋势线的平行线,然后移动这条线,使它触到最近的低谷处。通道线是趋势线的延伸,在通道线确认之后,比较容易可以找到汇价的高点和低点,并以此来判断做多和做空的时机。

3.通道线和趋势线的关系

两条平行线组成一个通道,这就是常说的上升和下降通道。通道的作用是限制汇价的变动范围,让它不能变得太离谱。一个通道一旦得到确认,那么价格将在这个通道里变动。如果对上面或下面的直线的突破意味着将有趋势的变化。

第一,通道线和突破趋势线不同之处在于,通道线的突破并不代表趋势反向,而是趋势加速,也就是原来的趋势线倾斜度会增加,趋势线的角度将会更大。

第二,通道线跟趋势线一样都有确认的问题,当汇价在一个位置得到支撑或者是遭遇压力而转向,并且是走在趋势线上的,那么通道线就可以确认了。通道线被触及的次数越多,它的延续时间也就会越长,确认程度也就越高,这跟趋势线以及很多直线都是一样的。

第三,通道线必须依附在趋势线上,它们是相互合作关系,通道线不能脱离趋势线单独存在,所以相对来说,它的重要性不如趋势线。

通道是另一种技术分析的工具,可以用来确定一个好的买点或卖点,通道的顶部和底部都代表着潜在的价格支撑或阻力。通道线和趋势线是相互合作的。很显然,先有趋势线,后有通道线,趋势线比通道线重要得多。趋势线可以独立存在,而通道线则不能。

4.轨道的用法

当价格徘徊于通道之间时,交易者能够在某种程度上预测价格的变动,确定买卖行为。

第一,汇价向上突破了中轨是短线买进的信号,如果向下突破中轨,则是短线卖出的信号,尤其是突破了中轨的压力或者是支撑时,准确度更高。

第二,汇价向上突破了上轨是短线买进的最好信号,如果汇价紧接着快速拉升,那么当汇价下跌的时候跌破了上轨也是最好的卖出信号,如果汇价是慢慢上涨,那么在下跌的

时候跌破中轨也是卖出信号。

第三,当汇价突破下轨的时候卖出信号尤为强烈,如果汇价只是慢慢下跌,那么在随后向上并突破中轨的时候就是短线的买入信号。

二、趋势分析原理经典理论

(一)移动平均线分析法(moving average)

移动平均线,是指利用统计的平均原理来消除价格波动的不规则变动因素,形成描述整个外汇市场交易价格变化的趋势线。"平均"是指最近 n 天收市价格的算术平均线;"移动"是指我们在计算中,始终采用最近 n 天的价格数据。因此,被平均的数组(最近 n 天的收市价格)随着新的交易日的更迭,逐日向前推移。在我们计算移动平均值时,通常采用最近 n 天的收市价格。把新的收市价格逐日地加入数组,而往前倒数的第 n+1 个收市价则被剔去。然后,再把新的总和除以 n,就得到了新的一天的平均值(n 天平均值)。移动平均线最大的优点在于通过某一期间平均收盘价的移动走势,更准确、更全面地反映汇率的变动趋向,避免人为制造的"市场陷阱"。从操作角度看,其优点还在于它能够自动发出买卖的信号,能够使运用者根据平均线走势,确定自己的风险水平,并把损失降到最低点,把收益提高到最高点。其主要缺点是,它所指示的汇率水平与实际汇率水平在时间上有先有后,难以通过它来确定汇价最高点和最低点,因此,移动平均线很难提供一个事前的明确的标记,难以确定准确的买入卖出时机。

移动平均法是时间序列分析中的一种,本质上属于一种高级外推法。通过对历史数据求平均,消除其中的极端值,将预测建立在经过平滑处理后的中间值上。这样一来,在影响价格的众多因素中,偶然性因素就被剔除,系统性因素得到保留。通过求取移动平均数,人们能更好地把握原始变量的变动方向,进一步提高预测的准确度。

1.不同移动平均线的含义

统计学上的移动平均线是把移动平均数反映到直角坐标上的,而移动平均数的类型主要有三类,即简单移动平均数、加权移动平均数和指数平滑移动平均数。移动平均线图的制作比较简单。先在一个平面直角坐标上标明时间(以横轴代表)和汇率(以纵轴代表),然后将计算得出移动平均数——对应地绘在坐标系内相应的点上,把各点用平滑的曲线连接起来就构成一条移动平均线。平均值的采样,一般有 5 天线、10 天线、20 天线、30 天线、60 天线等,天数越少,画出的曲线越陡。按照移动平均线时间周期的长短,通常可分为短期移动平均线、中期移动平均线和长期移动平均线。

(1)简单移动平均线 MA

简单移动平均线,又称算术移动平均线,是把一定天数中的汇价(一般选用收盘价)加总以后除以该期天数,因为其计算方法较为简单,很多人喜欢利用这一方法,其公式如下:

$$MA_1 = (P_1 + P_2 \cdots + P_n) \div n$$
$$MA_2 = (P_2 + P_3 \cdots + P_{n+1}) \div n$$
$$\cdots\cdots$$

其中 MA 代表算术移动平均数;P_n 代表第 n 个时间段的收盘价;n 代表需要计算的天数(周期)。

以计算 3 天的算术移动平均线指数为例:

$$MA_1 = (P_1 + P_2 + P_3) \div 3$$
$$MA_2 = (P_2 + P_3 + P_4) \div 3$$
$$MA_3 = (P_3 + P_4 + P_5) \div 3$$

在直角坐标系上将这些不同的简单移动平均数的数值绘成一条曲线,就是 MA 线。把 MA 线与汇率的实际变化曲线结合起来,即可初步判断未来几天市场涨跌的可能走势。简单移动平均数的突出优点在于计算简单,但不能反映各交易日价格水平对以后的影响差别。而事实上每天的汇率变化状况如何,对随后的汇率走势有着很大的影响。所以,有必要介绍另一种平均数——加权平均数。

(2)加权移动平均线 MAW

在外汇交易中,交易者更关心的是近几日价格波动对未来汇价产生的影响。算术移动平均线只是简单地求前期汇价的平均数,不能反映这一要求。加权移动平均数弥补了简单移动平均数的不足,它能够反映前期各交易日汇率变动和对后期汇率走势的不同影响,从而大大提高了移动平均线预测汇率走势的能力。

计算方法如下:

$$MAW = (P_1 \times 1 + P_2 \times 2 + \cdots + P_n \times n) \div (1 + 2 + \cdots + n)$$

(3)指数平滑移动平均数 EMA

由于算术移动平均数、加权移动平均数在作图时需要调用大量历史数据并进行大量计算,为了简化计算,可以采用指数平滑移动平均数。其优点是经过了平滑化的过程,所以发出的买卖信号比较清晰和明显,将价格短期预测波动的误差减至最低,更好反映外汇汇率变化的趋势。

2.移动平均线分类及设置

(1)分类

按照移动平均线时间周期的长短,通常可分为短期移动平均线、中期移动平均线和长期移动平均线。移动平均线的周期越短,其表现的汇价波动越剧烈,周期越长,反映的走势越平稳。

一般而言,短期移动平均线是指周期在 10 个单位时间内,长期移动平均线是指周期在 20 个单位时间以上。

通常 5 日、10 日均线称为短期均线,时间短的均线要比时间长的均线对价格或指数的波动要来得灵敏,起伏变化比较快。在短线操作或弱势行情中,10 日均线常作为短线买卖的依据;20 日(月线)、30 日、60 日(季线)均线称为中期均线,其中以 30 日均线使用频率最高,也常被人们称为汇市的生命线,在强势行情中,常把汇价跌破 30 日均线或 30 日均线向下弯曲作为最后的止损位,也常把 60 日弯曲向上或向下作为牛、熊分界线;120 日(半年线)、250 日(年线)均线称为长期均线。

此外,移动平均线还有快、慢线之分,例如,日线中的 5 日、10 日、20 日、30 日、60 日线……5 日线相对于 10 日线是快线,10 日线相对于 5 日线是慢线;10 日线相对于 20 日线是快线,20 日线相对于 10 日线是慢线,依次类推;周线中的 5 周、10 周、20 周、30 周、60 周线……5 周线相对于 10 周线是快线,10 周线于 5 周线是慢线;10 周线相对于 20 周线是快线,20 周线相对于 10 周线是慢线,依次类推;月线同理。

移动平均线实质上是一种追踪趋势的工具,其目的在于识别和显示旧趋势已经终结或反转、新趋势正在萌生的关键契机。

(2)设置

均线的参数是时间,技术分析软件中往往给出默认设置的 5 日、10 日、20 日、30 日、60 日、120 日、250 日均线。120 日均线和 250 日均线通常被称为半年线、年线(其中考虑到节假日的因素)。

由此不难看出,均线实际上反映的是一段时间的平均成交价格,即筹码成本。时间参数偏小,均线所反映的平均成本便属于短期性质,如 5 日、10 日为短期均线;20 日(月线)、30 日、60 日(季线)均线称为中期均线,反映中期成本;120 日(半年线)、250 日(年线)则是长期均线,反映长期成本。

3.移动平均线所表示的市场意义及其功能

市场意义:

(1)上升行情初期,短期移动平均线从下向上突破中长期移动平均线,形成的交叉叫黄金交叉。预示汇价将上涨。

(2)当短期移动平均线从上向下跌破中长期移动平均线形成的交叉叫做死亡交叉。预示汇价将下跌。

(3)在上升行情进入稳定期,5 日、10 日、30 日移动平均线从上而下依次顺序排列,向右上方移动,称为多头排列。预示汇价将大幅上涨。

(4)在下跌行情中,5 日、10 日、30 日移动平均线自下而上依次顺序排列,向右下方移动,称为空头排列。预示汇价将大幅下跌。

(5)在上升行情中汇价位于移动平均线之上,走多头排列的均线可视为多方的防线;当汇价回档至移动平均线附近,各条移动平均线依次产生支撑力量,买盘入场推动汇价再度上升,这就是移动平均线的助涨作用。

(6)在下跌行情中,汇价在移动平均线的下方,呈空头排列的移动平均线可以视为空方的防线,当汇价反弹到移动平均线附近时,便会遇到阻力,卖盘涌出,促使汇价进一步下跌,这就是移动平均线的助跌作用。

(7)移动平均线由上升转为下降出现最高点,和由下降转为上升出现最低点时,是移动平均线的转折点。预示汇价走势将发生反转。

(8)在行情盘整时不要使用移动平均线法判断走势,那样会导致频繁的失误。

市场功能:

移动平均线实质上是一种追踪趋势的工具,其目的在于识别和显示旧趋势已经终结或反转、新趋势正在萌生的关键契机,其市场功能如下。

一是追踪趋势。移动平均线能够描述市场的趋势方向,不受汇价小的反向波动的影响,只要汇价不出现大的反向波动,移动平均线就不会改变方向,这个功能有助于投资者把握行情的大趋势。短期均线上翘,说明汇价短期处于上升趋势,中期均线、长期均线上翘,则反映中长期的上升趋势;如果不是上翘,而是下探,则显示为跌势状态;若是均线斜率不大,处于横向运行状态,则显示盘整格局。在持续性的长期升势中,一般短期均线在上方,中期均线在中间,长期均线在下方,形成多头排列;在持续性的长期跌势中,一般短期均线在下方,中期均线在中间,长期均线在上方,形成空头排列。

如果长期均线的趋势和短期均线的方向一致,比如说长期均线的运行趋势是向上的,而短期均线的交叉方向也是向上的,此时就是一个后市看多的信号;如果长期均线的运行趋势是向下的,而短期均线的交叉方向也是向下的,此时就是一个后市看空的信号。如果长期均线的趋势和短期均线的方向不一致,此时需要借助其他方法来研判趋势,这也是技术分析的特色之一。

二是帮助判断交叉突破。从均线系统的有效交叉(金叉或死叉)(见图 5-76),可以判断货币对可能出现的突破型走势。

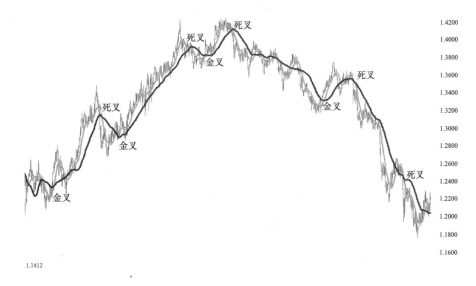

图 5-76 均线系统的金叉与死叉:镑美 2020 年初至 2022 年 8 月初走势呈现的金叉与死叉

对均线系统的技术研判,从本质上理解,其最原始的技术意义其实很简单:即基本反映一段时间周期以来,汇价的运行中枢位置与这一段时期市场投资者的盈利情况。黄金交叉与死亡交叉的判断也是根据上述原理:即当短期均线上穿长期均线,说明汇价运行的位置突破了一个长期的成本区域,而且市场投资者的短期成本开始高于长期成本,多方占据控制地位,这就是金叉的含义;死叉的含义则相反,显示空方占据控制地位。

三是显示发散、平行、汇聚形态(见图 5-77)。

发散是指短期、中期、长期均线相互之间距离越来越大,特别是短期均线此时往往走势十分陡峭,即斜率很大。如果是上翘状态,则意味着短期成本远远高于中期、长期成本,获利筹码大增,短期面临套现压力。如果是下跌状态,则说明短期成本远远低于中期、长期成本,套现压力减弱,短期面临反弹。

平行主要是指在某一段较长时间的价位区间内,若干不同周期的均线构成同向、匀速

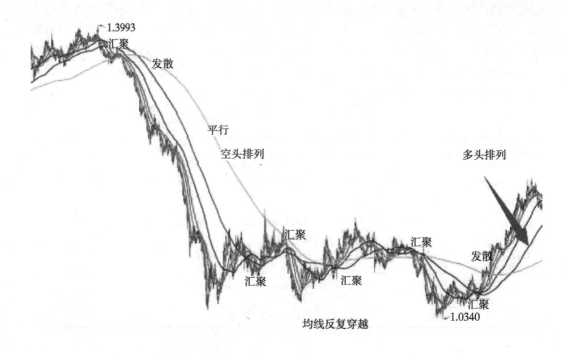

图 5-77　均线的运行节奏：欧美 2014 年 2 月初至 2017 年 11 月初的走势

距离相当的运动状态。按运行方向的不同，均线平行的方向一般包括以下三种。

——向上平行，是指各类均线向上运行时，近乎呈等距离向上扬升的一种运行方式。这种均线向上平行的方式也被称为均线的多头排列。

——向下平行，是指各类均线向下运行时，近乎呈等距离向下滑落的一种运行方式。这种均线向下平行的方式也被称为均线的空头排列。

——横向平行，是指各类均线水平运行时，近乎呈等距离的水平运动的一种运行方式。这种均线横向平行的方式是一种平行的排列。

汇聚是指当三条或三条以上短、中、长期均线交叉位置重合或者非常接近的情形，也称"均线黏合"。均线黏合有时也未必有均线交叉的情况出现。当短、中、长期均线在某一段时间内运行的位置非常接近时，不论是否有交叉情况出现，都可以视作一种均线黏合形态。均线黏合是指市场在某个时间点位上，不同的多个市场周期内的平均成本都集中在某一个价位附近。因此从技术上讲，它的支撑和压力作用都是非常明显的。

四是表示支撑位和阻力位。

均线和 K 线结合使用，往往起到了支撑位和阻力位的作用。

阻力作用：当汇价运行在均线系统的下方时，此时均线系统将起到明显的阻力作用，阻碍汇价的反弹。

支撑作用：同样地，当汇价站稳于均线系统之上后，均线系统又将起到明显的支撑作用。

这个作用的产生原因就在于均线计算方式所体现的市场成本变化，这种支撑和阻力效果也被称为"均线的斥力"。当然,均线也有吸引力,当汇价单边运行过程中较远地离开了均线系统后,均线也会发出"引力"作用,均线本身跟随汇价运行方向前进的同时,也会拉动汇价出现回调。

此外,均线还具有以下功能:

第一,滞后性和稳定性。

短时间内移动平均线的数值发生比较大的改变(无论是向上还是向下)比较困难,即使当天的价格有很大的变动,均线一般也只发生很小的变动。因为均线的变动反映的是若干天的平均变动,一天的大变动被若干天一平均,变动就会变小而不明显。这种特性的优点是稳定,不会因小的变动而改变 MA 的方向。缺点是在 K 线组合已经出现反转信号时,均线仍然维持原方向,所以移动平均线的运用一定要结合 K 线组合理论使用。

第二,助涨助跌性。

当汇价突破了均线时,无论是向上突破还是向下突破,汇价都会向突破方向继续运行一段,运行空间的大小取决于突破移动平均线的参数,一般来讲参数越大移动平均线被突破后,汇价继续运行的距离越长,这就是均线的助涨助跌性。均线被突破实际上是支撑线或者压力线被突破。

4.移动平均线的应用

移动平均线图形有单一型和复合型两种,复合型又可以分为两条移动平均线组合的运用和多均线组合的运用。

(1)单一移动平均线的应用

单一移动平均线是只画一条移动平均线的图形,它经常用于确定买入信号和卖出信号。单一移动平均线的应用以下介绍两种常用的方法。

①葛兰维八大买卖法则

美国投资家葛兰维先生对价格与移动平均线之间的关系进行了细致的分析,归纳成八条法则,称为葛兰维八大买卖法则。该法则利用价格与移动平均线的关系作为买进与卖出信号的依据。葛兰维认为价格的波动具有某种规律,但移动平均线则代表着趋势的方向。因此当价格的波动偏离趋势时(即价格与移动平均线的偏离),则未来将会朝趋势方向修正,所以发生偏离时,是一个买(或卖)的信号。这里将价格与移动平均线的偏离称为乖离(bias),即 bias=price-ma,其中 ma 为移动平均线(moving average)。当乖离越大时,价格修正的可能性就越高;但若趋势在加速发生时,亦可预期未来乖离将会扩大。因此乖离可以作为一项观察指标。另一方面,移动平均线是较长期的价格发展线,相较于价格线而言,移动平均线具有趋势的概念,且平均的日期越长,所代表的时间周期就越长。但当趋势发生改变时,虽然趋势线(时间周期比价格长)还没有感受到,价格却将会先反应,这时价格线将与移动平均线发生交叉现象,代表着趋势改变的意义,因此价格与均线的关系是另一项重要的观察指标。葛兰维八大法则是综合利用上述二项观察指标原理,所归纳出的八大买进卖出信号(见图 5-78)。

四个买进信号:

买点 1:移动平均线从下降逐渐转为水平或上升,价格从移动平均线的下方突破平均线,交叉向上,是买进信号。这里尤其要注意的是移动平均线一定要出现有向上抬头的迹

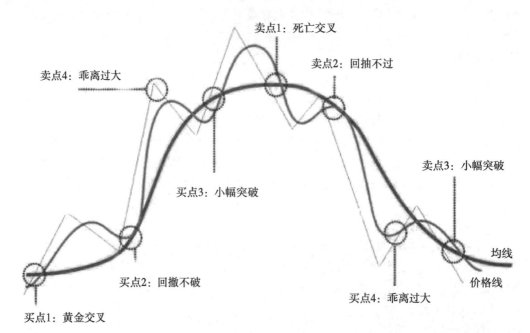

图 5-78　葛兰维八大买卖法则

象,说明整个市场开始逐渐进入了上升趋势,此时买入信号才比较确切。

买点 2:价格曲线在移动平均线之上,汇价下跌,但在移动平均线附近的上方遇到支撑,没有跌破移动平均线而是反转上升,为买入的信号。

买点 3:移动平均线在稳步上升,价格跌至移动平均线之下,又立刻回升到移动平均线的上方,仍为买进信号,因为移动平均线仍然持续上升,表明市场仍处于涨势之中。

买点 4:价格突然暴跌,跌破了移动平均线,而且继续很快下行,在图形上,汇价曲线很陡,远离了移动平均线,则有反弹上升回到移动平均线附近的趋势,所以在远离移动平均线时,是买入的信号。

四个卖出信号:

卖点 1:移动平均线从上升趋势逐渐转为水平线或开始有低头向下的迹象,而价格从移动平均线的上方跌破移动平均线时,表明卖压渐重,此为卖出信号。

卖点 2:移动平均线缓缓下降,价格曲线在移动平均线下行走,回升至移动平均线附近,受到卖压阻力,未能超越移动平均线,又继续下跌,此为卖出信号。

卖点 3:移动平均线缓缓下降,价格在移动平均线下突然上涨,突破了移动平均线,又跌回到移动平均线之下,而移动平均线继续下跌,此为卖出信号,行情将会继续下跌。

卖点 4:汇价突然暴涨远离上升的移动平均线,则有可能回档下跌。因为暴涨远离了移动平均线,说明近期内买入某种外汇者皆有利可图,随时会产生回吐的卖压,此为卖出信号。

②13 日均线交易方法

13 日包括了约两周的交易日,在周期组合上,13 日均线被认为是一个综合周期,故 13 日均线可以视为"进出生命线"。下面我们来看看如何运用 13 日均线进行交易。

——13 日均线向上,汇价上穿 13 日均线,同时 KDJ 的 J 值上穿 50,这时是个最佳的买点,可以进行买入操作;

——13 日均线可用于金叉买入或加仓、死叉减仓或清仓,当汇价跌破 13 日均线则要准备清仓或止损。

一般这种一根均线交易系统在上升趋势中使用,成功率会较高,在横盘和下降趋势中使用,成功率低并很可能买在下降趋势中的最高点,大家需要注意。

在实际应用中,当移动平均线发出买卖信号时,汇价往往已经走出很大一段距离;当移动平均线走向平缓的时候,汇价曲线频繁穿越,无法得出正确信号;当移动平均线发生转向时,具体的时间很难准确把握。因此从严格意义上讲,移动平均线分析方法只能帮助我们判断市场的大致走向和转势的时机,对于频繁短线操作的交易者的指示作用不是很大。

(2)双移动平均线的应用

单一移动平均线在应用时,常存在时间参数选择的困惑:短期均线的灵敏度高,出现的买卖信号较多,容易受到不准确信号的干扰,易作出轻率的决定;长期均线的灵敏度低,买卖信号出现较迟,一旦出现突发行情再凭借买卖信号入场,则汇价已过高或过低,令外汇交易者与火爆行情失之交臂。鉴于此,技术分析人士试图取长补短,将短期与中长期移动平均线组合后一起研判,双移动平均线是一种不错的选择。

双移动平均线两种具体用法:

第一种为双线交叉法,具体而言,当短期移动平均线向上穿越长期移动平均线时,构成买入信号。反之,当短期移动平均线向下穿越长期移动平均线时,构成卖出信号。

第二种方法是把短期与长期移动平均线的中间看作中性区:即汇价在两条平均线之间时,不进行交易;当汇价同时向上穿越了两条移动平均线后,才构成买入信号,反之,则构成卖出信号。

均线的两两组合使用举例

可以包括:

5 日均线和 10 日均线,判断短期买卖点;

30 日均线和 60 日均线,判断中期买卖点;

120 日均线和 250 日均线判断长期买卖点。

①5 日均线和 10 日均线组合使用的具体方法

——5 日上穿 10 日线后,汇价回落至 10 日线附近时,如果 10 日线上拐,则形成短线买点。

——5 日线与 10 日线平行向上时,汇价回落至 10 日线附近是买点,特别是第一次回落至 10 日线附近。

——5 日线与 10 日线低位向上,同时具备下凸形态时,为汇价短线起飞点。

——5 日线与 10 日线在汇价盘整末期如果形成一条线,要注意一旦分开向上,是较有爆发力的起飞点。

②30 日均线与 60 日均线组合使用的具体方法

30 日均线与 60 日均线配合使用主要用在中期趋势的判断上。

——30日均线上穿60日均线后,如果60日均线也拐头向上,汇价跌至60日均线处再次向上时是很好的中线买点。

——30日线与60日线平行向上时,汇价回落至60日线附近再次向上时是中线买点,特别是第一次回落至60日线附近。

——30日线与10日线低位向上,同时具备下凸形态时,为汇价中线起飞点。

——60日均线向上,30日均线接近60日线,距离极近时,30日线又再次向上,如果汇价此时再向上,则为中线买点。

③120日均线和250日均线组合使用的具体方法

——120日线上穿250日线后,如果两线平行向上,则该货币对将长线走强。汇价每次跌至两条均线之一再次向上时,都是极好的长线买点。

——120日线与250日线低位向上,同时具备下凸形态或者距离几乎近于形成一线,为汇价长线起飞点。

综上,移动平均线是捕捉中长期外汇趋势的一种较佳的技术指标。利用均线组合对外汇行情进行研判,常能从杂乱无序的外汇市场中把握汇价的变化,令投资者获益匪浅。

(3)多移动平均线的应用

用多移动平均线进行分析判断趋势也可以克服单移动平均线的缺陷,使产生买卖信号的准确性大大提高。通常的使用方式为:选择长期、中期、短期中不同周期的移动平均线。

在短期移动平均线、中期移动平均线、长期移动平均线的复合图形中,较短时间周期的平均线以较大倾斜角度向上穿越较长时间周期平均线时发出强烈的做多信号(黄金交叉);较短时间周期的平均线以较大倾斜角度向下穿越较长时间周期平均线时即发出强烈的做空信号(死亡交叉)。此外,也经常利用多移动平均线形成的发散、平行、汇聚形态研判趋势。

移动平均线的方法较适用于市场波动较大的阶段,其所发出的买卖信号十分准确;当市场波动较小或者横盘整理的阶段,经常发生汇价与均线交织在一起的现象,此时所发出的买卖信号多为无效信号。由于移动平均线的计算方法问题,虽然其所发出的买卖信号滞后于市场变化,但作为判断市场趋势的工具还是十分有效的。

5.移动均线周期的选择及经典周期均线战法举例

(1)移动均线周期的选择

均线系统的周期选择有很多种,从三日到数百日平均移动线都有投资者采用。但是到底应以几日平均移动线做行情判断的参考比较有实效,这一问题一直困扰多数投资人。一般来说,短期均线代表短期趋势,通常波动起伏较大,过于敏感;长期均线代表长期趋势,走势过于稳重不灵活;中期均线代表中期趋势,走势既不过于敏感,又有沉稳的一面。

因此合理的原则是:为了同时显示长期、中期、短期趋势及其平均成本,应该选择代表短中长三种趋势的均线,不能因为个人习惯或爱好厚此薄彼,过分重视某一种趋势而忽略其他趋势。

(2)经典周期均线战法举例

20日均线的实战用法

20 日均线是短期均线系统中参数最大的一种移动平均线,与 10 日均线相比,20 日均线比 10 日均线的时间周期间隔又要多了 10 个交易日,故 20 日均线运行中的变动频率比 10 日均线来说,其注重趋势性变化的程度要大得多。

20 日均线在实战中应注意以下条件:

第一,20 日均线出于选取的周期参数相对要大一些,故其尽管属于短期均线的范畴,但已经开始接近中期均线了,所以在实战中,使用 20 日均线研判市场走势时,应考虑中短期走势,不能只考虑短期变化,否则将会出现操作上的失误。

第二,20 日均线的趋势若为上升则代表中短期趋势向上,若下行则表示中短期趋势向下。所以可以用 20 日均线研判市场的支撑或压力位置,不过一定要同时关注 20 日均线作为支撑或压力的有效性,否则将导致错误性止损。

第三,20 日均线在行情箱形运行过程中将会相对平稳,即若行情的波动幅度不大,20 日均线则可能出现接近平行的运行状态。

30 日均线(月线)的实战用法

30 日均线是全球汇市所有货币对的中期生命线,每当一轮中期下跌或中期上升行情结束,而短期 K 线向上突破 30 日均线的压制或阻力后,往往会出现一轮中期反转行情。对于汇价来说,30 日均线是判断市场资金量方向、力量大小、主力资金是吸纳还是出货以及未来走势强弱变化的最重要标准。30 日均线有着非常强的趋势性和敏感性,无论是上升趋势还是下跌趋势一旦被它改变,反转随即发生。

因此,汇价的大跌或上升趋势的产生与确立都是在汇价向上(向下)突破 30 日均线以后开始的。但是,汇价向上(向下)突破 30 日均线时必须坚决,有迅速脱离之势(50 点左右),否则可靠性降低。有时汇价向上突破(向下)30 日均线后又回抽确认,这很正常,但不应再收盘于 30 日均线之内,这与股票图形极其相似。这种确认的过程往往成为止损出局和继续做空(多)的最佳时机。而无论是在突破当日进场还是在次日回抽时进场,万一做反了,即汇价出现重新返回 30 日均线内运行的走势(突破是假突破),应立即止损出局。因为前期的突破很可能仅仅是以前趋势中途的一次中级反抽,并非真突破,真正的(原来)趋势尚未结束。

120 日均线的实战用法

120 日均线又称"半年线",120 日均线在实战中的用法可注意两个方面,一是 120 日均线在实际走势中的波动幅度不会太大,在熊市中它会压制市场的走势;在牛市中它会支撑市场的走势。二是 120 日均线的变向一般应与波浪分析相结合,其有效性才可靠。

250 日均线的实战用法

一年有 54 周,一周有 5 个交易日,理论上计算,一年大概有 270 个交易日,除去节假日,一年的实际交易日大约为 250 个,故 250 日移动平均线便被称为"年线",其移动平均的时间周期间隔参数为 250 天,属于超长期移动平均技术线。

250 日移动平均线在实战中的综合应用既重要又复杂,在使用 250 日均线时应注意以下几个方面的情况。

第一,250 日均线的使用一定要与月线、周线的分析相结合,才能使其判断的有效性增强,同时注意其长期的变动方向。

第二,250日均线的使用加入波浪理论效果会更好。

6.移动平均线的优缺点

(1)优点:

A.移动平均线能显示买进和卖出信号。若汇价向下穿破移动平均线便是卖出信号。反之,若汇价向上突破移动平均线,便是买入信号。

B.移动平均线很直观地显示价格变动的大致方向。

(2)缺点:

A.当行情处于盘整时,移动平均线频繁地发出买卖信号,此时容易误导交易者。

B.移动平均线变动缓慢,不易把握汇价的高峰及低谷,对于长期移动平均线,这点表现尤为突出。

C.单凭移动平均线的买卖信号,交易者很难作出买卖决策,通常须靠其他的技术指标辅助。

7.移动平均线使用中无效信号的规避

(1)移动平均线的无效信号

移动平均线的无效穿越买卖信号

穿越买卖信号是移动平均线的快线上穿慢线给出做多信号,或快线下穿慢线给出做空信号。但是穿越买卖信号并非都有效,按其有效性划分,可分为有效穿越买卖信号和无效穿越买卖信号(即伪穿越买卖信号)。

有效穿越买卖信号特点:慢线和快线指向方向一致;快线沿着两线指向的方向穿越了慢线;往往与价格趋势方向相同。

伪穿越买卖信号的特点:快、慢线方向不太一致;一般是慢线无方向或方向不显著,只有快线有方向性;往往与价格趋势方向相反。

当市场价格在整理阶段,没有明显的趋势,这时如果投资者用移动平均线的穿越买卖信号指导交易,就等于依据伪穿越买卖信号进行交易,容易造成错误交易,导致损失。

移动平均线的无效均线组合买卖信号

均线组合,就是两条以上均线的相对位置组合。按快慢线的相对组合位置及其意义,将均线组合划分为空头均线组合和多头均线组合。

空头均线组合的特点是快线在慢线之下,给出卖出信号,按信号的有效性可进一步划分为有效空头均线组合和伪空头均线组合。多头均线组合的特点是快线在慢线之上,给出买进信号,按信号的有效性,可进一步划分为有效多头均线组合和伪多头均线组合。

有效多头均线组合的特点:第一,在均线组合出现之前有一个明显的价格下跌或整理阶段;第二,快线依次在慢线的上方,且快慢线的指向一致;第三,均线相互呼应,间距较均匀适中。

伪多头均线组合的特点:第一,价格还在整理阶段或价格已是上升阶段末期;第二,快慢线方向有较大偏差;第三,均线组合过度发散,相互间距过大或均线变缓,间距变小。

有效空头均线组合的特点:第一,在空头均线组合出现之前有一个明显的价格上升或整理阶段;第二,快线依次在慢线的上方,且快慢线的指向一致;第三,均线相互呼应,间距较均匀适中。

伪空头均线组合的特点:第一,价格还在整理阶段或价格已是下降阶段末期;第二,快慢线方向有较大偏差;第三,均线组合过度发散,相互间距过大或均线变缓,间距变小。

当投资者错误利用伪均线组合买卖信号指导交易,容易造成错误交易,导致损失。

(2)移动平均线无效信号的规避方法

第一,把握移动平均线有效信号存在的前提。

既然移动平均线是一种描述汇价趋势的指标,那么它的有效信号存在的前提首先是汇价必须存在明显的趋势。汇价运行的趋势不是随时都存在,市场价格运行的一般规律和节奏:有趋势(强烈的上升或下降)—无趋势(牛皮整理或调整时期)—有趋势—无趋势……如此不断循环。因此只有在有趋势的时候才适合用上移动平均线分析方法,无趋势的时候则不适合使用,否则就容易被无效信号蒙蔽。

第二,善于辨别移动平均线信号的真伪。

在实际运用中,要依据上述有效信号和无效信号的区别,用心研究各类移动平均线买卖信号的有效性,避免滥用信号、盲目交易,要努力把自己的交易建立在移动平均线的有效信号上。

第三,结合其他分析方法使用。

移动平均线分析方法有其自身的缺陷,如滞后性、不适应无趋势的市场等,并非万能的工具。为规避其无效信号,可以结合其他分析方法使用。比如在价格的相对高位或第五浪顶部出现的均线组合,一般多头均线组合为无效,而空头均线组合为有效;在价格的相对低位或第一浪初期出现的均线组合,一般多头均线组合为有效,而空头均线组合为无效。

(二)波浪理论分析法

1.波浪理论的含义

波浪理论是由爱略特(Ralph Elliott,1871—1998)于1934年创立的,他在观察道琼斯工业指数的变化趋势时,发现股票价格指数是按照有规律波浪形态发展的,并于1934年发表了"波浪理论"一文。这种早期用于分析股市价格走势的理论,后来被推广到期货和外汇市场。

波浪理论的要点:

①一个完整的循环包括八个波浪,五上三落。

②波浪可合并为高一级的浪,亦可以再分割为低一级的小浪。

③跟随主流行走的波浪可以分割为低一级的五个小浪。

④1、3、5三个波浪中,第3浪不可以是最短的一个波浪。

⑤假如三个推动浪中的任何一个浪成为延伸浪,其余两个波浪的运行时间及幅度会趋一致。

⑥调整浪通常以三个浪的形态运行。

⑦黄金分割率理论奇异数字组合是波浪理论的数据基础。

⑧经常遇见的回吐比率为0.382、0.5及0.618。

⑨第四浪的底不可以低于第一浪的顶。

⑩艾略特波段理论包括三部分：形态、比率及时间,其重要性以排行先后为序。

⑪艾略特波段理论主要反映群众心理。越多人参与的市场,其准确性越高。

波浪理论图示说明(见图 5-79)

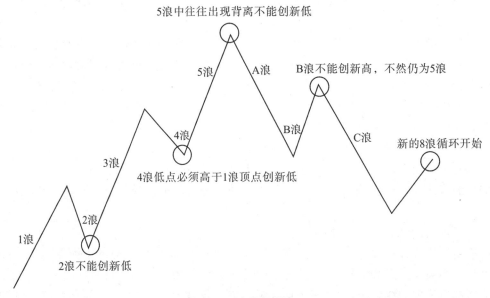

图 5-79　波浪理论图示

一个完整的波浪运动由五个上升浪和三个调整浪组成,数字标明的 1、2、3、4、5 波浪为上升浪,字母标明的 A、B、C 波浪为调整波浪。1、3、5 波浪为冲力波浪,而 2、4 与 1、3、5 方向相反,为它的调整波浪。尔后的 A、B、C 为整个上升波浪的调整波浪。

——无论是上升浪还是调整浪,第三浪一般地总是波幅最大的一浪,上升浪中的 3 浪总会超过前期的高点,调整浪中的 3 浪总会超过前期的低点。

——波浪走势的表现形态可能因时间不同而有变化,有时较长,有时较短,但波浪的走势是不会改变的,即总是一浪高过一浪,在一定点后则是一浪比一浪低,上升浪与调整浪交替反复。

波浪理论认为,没有永恒的上升或下降波浪,只有在上升的过程中不断出现向下的波浪,该上升趋势才有可能保持下去。在每一个大波浪中,又可细分为更小的波浪。具体说来,波浪有超大循环级、超循环级、循环级、原始级、中级、小型级、细级、微级、次微级。波浪区分得越细,投资者对市场价格波动就掌握得越准确,也就能及时地把握买卖的时机。

2.波浪理论的应用

爱略特波浪理论的应用必须结合黄金分割线,即斐波那契回调线(Fibonacci Retracements),因为黄金分割线不仅体现在每一次汇价的回撤上,而且也贯穿于汇价涨涨跌跌的波动中。其现实基础是汇市中存在的客观规律:市场人士为获取收益,买进的必将卖出,卖出的必将买回,这就造成了汇价大涨或大跌之后的回撤。很多时候这种回撤往往契合 61.8%、50%、38.2%……这一数列规律。因此波浪理论的应用若能结合黄金分割线,将会取得更好的效果。

（三）道氏理论分析法

1.道氏理论的概述

道氏理论是由创建者查尔斯·道、威廉姆、汉密尔顿三人共同研究的成果。道氏理论在20世纪30年代最为盛行，主要是由于1929年10月华尔街日报刊登了一篇关于多头市场已结束了的文章，预见了股市崩盘，所以道氏理论名噪一时。

道氏理论的三大假设：一是趋势在一定时间范围内不会改变，二是市场价格包含一切信息，三是历史会重演。

三大假设是我们进行外汇交易技术分析的基础，其他的技术分析理论也都是在此基础上发展而来的。任何技术分析手段都可以追溯到道氏理论。

2.道氏理论的基本观点

道氏理论是所有技术分析的鼻祖，迄今为止可以说大多数技术理论来源于道氏理论。道氏理论的核心思想是顺势而为，所谓趋势主要包括时间和空间上的两种。

时间上的三种运动趋势（见图5-80）：

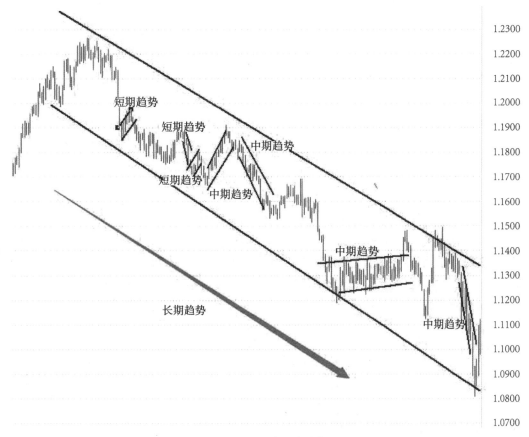

图5-80　时间上的三种趋势图示

主要趋势——长期趋势；

次要趋势——中期趋势；

短期趋势——短期趋势。

空间上的三种趋势(见图 5-81)：

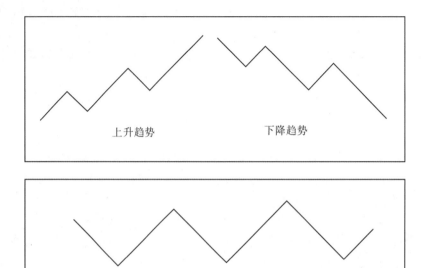

上升趋势　　　　　　　　下降趋势

横向盘整（无趋势）

图 5-81　空间上的三种趋势图示

上升趋势；

下降趋势；

横向盘整即无趋势。

道氏理论的五个定理：

(1)任何市场都有 3 种趋势：短期趋势、中期趋势、长期趋势。这三者常常被比喻为大海中的潮汐、波浪和波纹。在市场中，短期走势、中期走势、长期走势会同时存在，并且彼此的方向可能相反。长期趋势是最重要的趋势，比较容易辨别；中期代表主要趋势的调整；短期是难度较大的趋势，可以在短期中寻找合适的买卖时机，以追求最大的利润。

(2)主要走势

主要走势代表市场整体方向的基本趋势，持续时间较长，主要走势可分为多头市场和空头市场两大类，能否正确判断走势的方向，是决定投资者是否成功的重要因素之一。

(3)主要的空头市场是指长期向下的走势，一般会经历三个主要阶段：一是投资者认为影响市场的因素不再支持如此高的价格，陆续降低仓位；二是经济衰退引起的抛压；三是出现恐慌性的抛压。

(4)主要的多头市场是指长期向上的走势，一般会经历三个主要阶段：一是投资者对未来经济恢复信心，陆续买入；二是各种经济指标趋好，使人们意识到经济已明显好转；三是投机气氛活跃,且价格明显过高。

(5)次级折返走势是指多头市场中比较重要的下跌走势或空头市场上比较重要的上涨走势。

3.道氏理论的应用

查尔斯·道在提出道氏理论时,主要用于观察股价的波动,把股价的波动类比为海潮的运动。在外汇交易行情的分析中,也可以将汇率的波动依照时间的长短区分为三种不同趋势:主要趋势、次级回应、细小波动。

——主要趋势:指汇价变化的长期趋势,可能持续几个月,甚至数年之后才会改变波动方向。其特点是在多头市场中,一段行情的一个高点比一个高点更高;空头市场中,一段行情的一个低点比前一个低点更低。

——次级回应:指长期上升趋势中的下跌阶段,或是长期下跌趋势中的回升阶段。在一个次级回应中,大约可持续两个星期到一个月或更久,反转幅度约为主要趋势的3/8。通常,在一个主要趋势中,总会出现两个或三个次级回应。次级回应形态的出现,其原因是投资大众的乐观或悲观的心理预期,促进价格暴涨或暴跌,引发技术性的回档或反弹。

——细小波动:是指汇价每日每时的波动,其波动快则数小时,慢则几天内结束,适用于短线交易者参考。

第四节　技术指标 MACD 分析法

技术指标分析是指运用经济上的数理统计原理,将一段时间汇率的变化数值通过一定的公式计算,演变成各种指标参数,并利用这些参数绘制成图形,去观测和研判外汇市场上的汇率走势,从而得出买入或卖出的信号。产生技术指标的方法通常有两种,第一种是按明确的数学公式产生新的数字,这是技术指标中较为广泛的一类,著名的 KDJ 指标、RSI 指标、MA 指标都属于这类;第二种是没有明确的数学公式,只有处理数据的文字叙述方法,这一类指标相对较少。技术指标的原始数据是开盘价、最高价、最低价、收盘价、成交量、成交金额和成交笔数等。对原始数据进行处理,指的是将这些数据的部分或全部进行整理加工,使之成为一些数值信号。不同的处理方法就产生不同的技术指标。每一个技术指标都是从一个特定的方面对外汇市场进行观察。通过一定的数学公式产生的技术指标,反映着汇市某一方面的深层次内涵,这些内涵仅仅通过原始数据是很难看出来的。有些基本的分析思想我们很早就已经知道,但往往只停留在定性的程度而没有进行定量的分析,技术指标则可以进行定量的分析,使具体操作时的精确度得以大大提高。但大部分技术指标滞后于行情,只能对行情的大致趋势有一个方向性的判断,因为它毕竟来自统计学的范畴。技术指标分析的应用法则主要通过以下几个方面进行。

(1)指标的背离。指标的背离是指指标的走向与汇价走向不一致,这时应多加注意。

(2)指标的交叉。指标的交叉是指指标中的两条线发生了相交现象,根据交叉的情况如"金叉""死叉"判断未来价格的走向。

(3)指标的高位和低位。指标的高位和低位是指指标进入了超买区和超卖区。

(4)指标的徘徊。指标的徘徊是指指标处在进退都可能的状态,无明确判断方向。

(5)指标的形态。指标是否处于反转形态还是持续形态。

(6)指标的转折。指标是否发生了转向或掉头,这种情况有时是一个趋势的结束和另一个趋势的开始。

(7)指标的钝化。指标已失去了敏感度,主要发生在持续形态中。

(8)指标的适用范围。指标的定义和特性决定了它预测的时间周期和形态,中线预测指标不能用于短线分析,持续形态分析指标不能用于反转形态;等等。

外汇市场技术分析指标包括:

(1)MACD 指标,又称指数平滑异同移动平均线,是由查拉尔·阿佩尔(Gerald Apple)所创造的,是一种研判外汇买卖时机、跟踪汇价运行趋势的技术分析工具。

(2)KDJ 指标,即随机指标(stochastics),其综合动量观念、强弱指标及移动平均线的优点,后被广泛用于汇市的中短期趋势分析。

(3)威廉指标 W％R,又称威廉超买超卖指标,简称威廉指标,是目前汇市技术分析中比较常用的短期研判指标。

(4)相对强弱指标 RSI,又称力度指标,其英文全称为"relative strength index",是目前汇市技术分析中比较常用的中短线指标。

(5)CR 指标,又称中间意愿指标,是分析汇市多空双方力量对比、把握买卖外汇时机的一种中长期技术分析工具。

(6)SAR 指标,又称抛物线指标或停损转向操作点指标,其全称叫"stop and reveres,缩写 SAR",是一种简单易学、比较准确的中短期技术分析工具。

(7)CCI 指标,又称顺势指标,其英文全称为"commodity channel index",是一种重点研判汇价偏离度的汇市分析工具。

(8)MTM 指标,又称动量指标,其英文全称是"momentom index",是一种专门研究汇价波动的中短期技术分析工具。

(9)BOLL 指标,又称布林线指标,其英文全称是"bolinger bands",是研判汇价运动趋势的一种中长期技术分析工具。

(10)TRIX 三重指数平滑移动平均指标,其英文全名为"triple exponentially smoothed average",是一种研究汇价趋势的中长期技术分析工具。

(11)DMI 指标,又称动向指标或趋向指标,其全称叫"directional movement index,简称 DMI",也是由美国技术分析大师威尔斯·威尔德(Wells Wilder)所创造的,是一种中长期汇市技术分析方法。

(12)OBV 指标,又称能量潮指标,是由美国股市分析家葛兰碧所创造的,是一种重点研判股市成交量的短期技术分析工具。

(13)MIKE 指标,又称麦克指标,其英文全称是"Mike base",是一种专门研究汇价各种压力和支撑的中长期技术分析工具。

(14)DMA 指标又称平行线差指标,是目前汇市分析技术指标中的一种中短期指标,它常用于大盘指数和货币对的研判。

(15)TAPI 是英文"total amount weighted stock index"的缩写,中文译名为"每一加权指数的成交值",是一种超短期汇市分析技术指标。

技术指标有许多,但交易者只需掌握若干常用的指标(一般 2~3 种)用于交易即可。本节先介绍 MACD 指标,后面几节将陆续介绍 KDJ 指标、BOLL 指标和 RSI 指标,这些指标常被更多的交易者采用。

一、MACD 基础知识

(一)MACD 指标含义

MACD 指标(moving average convergence and divergence)全称为指数平滑异同移动平均线,是从双移动平均线发展而来的,其原理是运用快速与慢速移动平均线聚合与分离的征兆功能,加以双重平滑运算用以判断汇价的买进与卖出时机和信号。MACD 是 Geral Appel 于 1979 年提出的,它是一项利用短期(常用为 12 日)移动平均线与长期(常用为 26 日)移动平均线之间的聚合与分离状况,对买进、卖出时机作出研判的技术指标。

MACD 是最经典、最常用的技术工具,MACD 将汇率的 12 周期和 26 周期的指数移动平均线的差值制成图表。原理是,当价格上升时,12 周期指数移动平均线比 26 周期均线上升更快,MACD 线因此显示为倾斜向上。反之,当价格下跌时,形态也随之反转。MACD 没有指标取值界限,但它一直围绕 0 轴震荡。当价格上升时,指标数值为正并随之增加;当价格下跌时,指标数值为绝对值不断增大的负值。一个简单应用 MACD 交易的规则是当数值由负值变为正值时买入,由正变负时卖出。因为 MACD 记录的是两条均线的差值,而不是均线本身,因此周期性的噪声可以被滤掉,防止交易者遭受双重损失。

(二)MACD 的三个参数

第一个数字用来设置快速移动平均线的周期;第二个数字用来设置慢速移动平均线的周期;第三个数字用来计算快慢移动平均线之间的平均距离。例如,将 MACD 的参数设置为"12,26,9",其涵义如下:12 代表快速移动平均线是前 12 日的移动平均线;26 代表慢速移动平均线是前 26 日的移动平均线;9 代表快慢移动平均线前 9 日的差距。

(三)MACD 的组成指标

MACD 主要是利用长短期的二条平滑平均线,计算两者之间的差离值,作为研判行情买卖之依据。MACD 指标是基于均线的构造原理,对价格收盘价进行平滑处理(求出算术平均值)后的一种趋向类指标。它主要由正负差(DIF)、异同平均数(DEA)和柱状线(BAR)三部分组成。其中,正负差是核心,DEA 是辅助。

DIF 是快速平滑移动平均线(EMA1)和慢速平滑移动平均线(EMA2)的差。DIFF线,即(Difference)收盘价短期、长期指数平滑移动平均线间的差,公式:DIFF＝当日离差＝短期(12 天)均线的平滑均价－长期(26 天)均线的平滑均价;或 DIF＝EMA(CLOSE,SHORT)－EMA(CLOSE,LONG);当均线以多头形式排列时,DIFF 会出现上涨,否则

将出现下跌。

DEA 线(Difference Exponential Average),即 DIFF 线的 M 日指数平滑移动平均线,DEA＝平均离差＝(9 天)当日离差的平滑均价。DIFF 本身就是 12 日平均减去 26 日平均所得的"值差",而 DEA 则是这个连续 9 日的这个"差值"的平均数(就是简单的算数平均数)。

BAR:MACD＝柱状线＝(当日离差－平均离差)×3;DIFF 线与 DEA 线的差,彩色柱状线。

参数:SHORT(短期)、LONG(长期)、M 天数,一般为 12、26、9。这里短期趋势指 12 天,长期趋势指 26 天。它们的每天当日离差平滑均价连成白线 DIFF,再将 9 天的当日离差平滑均价连成黄线 DEA。当 DIFF 金叉 DEA 线时说明第 12 天的平滑均价减去第 26 天的平滑均价的当日离差大于前 9 天的平滑离差,趋势转入多头行情;当 DIFF 死叉 DEA 线时说明第 12 天的平滑均价减去第 26 天的平滑均价的当日离差小于前九天的平滑离差,趋势转入空头行情。

Zero line:0 轴,由于 MACD 是用均线原理做出来的,因此多头排列与空头排列是确定多空趋势的根据。0 轴是多空平衡线,DIFF 和 DEA 在零轴上方是多头行情;在零轴下方是空头行情;在零轴附近是震荡盘整行情,也就是平衡市,平衡市是为突破后的单边市做前期准备工作。

MACD 实质是改良了的均线系统,经过多次平滑,淡化了单根 K 线的波动,指示了当前趋势方向,其主要特点是稳健性。这种不过度灵敏的特征对短线而言有过于缓慢的特点,不利于引导短线操作;但正是如此,MACD 可以过滤掉市场的无序噪声,使其在周期较大、K 线数目较多的行情中给出相对稳定的趋势指向。MACD 对趋势明显的市场行情发出的信号可靠性较高,而对盘整市场发出的信号可靠性较低。

二、MACD 运用技巧

(一)MACD 两大用法

顺势操作——金叉/死叉战法:就是追涨杀跌,在多头市场时金叉买入,在空头市场时死叉卖出。

逆市操作——顶底背离战法:就是逃顶抄底,在顶背离时做空,在底背离时做多。

(二)MACD 的基本应用原则

(1)当 DIF 和 DEA 处于 0 轴以上时,属于多头市场,DIF 线自下而上穿越 DEA 线时是买入信号。DIF 线自上而下穿越 DEA 线时,如果两线值还处于 0 轴以上运行,仅仅只能视为一次短暂的回落,而不能确定趋势转折,此时是否卖出还需要借助其他指标综合判断。

(2)当 DIF 和 DEA 处于 0 轴以下时,属于空头市场。DIF 线自上而下穿越 DEA 线时是卖出信号。DIF 线自下而上穿越 DEA 线时,如果两线值还处于 0 轴以下运行,仅仅只能视为一次短暂的反弹,而不能确定趋势转折,此时是否买入还需要借助其他指标综合判断。

(3)价格处于上升的多头走势,当 DIF 慢慢远离 DEA,造成两线之间乖离加大,多头应分批获利了结,可行短空。

(4)价格线呈盘局走势时,会出现多次 DIF 与 DEA 交错,可不必理会,但须观察扇形的乖离程度,一旦加大,可视为盘局的突破。

(5)顶背离:当汇价指数逐波升高,而 DIF 及 DEA 不是同步上升,而是逐波下降,与汇价走势形成顶背离,预示汇价即将下跌。如果此时出现 DIF 两次由上向下穿过 DEA,形成两次死亡交叉,则汇价将大幅下跌。

(6)底背离:当汇价指数逐波下行,而 DIF 及 DEA 不是同步下降,而是逐波上升,与汇价走势形成底背离,预示着汇价即将上涨。如果此时出现 DIF 两次由下向上穿过 DEA,形成两次黄金交叉,则汇价将大幅度上涨。

(7)柱状线收缩和放大:MACD 柱状图显示多/空力量的消长。MACD 柱状图的斜率与价格趋势保持相同的方向,趋势很安全。如果斜率方向不同于价格趋势,趋势很有疑问,应顺着 MACD 柱状图斜率的方向进行交易。一般来说,柱状线的持续收缩表明趋势运行的强度正在逐渐减弱,当柱状线颜色发生改变时,趋势确定转折。但在一些时间周期不长的 MACD 指标使用过程中,这一观点并不能完全成立。MACD 柱状图适用于任何的时间架构,越长时间架构的信号,它所代表的意义越重要。

①当 MACD 柱状图停止下降而回升,这是买进信号,建立多头部位,停损设在最近次要低点的下侧。

②当 MACD 柱状图停止上升而下滑,这是卖出信号,建立空头部位,停损设在最近次要高点的上侧。

③技术分析中最强烈的信号:如果 MACD 柱状图与价格发生背离,这代表主要的转折点。这类信号很少发生,但是一旦发生,经常会发展为主要的反转与新趋势的开始。

当价格创新高而 MACD 柱状图的头部下滑,这代表卖出信号,建立空头部位,停损设在最高点的上侧。当价格创新低而 MACD 柱状图底部垫高,这代表买入信号,建立多头部位,停损点设在最低点的下侧。如果 MACD 柱状图与价格之间的多头背离现象无效,则将被停损出场,继续观察,如果价格创新低而 MACD 柱状图出现第三个垫高的底部,这是"三重多头背离"——非常强烈的买进信号。在这种情况下,当 MACD 柱状图开始回升时,立刻进场买进。对于"三重空头背离",则采取相反的放空程序。

在涨势中,MACD 柱状图创新高,代表上升趋势很健康,下一波涨势可能重新测试或超越前一波的峰位。同理,在跌势中,MACD 柱状图创新低,代表空头劲道十足,可能重新测试或超越前一波的低点。

MACD 柱状图适用于任何的时间架构,周线、日线与盘中走势图。周线图信号的意义将大于日线图与盘中走势图。越长时间架构的信号,它所代表的意义越重要,这个原则适用于任何的技术指标。

(8)牛皮市道中指标将失真。当价格并不是自上而下或者自下而上运行,而是保持水平方向的移动时,该市场走势称之为牛皮市道,此时虚假信号将在 MACD 指标中产生,指标 DIF 线与 MACD 线的交叉将会十分频繁,同时柱状线的收放也将频频出现,颜色也常常会频繁转变,此时 MACD 指标处于失真状态,使用价值相应降低。

（三）MACD 指标的八种买入形态图解

MACD 指标中的 DIF 和 MACD、DIF 和 DEA 两线,按照其金叉时在零轴上、下的位置和金叉前是否发生过死叉、死叉发生的位置,有八种形态图形,它们分别是:佛手向上、小鸭出水、漫步青云、天鹅展翅、空中缆绳、空中缆车、海底电缆和海底捞月。

形态之一:佛手向上

从图 5-82 可以看出,DIFF 与 DEA 金叉后,随汇价的上行而上行,尔后,随汇价的回调而下行,当主力洗盘时,汇价回调,而 DIFF 线回调到 MACD 线附近时,DIFF 线反转向上,便形成了佛手向上的形态。

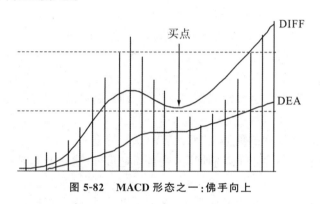

图 5-82 　 MACD 形态之一:佛手向上

形态之二:小鸭出水

图 5-83 所示,DIFF 线在 0 轴以下金叉 DEA 线以后,并没有上穿 0 轴或上穿一点就回到 0 轴之下,然后向下死叉 DEA,几天以后再次金叉 DEA 线,该形态为汇价在下跌探底之后,抛盘穷尽之时呈现的底部形态,应理解为见底反弹信号,可择机入市。

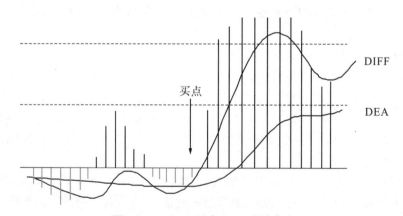

图 5-83 　 MACD 形态之二:小鸭出水

形态之三:漫步青云(见图 5-84)

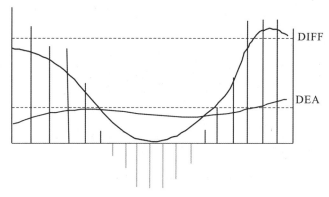

图 5-84 MACD 形态之三:漫步青云

漫步青云指的是 DIFF 线在 0 轴以上死叉 DEA 线,下穿 0 轴,然后在 0 轴或 0 轴以上金叉 DEA 线,该形态形成是汇价在探底回升途中做盘整,也有的是筑底形态,呈上攻之势,应理解为积极介入信号,应果断入市。

形态之四:天鹅展翅(见图 5-85)

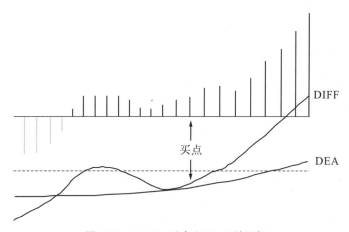

图 5-85 MACD 形态之四:天鹅展翅

天鹅展翅指的是 DIFF 线在 0 轴以下金叉 DEA 线,随后没有上穿 0 轴就回调,向 DEA 靠拢,MACD 红柱缩短,但没有死叉 DEA 就再次反转向上,同时配合 MACD 红柱加长,便形成天鹅展翅形态。该形态的形成多为底部形态,是汇价在下跌探底之后,抛盘穷尽之时呈现的底部形态,应理解为主力建仓区域,可择机介入。

形态之五:空中缆绳(见图 5-86)

空中缆绳指的是 MACD 指标中的 DIFF 线之前在 0 轴之下金叉 DEA 线,其后在 0 轴之上运行一段时间,当 DIFF 线调到 DEA 线的时候,两条线粘合成一条线,当它们再次分离多头散发的时候,形成买入时机,新的涨势开始。该形态的出现多为上档盘整和主力洗盘所为,汇价在上升途中做短暂的盘整后,呈现强势上攻形态,应理解为积极介入信号,

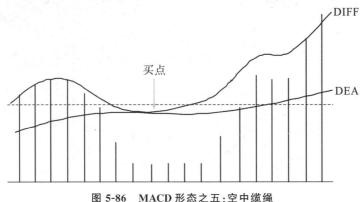

图 5-86　MACD 形态之五:空中缆绳

果断买入。

形态之六:空中缆车(见图 5-87)

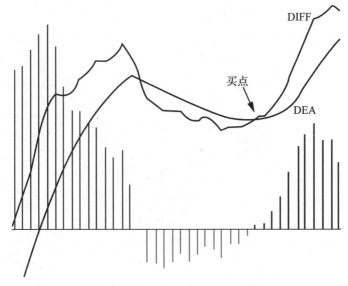

图 5-87　MACD 形态之六:空中缆车

空中缆车主要指 DIFF 线在 0 轴之上死叉 DEA 线,但不下穿 0 轴,过几天即再次在 0 轴以上金叉 DEA。该形态的出现多为上档盘整,主力洗盘所为,汇价做短暂的调整后,呈现强劲上升动力,可理解为积极介入信号,可果断买入,如能连续放量更可坚决看多。

形态之七:海底电缆(见图 5-88)

海底电缆是指 MACD 指标在 0 轴以下运行很长时间(一个月以上),DIFF 线金叉 DEA 线以后(0 轴以下金叉),两条线不是强劲上升,而是 DIFF 与 DEA 粘合成一条直线,数值几乎相等。一旦两条线开始多头发散,即可买入。0 轴以下的海底电缆形态的形成,多为汇价在下跌探底以后,抛盘穷尽时呈现的底部形态,这时主力介入,进入压箱底吸货所致,应理解为择机入市。

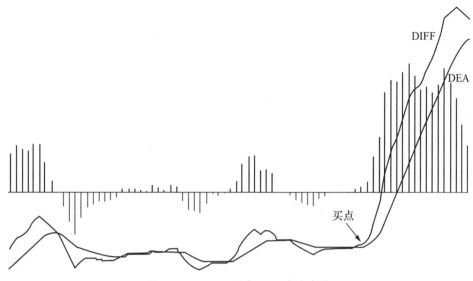

图 5-88 MACD 形态之七:海底电缆

形态之八:海底捞月(见图 5-89)

海底捞月指 DIFF 线在 0 轴以下产生二次金叉,表明该币种打底完成,开始走出底部,可以择机介入。

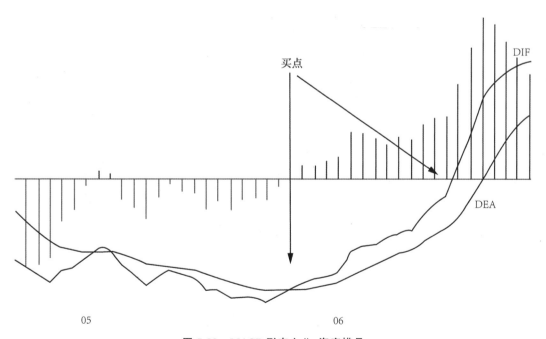

图 5-89 MACD 形态之八:海底捞月

(四)关于 MACD 的背离

MACD 指标的背离就是指 MACD 指标图形的走势正好和 K 线图的走势方向相反。MACD 指标的背离分为顶背离和底背离。

1.顶背离(见图 5-90)

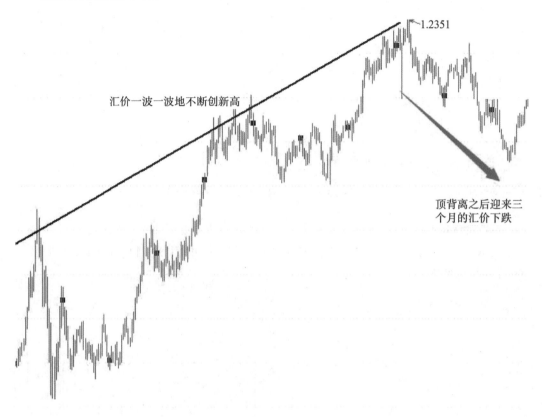

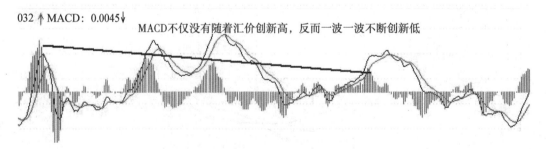

图 5-90　欧美货币对 2020 年 2 月底至 12 月底出现的顶背离走势

当汇价 K 线图上的外汇走势一峰比一峰高,汇价一直在向上涨,而 MACD 指标图形上由红柱构成的图形走势却一峰比一峰低,即当汇价的高点比前一次的高点高,而 MACD 指标的高点比指标的前一次高点低,这叫顶背离现象。顶背离现象一般是汇价在高位即将反转转势的信号,预示着汇价将会反转下跌,为卖出信号。

2.底背离(见图5-91)

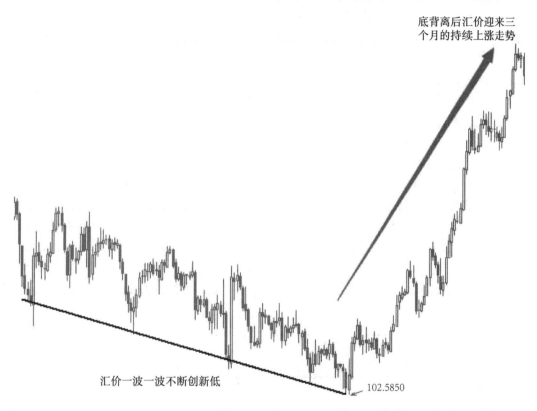

底背离后汇价迎来三个月的持续上涨走势

汇价一波一波不断创新低

102.5850

: 0.1325 ↓

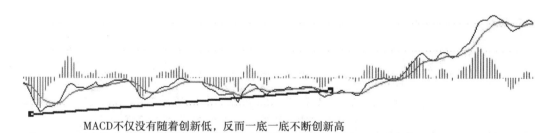

MACD不仅没有随着创新低,反而一底一底不断创新高

图5-91 美日货币对2020年7月底至2021年1月初出现的底背离走势

底背离一般出现在汇价的低位区。当汇价K线图上汇价还在下跌,而MACD指标图形上由绿柱构成的图形走势是一底比一底高,即当汇价的低点比前一次低点低,而指标的低点却比前一次的低点高,这叫底背离现象。底背离现象一般是预示汇价在低位可能反转向上的信号,预示汇价短期内可能反弹,是短期买入外汇的信号。

在实践中,MACD指标的背离一般出现在强势行情中比较可靠,汇价在高价位时,通常只要出现一次背离的形态即可确认汇价即将反转,而汇价在低位时,一般要反复出现几次背离后才能确认。因此,MACD指标的顶背离研判的准确性要高于底背离,这点大家要加以留意。

实操中,背离与其他一些指标综合运用,构成经典战法,在交易中可以增加胜算。

顺势背离:顺势背离是指在多头趋势中寻找底背离,在空头趋势中寻找顶背离,运用逆小势顺大势的原则方法获利要比单纯地抄顶抄底更胜一筹。

缩量背离:在多头的顶部出现了背离的同时伴随缩量,可以准备做空;反过来在空头的底部出现缩量现象而做多要比直接抄顶和抄底的成功率更高,而且这种情况的背后通常是以巨量释放的结果展现,很容易获得大好行情。

双峰背离:大周期出现了顶背离+末端的小周期再次出现了顶背离,双重确定了顶部卖空。

顺势缩量背离:就是在顺大势逆小势的同时有缩量现象,进一步加强顶底信号。

双峰缩量背离:在大周期上出现了双峰背离的同时,末期出现缩量现象更加强了顶部或底部的确定性。

顺势双峰背离:顺大趋势逆小趋势的同时,在大周期上已经出现过一次背离了,而且在小周期上再次出现背离。

背离的实质是主力资金已经无力或者无心再次大幅度拉升或者打压,很有可能是诱多或诱空行情。周线或者更大级别的顶底背离有效性更高,级别越小有效性越低。以上方法可以在实操中灵活运用。

第五节　技术指标 KDJ 分析法

一、KDJ 基础知识

(一)含义

KDJ 全名为随机指标(stochastics),由 George Lane 所创,其综合动量观念,强弱指标及移动平均线的优点,早年应用在期货投资方面,功能颇为显著,目前为汇市中最常用的指标之一。在图表上采用 K 和 D 两条线,在设计中综合了动量观念、相对强弱指数和移动平均线的一些优点,在计算过程中主要研究高低价位与收盘价之间的关系,也就是通过计算当天或最近几天的最高价、最低价以及收盘价等价格波动的真实波幅,反映价格走势的强弱和超买超卖现象。KDJ 指标可以用于确认趋势在哪里结束,市场会在哪里出现过度买入和过度卖出的情况。

(二)构成

K 线:是快速确认线——数值在 90 以上为超买,数值在 10 以下为超卖;

D 线：是慢速主干线——数值在 80 以上为超买，数值在 20 以下为超卖；

J 线：为方向敏感线，当 J 值大于 100，特别是连续 5 天以上，汇价至少会形成短期头部，反之 J 值小于 0 时，特别是连续数天以上，汇价至少会形成短期底部。

二、KDJ 指标运用技巧

（1）当 K 值由较小逐渐大于 D 值，在图形上显示 K 线从下方上穿 D 线，显示目前趋势是向上的，所以在图形上 K 线向上突破 D 线时，即为买进的信号。

实战时当 K、D 线在 20 以下交叉向上，此时的短期买入信号较为准确；如果 K 值在 50 以下，由下往上接连两次上穿 D 值，形成右底比左底高的"W 底"形态时，后市汇价可能会有较大的涨幅。

（2）当 K 值由较大逐渐小于 D 值，在图形上显示 K 线从上方下穿 D 线，显示目前趋势是向下的，所以在图形上 K 线向下突破 D 线时，即为卖出的信号。

实战时当 K、D 线在 80 以上交叉向下，此时的短期卖出信号较为准确；如果 K 值在 50 以上，由上往下接连两次下穿 D 值，形成右头比左头低的"M 头"形态时，后市汇价可能会有较大的跌幅。

（3）通过 KDJ 与汇价背离的走势，判断汇价顶底也是颇为实用的方法。

①汇价创新高，而 K、D 值没有创新高，为顶背离，应卖出；

②汇价创新低，而 K、D 值没有创新低，为底背离，应买入；

③汇价没有创新高，而 K、D 值创新高，为顶背离，应卖出；

④汇价没有创新低，而 K、D 值创新低，为底背离，应买入。

需要注意的是 KDJ 顶底背离判定的方法，只能和前一波高低点时 K、D 值相比，不能跳过去相比较。

三、KDJ 指标钝化的应对技巧

（一）KDJ 指标的钝化现象（见图 5-92、图 5-93）

KDJ 指标是一个短线指标，在设计过程中主要研究最高价、最低价和收盘价之间的关系，同时也融合了动量观念、强弱指标和移动平均线的一些优点，与其他指标比照，KDJ 指标的重要特点是波动速度快、反应敏感，能够比较迅速、快捷、直观地研判行情。因而，KDJ 指标比 RSI 指标的准确率更高，能够在短期内给出明确的买入和卖出信号，适合中短期交易的投资者，被称为"短线交易神器"。但也正是因为过于敏感，KDJ 指标也存在明显缺陷，即在极强势的多头或者空头市场上（单边上升行情或单边下跌行情时），由于极端行情的影响，再加上指标算法的限制，会导致该指标失灵。K、D 值容易在高位或者低位形成钝化现象，即价格在持续上涨或者下跌时，K、D 值变化都不大。这时候还按照黄金交叉或死亡交叉战法，将会造成行情刚启动，KDJ 指标已在高位发出卖出信号，如果按信号操作，将丢失一个主升段行情；行情刚下跌，KDJ 在低位发出黄金交叉，如果进场将

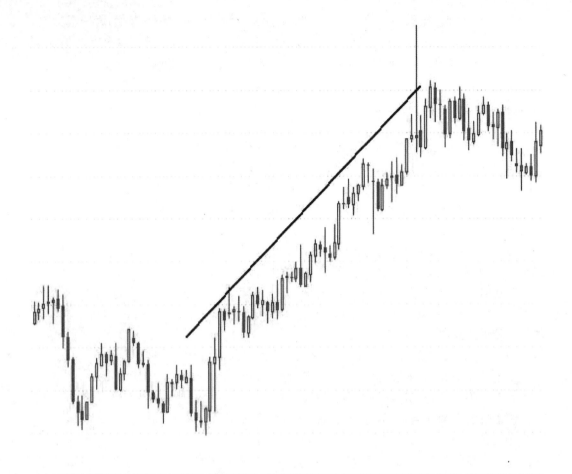

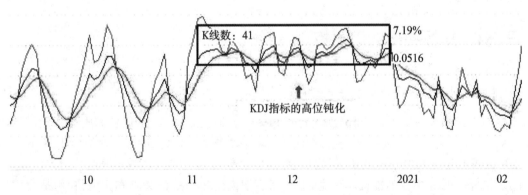

图 5-92　澳美货币对 2020 年 10 月底至 2020 年 12 月底出现的 KDJ 高位钝化走势

被套牢,而且损失将非常大,因为 KDJ 指标可以在低位钝化了再钝化,汇价下跌不止,使
按此操作的投资者损失惨重。

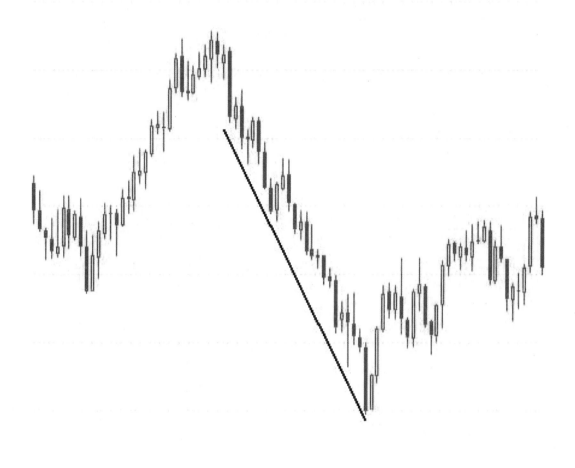

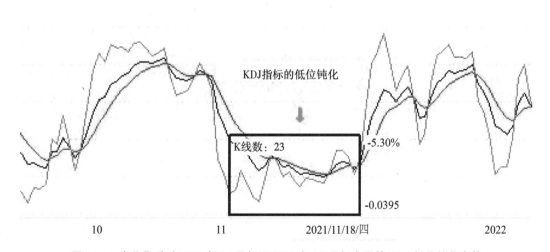

图 5-93　澳美货币对 2021 年 11 月初至 2021 年 12 月初出现的 KDJ 低位钝化走势

(二)KDJ 指标钝化的应对技巧

长期以来,专业人士研究了多种解决 KDJ 钝化的方法,具体如下。

1.放大法

鉴于 KDJ 指标非常敏感,易发出错误信号,误导投资者,使其操作失误。因此可以放大一级来确认信号的可靠性,会带来较好的效果。常见的是采用长周期的 KDJ 指标消除日 KDJ 指标钝化现象,比如在日 K 线图上产生 KDJ 指标的低位黄金交叉,可以把它放大至周线图上看,如果在周线图上也是在低位产生黄金交叉,则该信号可靠性强,可以大胆操作;如果周线图上显示的是在下跌途中,那么日线图上的黄金交叉可靠性不强,此时可以采用观望的方法。

2.形态法

因为 KDJ 指标的敏感经常发出超前信号,因此可以通过 KDJ 指标的形态帮助找出正确的买点和卖点,比如在较弱的行情下,KDJ 指标在低位形成 W 底、三重底或头肩底等底部形态时再进场;在较强的行情下,KDJ 指标在高位形成 M 头、头肩顶等顶部形态时,其可靠性将加强。

3.数浪法

KDJ 指标和数浪相结合,是一种比较有效的方法。依照波浪理论,在 K 线图上,上升形态的浪形包括了一浪、三浪、五浪。当行情处于筑底结束,开始上升,形成上升第一子浪时,若 KDJ 指标发出死亡交叉的信号,可以忽略,此时大概率是一个错误信号或是骗线信号;当行情运行到第三子浪时,此时应加大对卖出信号的重视程度;当行情运动至明显的第五子浪时,若 KDJ 指标给出死叉等卖出信号,宜坚决多单平仓或做空。这时候 KDJ 指标给出的信号通常将是非常准确的信号。

4.趋势线法

在汇价进入一个极强的市场或极弱的市场时,汇价会形成单边上升走势和单边下跌走势;在单边下跌走势中,KDJ 指标会多次发出买入信号或低位钝化,投资者按买入信号操作了,将被过早套牢,有的本在极低的价位进货的,结果汇价继续下跌,低了还可以更低。如果要有效解决这个问题,可以在 K 线图上加一条下降趋势线,在汇价没有打破下跌趋势线前,KDJ 发出的任何一次买入信号,都将不考虑,只有当汇价打破下降趋势线后,再开始考虑 KDJ 指标的买入信号;在单边上升的走势中,市场走势极强,汇价会经常在高位发出卖出信号,按此信号操作者将丢失一大段行情,因此可以在日 K 线上加一条上升趋势线,在汇价未打破上升趋势线前,不考虑 KDJ 指标给出的卖出信号,当汇价一旦打破上升趋势线,KDJ 给出的卖出信号,将坚决执行。

当然以上方法并不能彻底消除 KDJ 指标的钝化现象,实战中最好将若干技术指标结合运用。

四、KDJ 背离陷阱

(一)KDJ 顶背离陷阱

KDJ 指标出现顶背离,一般情况下意味着价格上涨的动力不足,即将见顶回落,但有时却仅仅以横向盘整或略有回落完成 KDJ 的小幅回调,之后重新上升,就会形成技术上的空头陷阱,这就是 KDJ 顶背离陷阱。

这种情况下,顶背离没有引发市场的短线抛压,当然就不会扭转价格原有的上升趋势,仅仅是延缓行情上升的速度而已。当其技术调整到位后,新一轮上升行情自然水到渠成。

顶背离陷阱的判断依据:当 KDJ 指标下滑后重新上升,突破 KDJ 背离的两高点连线所形成的压力线时,便可确定顶背离陷阱。此时可大胆介入,以短线为主。如果 KDJ 在回落过程中,K、D 值跌破 50,那么顶背离陷阱存在的可能性就大大减少了,应引起特别注意。

(二)KDJ 底背离陷阱

价格在 KDJ 出现底背离后并没有出现见底反弹或反转,反而一跌再跌,不断创出新低,形成技术上的多头陷阱,这就是底背离陷阱。

底背离陷阱并非价格不反弹,而是在其后的一段时期内反弹的高度有限,而后重新陷入漫漫熊途。据统计,底背离陷阱下跌幅度约在 10%～30%,平均约为 15%。因此在实战中应特别注意,认真识别底背离与顶背离陷阱。

第六节　技术指标 RSI 分析法

一、RSI 指标概述

(一)含义及原理

相对强弱指标(RSI),即"relative strength index",是由 Wells Wider 创制的一种通过特定时期内汇价的变动情况计算市场买卖力量对比,判断汇价内部本质强弱、推测价格未来的变动方向的技术指标。

RSI 的原理简单来说是以数字计算的方法求出买卖双方的力量对比,譬如有 100 个人面对一件商品,如果 50 个以上的人要买,竞相抬价,商品价格必涨;相反,如果 50 个以上的人争着卖出,价格自然下跌。因此 RSI 指标范围介于 0～100,多在 30～70 变动,通常指标值大于 80 被认为市场已处于超买状态(overbought),市场价格大概率会回落调整;当指标值跌至 20 以下则被认为是超卖(oversold),行情容易反弹。

(二)公式推导

相对强弱指标(RSI)＝(N日内上涨总幅度平均值/N日内上涨总幅度和下跌总幅度平均值)×100%

一般短期 RSI 设 N＝6,长期 RSI 设 N＝12。RSI 值永远在 0～100 之内变动。

二、RSI 指标运用技巧

(一)RSI 的一般研判标准

RSI 的研判主要是围绕 RSI 的取值、长期 RSI 和短期 RSI 的交叉状况及 RSI 的曲线形状等展开的。一般分析方法主要包括 RSI 取值的范围大小、RSI 数值的超卖超买情况、长短期 RSI 线的位置及交叉等方面。

1.RSI 取值的大小

RSI 的变动范围在 0～100,强弱指标值一般分布在 20～80。

RSI 值	市场特征	投资操作
80～100	极强	卖出
50～80	强	买入
50 左右	整理状态	观望
20～50	弱	卖出
0～20	极弱	买入

这里的"极强""强""弱""极弱"只是一个相对的分析概念,是一个相对的区域。有的投资者也可把它们取值为 30、70。另外,对于所取的 RSI 参数的不同以及不同的币种,RSI 的取值大小的研判也会不同。

2.RSI 数值的超买超卖

一般而言,RSI 的数值在 80 以上和 20 以下为超买超卖区的分界线。

(1)当 RSI 值超过 80 时,则表示整个市场力度过强,多方力量远大于空方力量,双方力量对比悬殊,多方大胜,市场处于超买状态(overbought),后续行情有可能出现回调或转势,此时投资者可卖出。

(2)当 RSI 值低于 20 时,则表示市场上卖盘多于买盘,空方力量强于多方力量,空方大举进攻后,市场下跌的幅度过大,已处于超卖状态(overbought),汇价可能出现反弹或转势,投资者可适量做多建仓。

一般而言,RSI 的数值在 80 以上和 20 以下为超买超卖区的分界线。但有时在特殊的涨跌行情中,RSI 的超买超卖区的划分要视具体情况而定。比如,在牛市中,超买区可定为 90 以上,而在熊市中,超卖区可定为 10 以下(对于这点是相对于参数设置小的 RSI 而言的,如果参数设置大,则 RSI 很难到达 90 以上和 10 以下)。

3.长短期 RSI 线的交叉情况

短期 RSI 是指参数相对小的 RSI,长期 RSI 是指参数相对大的 RSI。比如,6 日 RSI 和 12 日 RSI 中,6 日 RSI 即为短期 RSI,12 日 RSI 即为长期 RSI。长短期 RSI 线的交叉情况可以作为我们研判行情的方法。

(1)当短期 RSI>长期 RSI 时,市场则属于多头市场;

(2)当短期 RSI<长期 RSI 时,市场则属于空头市场;

(3)当短期 RSI 线在低位向上突破长期 RSI 线时,一般为 RIS 指标的"黄金交叉",为买入信号;

(4)当短期 RSI 线在高位向下突破长期 RSI 线时,一般为 RSI 指标的"死亡交叉",为卖出信号。

(二)RSI 的特殊分析方法

1.RSI 指标的曲线形态

当 RSI 指标在高位盘整或低位横盘时所出现的各种形态也是判断行情、决定买卖行动的一种分析方法。

——当 RSI 曲线在高位(50 以上)形成 M 头或三重顶等高位反转形态时,意味着汇价的上升动能已经衰竭,汇价有可能出现长期反转行情,投资者应及时做出相应交易策略:逢高平掉多仓或者建立空头仓位。如果汇价走势曲线也先后出现同样形态则更可确认,汇价下跌的幅度和过程可参照 M 头或三重顶等顶部反转形态的研判。

——当 RSI 曲线在低位(50 以下)形成 W 底或三重底等低位反转形态时,意味着汇价的下跌动能已经减弱,汇价有可能构筑中长期底部,投资者应及时做出相应交易策略:逢低平掉空仓或者建立多头仓位。如果汇价走势曲线也先后出现同样形态则更可确认,汇价上涨的幅度及过程可参照 W 底或三重底等底部反转形态的研判。

——RSI 曲线顶部反转形态对行情判断的准确性要高于底部形态。

2.RSI 指标的背离

RSI 指标的背离是指 RSI 指标曲线的走势和汇价 K 线图走势方向正好相反。RSI 指标的背离分为顶背离和底背离两种。

(1)顶背离(见图 5-94)

当 RSI 处于高位,但在创出 RSI 近期新高后,反而形成一峰比一峰低的走势,而此时 K 线图上的汇价却再次创出新高,形成一峰比一峰高的走势,这就是顶背离。顶背离现象一般是汇价在高位即将反转的信号,表明汇价短期内即将下跌,是卖出信号。

在实际走势中,RSI 指标出现顶背离是指汇价在进入拉升过程中,先创出一个高点,RSI 指标也相应在 80 以上创出新的高点,之后,汇价出现一定幅度的回落调整,RSI 也随着汇价回落走势出现调整。但是,如果汇价再度向上并超越前期高点创出新高时,RSI 则随着汇价上扬也反身向上,不过没有冲过前期高点就开始回落,此时就形成 RSI 指标的顶背离。RSI 出现顶背离后,汇价见顶回落的可能性较大,是比较强烈的卖出信号。RSI 指标的 M 形走向是超买区常见的见顶形态。

顶背离现象一般是汇价在高位即将反转的信号,表明汇价短期内下跌概率较高,是卖

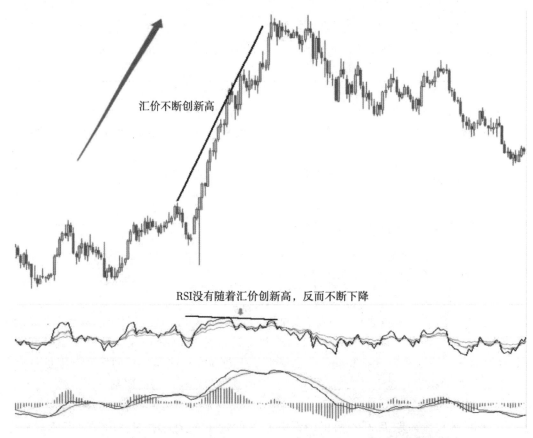

汇价不断创新高

RSI没有随着汇价创新高，反而不断下降

图 5-94 美日货币对 2016 年 10 月底至 2016 年 12 月中出现的 RSI 高位背离走势

出信号。

(2)底背离(见图 5-95)

RSI 的底背离一般是出现在 20 以下的低位区。当 K 线图上的汇价一路下跌,形成一波比一波低的走势,而 RSI 线在低位却率先止跌企稳,并形成一底比一底高的走势,这就是底背离。底背离现象一般预示着汇价短期内可能反弹,是短期买入的信号。

与 MACD、KDJ 等指标的背离现象研判一样,在 RSI 的背离中,顶背离的研判准确性要高于底背离。当汇价在高位,RSI 在 80 以上出现顶背离时,可以认为汇价即将反转向下,是比较好的卖点;而汇价在低位,RSI 也在低位出现底背离时,一般要反复出现几次底背离才能确认,因此投资者只能做战略建仓或做短期投资。

实战中运用 RSI 背离还要注意以下几点:

——善用 RSI 背离能在一定程度上克服 RSI 指标钝化现象导致的亏损,然而当背离失效时也切勿贸然追单。

——在 RSI 的背离中,M 形顶背离的研判准确性要高于 W 形底背离。RSI 指标 W 形底背离,通常要反复出现几次底背离才能确认,所以应该尽量多选择 M 形顶背离交易。

——一般来说长周期时间的背离参考性会高于短周期时间的背离。

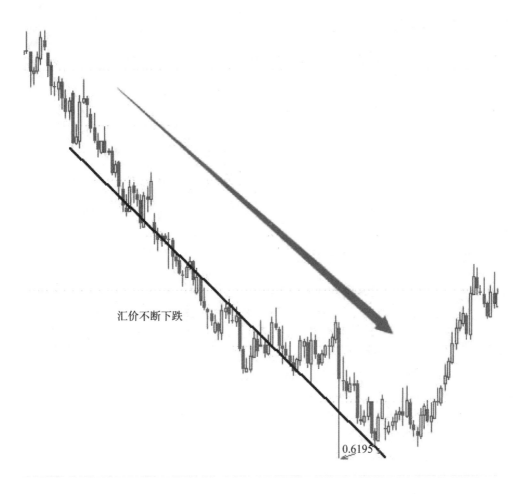

汇价不断下跌

0.6195

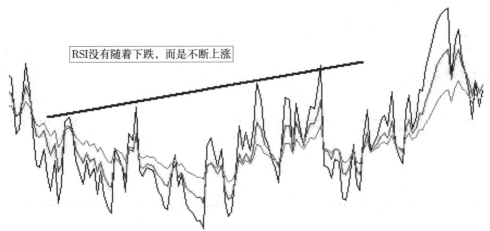

RSI没有随着下跌，而是不断上涨

图 5-95　纽美货币对 2015 年 5 月初至 2015 年 9 月初出现的 RSI 低位背离走势

第七节 技术指标 BOLL 分析法

一、BOLL 指标基础知识

布林线指标(BOLL),也可以叫布林带或布林通道,是由约翰·布林格创造的最经典的技术指标之一。一般情况下,汇价总是围绕着某一个价值中枢上下波动,这个价值中枢可以是均线,也可以是成本线等,布林线指标就是建立在这一原理之上。

(一)构成

布林线指标由上、中、下三条轨道线所组成,其中上轨(up 线)、下轨(down 线)位于通道的最外面,分别是该趋势的压力线与支撑线;中间那条即中轨,为价格的平均线。多数情况下,价格总是在由上下轨道组成的带状区间内运行且随着价格的变化自动调整轨道的位置。从带状的宽度可以看出价格变动的幅度,越宽表示价格的变动越大。与 RSI 等技术指标类似,布林线可根据价格所处的布林通道内的位置评估汇价走势的强弱。当汇价位于布林线中轨之上时,趋势偏强;处于布林线中轨之下时,趋势偏弱。上轨和下轨为布林线指标的两极,表示趋势的极强和极弱。

布林带的设定方法比较简单,一般中轨取一个中期的移动平均线,默认参数为 20 天,上轨道的取值为移动平均线加上 2 倍的标准差,下轨道的取值为移动平均线减去 2 倍的标准差。

(二)功能

布林线具备多种功能,使用起来非常有效方便,一旦掌握,信号明确,使用灵活,颇受青睐,是外汇市场上最常用的技术指标之一。其功能包括:

1.可以指示支撑和压力位置;

2.可以显示超买、超卖;

3.可以指示趋势;

4.具备通道作用。

(三)BOLL 指标基本技巧与策略

1.价格线与布林带三轨穿越情况

——价格由下向上穿越下轨时,可视为买进信号。

——价格由下向上穿越中轨时,有可能加速上行,是加仓买进的信号。

——价格在中轨与上轨之间波动运行时为多头市场,可持有或加码。

——价格长时间在中轨与上轨间运行后,由上往下跌破中轨,为卖出信号。

——价格在中轨与下轨之间向下波动运行时为空头市场,可抛出。

——当汇价向上穿越上轨时,将形成短期回档,为短线的卖出时机。

——当汇价向下穿越下轨时,将形成短期反弹,为短线的买进时机。

2.价格线与布林带三轨之间的关系

——当价格运行在 BOLL 中轨和上轨之间的区域时,只要价格不跌破中轨,说明市场处于多头行情中,此时交易策略主要为逢低点做多。

——当价格运行在 BOLL 中轨和下轨之间的区域时,只要价格不升破中轨,说明市场处于空头行情中,此时交易策略主要为逢高点做空。

——当价格沿着 BOLL 上轨运行时,市场为单边上涨行情,该情况下一般为爆发性行情,持有多单的一定要守住,只要价格不脱离上轨区域就耐心持有。

——当价格沿着 BOLL 下轨运行时,市场为单边下跌行情,该情况一般为一波快速下跌行情,持有的空单只要价格不脱离下轨,要做的也是耐心持有。

——当价格运行在 BOLL 中轨区域时,市场表现为震荡行情,市场会在此区域上下震荡。该行情对于做趋势的朋友杀伤力最大,往往会出现左右挨耳光的亏损现象。此时应采取的交易策略是空仓观望,回避这一段震荡行情。

3.布林线的带状区及其开口与收口

——当布林线的带状区呈水平方向移动时,可视为处于"常态范围"中;如果带状区朝右上方或右下方移动,则属于脱离常态,有特别的意义。

——布林带变窄时,激烈的价格波动随时可能产生。汇价经历过一段剧烈的波动之后,会逐渐趋于平缓,多空两方的力量需要重新思考、整理、角力,在双方都处于犹豫不决时,汇价进入沉闷时刻,促使布林线的上轨和下轨越来越靠近,越来越狭窄,这种情形是"暴风雨前的宁静",要小心。

——BOLL 通道的缩口状态。当价格经过一段时间的上涨和下跌后,会在一个范围内进入震荡休整,震荡的价格区域会越来越小,BOLL 通道表现为上、中、下三个轨道缩口。此状态为大行情来临前的预兆。此时采取的交易策略应是空仓观望休息。

——BOLL 通道缩口后的突然扩张状态。当行情在 BOLL 通道缩口状态下经过一段时间的震荡整理后,BOLL 通道会突然扩张,这意味着一波爆发性行情已经来临,从此之后行情便会进入单边行情。在此情况下可以积极调整自己的仓位,顺应行情建仓。

——BOLL 通道中的假突破行情。当 BOLL 通道经过缩口后在一波大行情来临之前,往往会出现假突破行情,这是主力在发力前制造的一个陷阱,即常说的"空头陷阱"或"多头陷阱",应该警惕该情况的出现。

布林通道线是根据统计学中的标准差原理设计出来的一种相对比较实用的技术指标。参考布林线进行买卖,不仅能指示支持、压力位,显示超买、超卖区域,进而指示运行趋势,还能有效规避主力惯用的技术陷阱——诱多或诱空,操作的胜率远高于 KDJ、RSI甚至 MACD 等技术手段,尤其适用于波段操作,巧用布林线买卖有可能避开主力利用一些常用技术指标诱多或者诱空的陷阱。

二、BOLL 指标使用详解

(一)BOLL 指标支撑与阻力作用(见图 5-96)

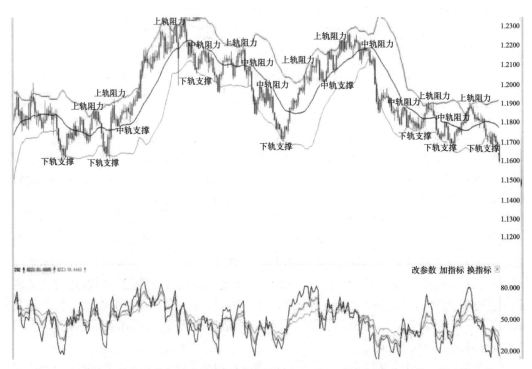

图 5-96　BOLL 指标支撑与阻力作用:欧美货币对 2020 年 9 月中旬至 2021 年 9 月底的走势

(1)当外汇价格在上轨和中轨之间运行时,表示汇价处于强势状态,可以择机做多,一般来说,当汇价到达中轨时会得到支撑,此时是较好的做多机会;当汇价运行于中轨和下轨之间时,表示行情处于弱势状态,当汇价反弹至中轨附近时会受到阻力,是比较好的做空机会。

(2)布林线的上轨和下轨分别对汇价构成压力和支撑作用,因此当汇价到达上轨时,或是突破上轨后又再次回落到上轨下方,此时表明汇价到达阶段性顶部,应该平掉多头仓位;当汇价跌到布林线下轨附近或跌破下轨后又重新回到下轨上方,此时表示阶段性底部形成,应该平掉空头仓位。

(二)BOLL 指标的开口与收口

布林线的收口和张口在实操中非常关键,初学者要特别重视。

1.布林线开口与收口概念及图示(见图 5-97)

布林线开口:上轨向上,下轨向下,中轨既可向上也可向下(中轨向上预示着汇价将单边上涨,如图 5-97 中的左开口;中轨向下预示汇价将单边下跌,如图 5-97 中的右开口)。

图 5-97　布林线开口与收口

BOLL 线上、下轨之间的形状就形成了一个类似于大喇叭的特殊形态。我们把BOLL 线的这种喇叭口称为开口型喇叭口。

布林线收口：上轨向下，下轨向上，中轨走平，上轨和下轨靠近，通道呈现收缩状态。

2.布林线开口与收口的形成原因

当多空双方达到暂时平衡时，布林线的上轨和下轨靠近，形成收口；一旦布林线的上轨和下轨靠得非常近，往往预示着汇价的运行将变盘。而一旦市场上的多方(空方)力量聚集到一定程度后，多方(空方)将占据绝对优势，多方(空方)把汇价拉高(打低)时，布林线的上轨和下轨会被强行分开，这一过程就表现为在上升(下降)过程中的布林线的放大张口。在上述位置投资者将面临买入、持有、卖出的重大决策。

3.布林线开口与收口的实战作用

开口与收口体现为布林线的扩张与收缩。收缩是扩张的开始，或者说要扩张就必须要先收缩。收口预示着旧趋势的结束和新趋势的开始；开口预示着汇价即将暴涨或暴跌。一般而言，布林线开口预示着一波行情的到来，布林线收口则表明行情进入盘整周期，因此布林线开口与收口具有很强的实战价值。

布林线开口实战作用：

——当汇价由低位向高位经过数浪上升后，布林线上轨(最上压力线)和下轨(最下支撑线)开口达到了极大程度，且开口不能继续放大转为收缩时，此时是卖出信号，通常汇价紧跟着是一轮大幅下跌或调整行情。

——当汇价经过数浪大幅下跌，布林线上轨和下轨的开口不能继续放大，布林线上轨提前由上向下缩口，等到布林线下轨随后由下向上缩口时，一轮跌势将告结束。

布林线收口实战作用：

——经过数波下跌后，随后常会转为较长时间的窄幅整理，此时布林线的上轨和下轨空间极小，愈来愈窄，愈来愈近。盘中显示的最高价和最低价差价极小，短线没有获利空

间,经常是连手续费都挣不到,盘中交易不活跃,成交量稀少,该缩口预示着一波行情可能正在酝酿中,一旦成交量增大,汇价上升,布林线开口扩大,上升行情宣告开始。

——如布林线在高位开口极度缩小,一旦汇价向下破位,布林线开口放大,一轮跌势将不可避免。

(三)BOLL 指标喇叭口形态

所谓布林线"喇叭口"是指在汇价运行的过程中,布林线的上轨线和下轨线分别从两个相反的方向与中轨线大幅扩张或靠拢而形成的类似于喇叭口的特殊形状。

布林线 BOLL 指标的使用方法和喇叭口形态的用法主要是依据布林线上、中、下轨三条线的方向走势判断汇价走势的一种方法,可以分为三种情况:开口型喇叭口、缩口型喇叭口、紧口型喇叭口。

第一种:开口型喇叭口——加速上涨阶段(见图 5-98)

图 5-98　美元指数 2022 年 2 月下旬所形成的布林带开口型喇叭口

当汇价经过长时间整理后,布林线上下轨逐渐收缩,此时行情突然爆发,布林线上轨急速上扬,而下轨则加速下跌,两者之间的形态称之为开口型喇叭口,该喇叭口与前述布林线的开口紧密相关,常出现在暴涨行情启动的初期,是短线买入信号,汇价只要在布林线中轨上方运行就可以继续持有。

第二种:收口型喇叭口——加速下跌阶段(见图 5-99)

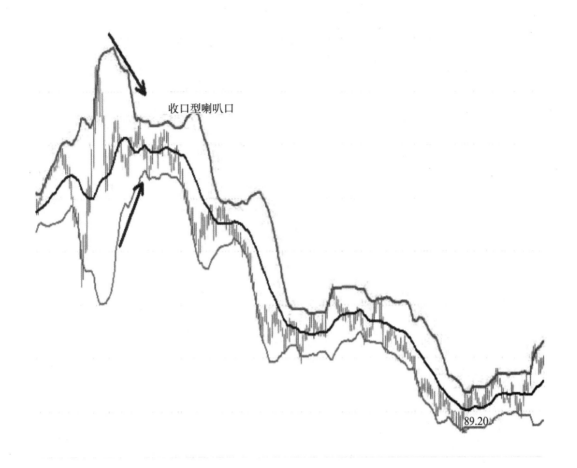

收口型喇叭口

89.20

图 5-99　美元指数 2020 年 4 月初所形成的布林带收口型喇叭口

收口型喇叭口刚好与开口型喇叭口相反,经常发生在汇价暴跌初期,价格经过短时间的快速拉升后,布林线上下轨逐渐扩张,上下轨的距离越来越大,随着成交量的逐步减少,汇价在高位出现急速下跌的行情,这时布林线的上轨开始急速掉头向下,而下轨线还在加速上升。这就是收口喇叭,该喇叭口与前述布林线的收口紧密相关。

缩口型喇叭的形成至少意味着汇价进入下跌趋势,一旦大阴线有效跌破中轨,则对下跌行情构成有效确认,可以依据该下跌趋势做单。

第三种:紧口型喇叭口——横盘筑底阶段(见图 5-100)

这种喇叭口常出现在长期下跌行情末期,汇价经过长时间的下跌横盘,布林线上下轨向中轨逐渐靠拢,随着价格在低位反复震荡,布林线上轨还在向下,下轨却在缓慢上爬,此时意味着调整将近尾声,后市看涨,可以及时关注加仓。

在实战中,布林线指标是一个非常好用的指标,尤其是布林线上下轨对汇价的阻力和支撑作用通常都很明显,可以作为明确的进出场依据。另外,投资者可以将布林线指标与其他常规指标结合使用,效果更加。

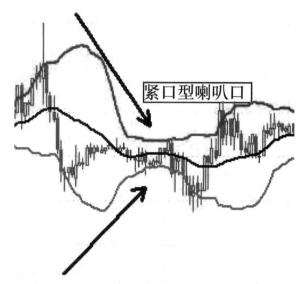

图 5-100　紧口型喇叭口

(四)布林线四大运行状态及止损技巧

从以上内容可以看出,布林线指标很简单,就是三条线,但是简简单单的三条线却能清晰地表现当前的市场是上涨还是下跌,或是即将进入震荡状态,还是行情即将来临,都很直观。这里再谈谈布林线上中下轨的四大运行状态及止损技巧。

1.布林线的四个状态及其状态转换

布林线中轨有方向,上下轨也有,根据布林线三轨方向的表现,归结出四个不同的状态,即开口、收口、三轨同向和走平(见图 5-101)。

趋势和震荡可以用来描述市场所处的状态,如果用布林线的状态来描绘市场,收口和走平可以归结为震荡市场,开口和三轨同向可以归结为趋势市场。市场总是围绕这四个状态重复运行,周而复始。如果我们能洞悉这四个状态的转换规律,就能预测市场的下一步走势。

行情总是涨涨停停,布林线四大状态之间的转换关系和衔接关系如下:当布林线开口之后,市场总要进行修正整理,这就是收口。当布林线收口后,中轨如能提供支撑或阻力,行情继续运行;如果中轨不能有效地提供支撑或阻力,那么价格会围绕中轨展开震荡整理,继续收口,直至走平。

2.布林线四大运行状态及止损技巧

(1)开口及止损技巧

开口代表着行情快速展开,止损可以设在中轨略上方处。

(2)收口及止损技巧

当布林线指标进入收口阶段后,之前的行情走势暂时告一段落,行情将进入反转阶段

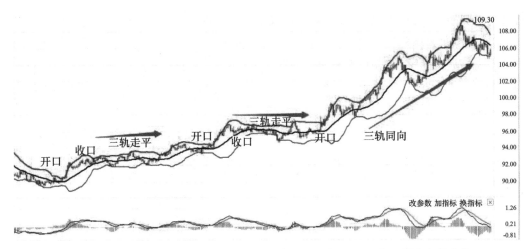

图 5-101 布林线三轨方向:美元指数 2021 年 5 月下旬至 2022 年 8 月中旬的走势

或暂时回调,如果拥有仓位,建议平掉一半仓位。若后市再度突破中轨,平掉全部仓位为佳。布林线进入收口阶段后,行情一般会陷入震荡整理,行情波动不大,以短线区间高抛低吸操作为主,止损设置在近期最高最低点上下方即可。

(3)三轨同向及止损技巧(见图 5-102)

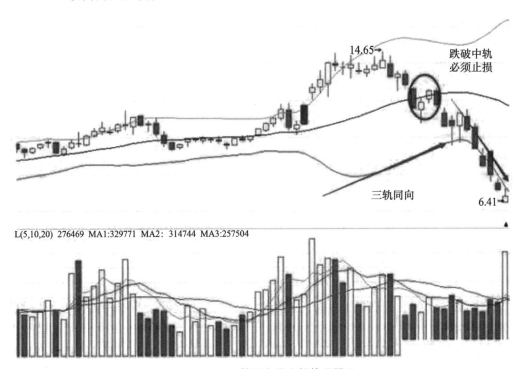

L(5,10,20) 276469 MA1:329771 MA2: 314744 MA3:257504

图 5-102 三轨同向及止损技巧图示

收口后,中轨若能成为有效的支撑或阻力,就会出现三轨同向状态。三轨同向是市场行情极为强劲而且稳定的表现,也是最为考验投资者耐心的时候。该状态下中轨成为很

好的加仓点,也成为止损的参考点,直到跌破布林线中轨为止。

(4)走平及止损技巧

当市场陷入震荡整理后,尤其是窄幅震荡整理,布林线就走平。走平是布林线最为好看但是最难把握的行情,因为面临着布林线随时开口的风险。此时以观望为主,做单操作还是应该耐心等待布林线的开口方向。

第八节　常用技术指标的组合运用

第四节至第七节介绍了外汇交易中最为常用的技术指标运用基本知识和原理,本节谈谈几种常用技术指标的组合运用。

任何一个技术指标都不可能完全地解读和反映市场,而且每一个指标都有其不足和缺陷,如指标的钝化(RSI、KDJ);指标的滞后(MA、MACD)等现象。如果在具体的运用中不明了指标本身的优缺点,往往就会发生反被指标牵着鼻子走的现象。因此,可以通过对不同指标的组合运用来扬长避短。

对于喜欢做趋势交易的投资者,MACD是一个非常有用的趋势跟踪工具;而对于喜欢作短线交易的投资者,RSI和KDJ则是很好的时机信号工具。

交易者往往需要将若干指标结合起来使用,以取长补短,捕捉不同指标的共振时机并凭以交易,即交易者可能同时运用2～3种不同的指标来指导其交易,除非多种指标都发出相同的信号,否则,他们不会进行交易,以提高交易胜算。

一、不同技术指标组合运用举例

(一)MACD 和 KDJ 指标

MACD 是一个慢速指标,对于喜欢做趋势交易的投资者,MACD 是一个非常有用的趋势跟踪工具。KDJ 是一个快速指标,对于喜欢做短线的投资者而言,更多地要参考KDJ 而不是 MACD 以捕捉交易时机的信号。

(二)MACD 与 RSI 结合使用实例(见图 5-103)

图 5-103 左侧:当 RSI 指标触及超买区域并给出卖出信号,随即 MACD 指标出现高位死叉,这也是卖出信号,两个空头信号促使美日货币对如期回落。图右侧:RSI 指标跌至超卖区域,并发出买入信号,MACD 指标随后出现低位金叉,这也是买入信号,两个多头信号促使美日货币对从底部反弹,稳步走高。大家发现了吗? RSI 指标显然比 MACD 指标敏感,即 RSI 指标所发出的信号要早于 MACD 指标发出的信号。这是由于各技术指标的计算方法不同,指标的敏感度不同,决定了各指标发出买卖信号不都是一致的,而是有早有晚。

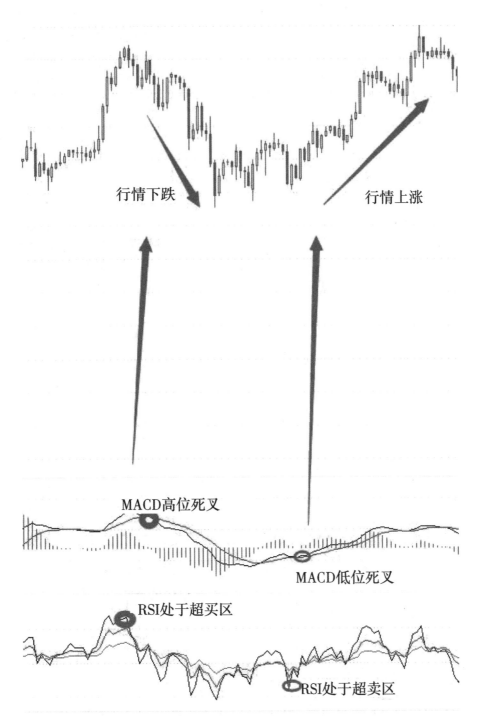

图 5-103 MACD 与 RSI 结合运用(美日货币对 2 小时图)

（三）BOLL 与 KDJ 结合使用实例

观察图 5-104 左侧：BOLL 指标触及下轨，KDJ 位于超卖区，两者均发出买入信号，可以入场做多，后续引来一波上涨，可以获利；美日货币对持续攀升，直到触及布林带上轨，并于点①处受阻于上轨压力掉头向下，随机指标 KDJ 也位于超买区域，两者均发出卖出信号，这意味着汇价接下来可能下跌。果然美日货币对从高点跌至本轮行情的低点（点②处），下跌幅度达 201 个基点。

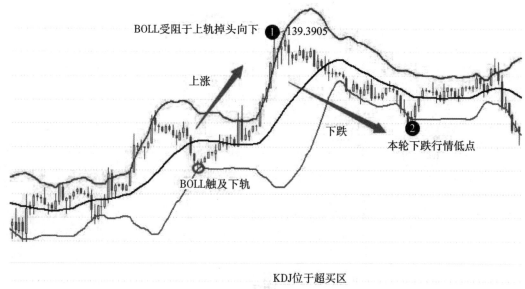

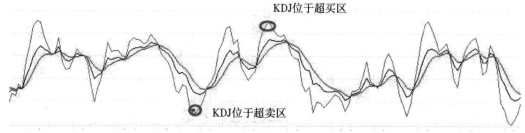

图 5-104　BOLL 与 KDJ 结合使用（美日货币对 2 小时图）

（四）MACD 和 BOLL 的结合使用

MACD 指标是做外汇进场经常使用的技术指标，若与 BOLL 指标结合使用以发现进场信号，也将会产生不错的效果。如图 5-105 所示，汇价两次跌破 BOLL 线指标中轨，加上 MACD 死叉都构成欧美货币对大幅下跌，直到 MACD 低位金叉并且 BOLL 线指标受下轨支撑（图中点③处）止跌企稳。依据两个指标的共振信号，交易者可以在点①和点②处大胆做空，点③处平掉之前的空单，反手做多。

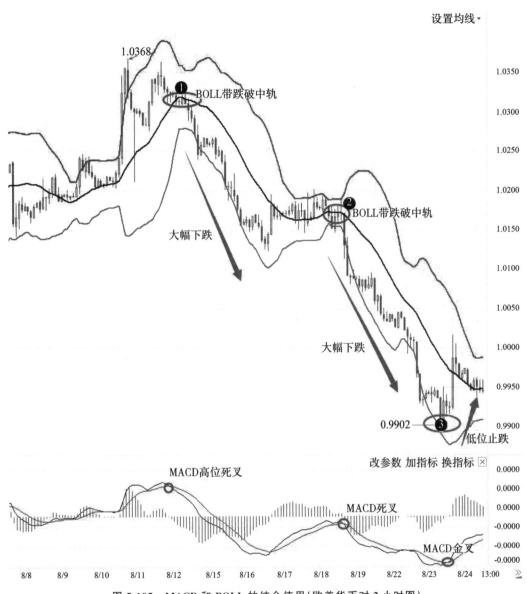

图 5-105　MACD 和 BOLL 的结合使用(欧美货币对 2 小时图)

本章实训任务

任务一：结合具体的货币对,认识 K 线,并掌握 K 线形态分析法。

任务二：结合具体的货币对,进行趋势分析演练。

任务三：结合具体的货币对,对 MACD、KDJ、BOLL、RSI 等技术指标进行单个技术指标分析演练和多个技术指标结合运用演练。

第二篇

实战技巧篇

第六章 实战技巧概述

一、理解并掌握"势位态"分析法的具体内容

二、理解并掌握多重时间框架分析的基本内容

三、理解并掌握"交易六部曲"的具体内容

四、理解并掌握"势位态"分析法与"交易六部曲"的关系,并在此基础上理解并掌握全方位交易法的基础知识

本章基础知识

本书第一篇系统全面地介绍了进行基本面分析和技术面分析的基本内容和方法,但一旦开始进入模拟实训环节,如何将这些内容和方法有机地运用起来用于研判行情并凭以交易,初学者往往很茫然,不知从何着手。为了解决初学者的茫然,使其能尽快入手模拟实训,本章我们将从多重时间框架的动态多维视角,着重介绍基于"势位态"分析法和"外汇交易六部曲"的全方位交易法(见图6-1)。

"势位态"分析法通俗易懂,是一种易被初学者接受并掌握的分析体系,"势、位、态"作为外汇分析或者说市场行为分析的最精练总结,是以鸟瞰的视角进行外汇综合分析并做出交易策略,有助于初学者从纷繁复杂的外汇行情分析领域中理出头绪,提升自己的分析水平,尽快构造自己的分析体系。"外汇交易六部曲"从初学者进行外汇模拟交易的实战角度着眼,将模拟实训作为一个整体,按照完成每一笔模拟交易实训必须具备的基本步骤依次展开,由入手时的"交易方向的判断"到平仓结束后的"交易的总结与反思"六个步骤依次有机而完整地进行介绍和解释,将一笔外汇模拟交易所需的步骤和技巧进行全方位呈现,全流程刻画,是远远超越单纯技术面分析和基本面分析的综合实战方法。不仅解决初学者在模拟实训阶段无从入手的问题,而且有利于初学者在实训中尽快地从入门到进阶,循序渐进地进行模拟外汇交易实训的实战操作;利于初学者在实训中上手交易,并能尽快地摸索出一套适合自己的交易系统,对于模拟外汇交易的教与学都大有裨益;更利于初学者从"分析—计划—执行—总结"中全方位把握交易,向**"计划你的交易,交易你的计划"**的理想境界进阶。

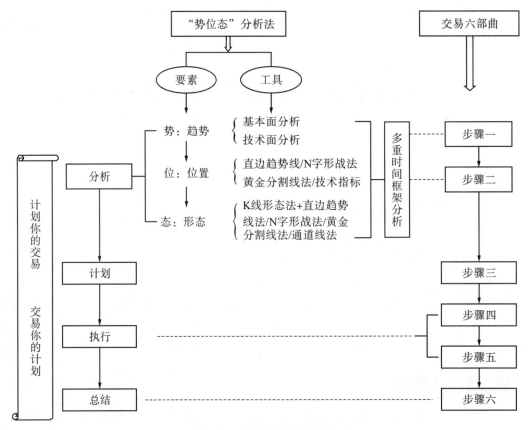

图 6-1 全方位交易流程图

第一节 "势位态"分析法

一、"势位态"分析法概述

(一)何谓"势位态"分析法

"势、位、态"是进行外汇交易分析时最核心的三个要素,是交易者在做每一笔交易时必须全面考虑的因素,即当前价格趋势(势)、进场/出场(位)、转折预警形态(态)以及根据这3个要素所设定的防守依据(止损)和依此风险水平可以做的交易数量(资金管理)。

166

(二)"势位态"分析法的思考顺序

"势位态"分析法的思考顺序：先宏观后微观，先了解趋势决定多空，再等待高胜算的位置，最后依据 K 线形态或技术指标形态进行进出场操作。

(三)势位态三者之间的关系

(1)同一技术图表中不同的"势"对应着不同的"位"并在相应位置配合 K 线形态进行操作。

(2)"势"决定"位"，取不同的"势"对应不同的"位"，即进场位和它对应的突破位；"位"在外汇交易中占据最重要的地位，因为"位"将对"势"进行肯定或否定，例如如果突破位不能突破就是对所取"势"的一种否定，那么这暗示交易者可能要转"势"，此时一定要及时跟变。

(3)"态"用于确认"势"和"位"是否成立，只有正确处理好势位态三者的关系才可能真正做到小止损进场，大盈利出场。

"顺势而为"是所有交易者努力的方向和目标，要做到顺势而为，必须在不断假设和求证市场趋势、进场位置上下功夫，任何交易都是势、位、态的对立统一。

二、"势位态"的具体内容

(一)"势"

"势"即趋势，常以 N 字结构(详见第七章第三节)呈现，"势"的分析主要是围绕单边走势和震荡走势展开。同一张走势图中有不同的"势"，应该根据盘面取"当下势"作为交易的依据。在任何一笔交易中，必须率先考虑趋势，因为不确定趋势就不知道做多还是做空，后面的交易操作无从谈起。趋势其实就是交易者假定的交易方向，同样的价格走势，不同的交易者从不同的角度，可以得出不同的趋势判断。

趋势分析是技术分析方法的第一个要素，研判趋势的方法有很多，如本书第一篇中介绍的均线系统(均线穿越、均线排列)、道氏理论、趋势线法以及 MACD 等技术指标等，我们建议大家可以采用直边趋势线战法或 N 字形战法来识别趋势，比起其他方法，这两种方法可能更简单有效。

(二)"位"

"位"即位置，指进场位/出场位(通常采用见位进出场)，"位"的分析主要是围绕找出支撑和阻力位置展开的，包括支撑/阻力位置、技术指标的超买/超卖位置、斐波那契回调等。位置分析是技术分析方法的第二要素，一旦给出一个明确的趋势(上、横盘、下)判断之后，接着就必须确定可能的几个位置了。一般做多进场是在有效的支撑和无效的阻力附近，而做空进场则是在有效的阻力和无效的支撑附近。

"位"是交易者最应该考虑的问题，进场位置的好坏直接和单笔交易的风险水平以及交

易胜算挂钩,出场位置的好坏直接和单笔交易的盈亏水平挂钩。因为汇价永远不会按交易者的主观判断来运行,所以位置的选择应该以客观技术为依据,而不是由交易者主观决定。

位置分析很重要:低位但没破新低之前,不要找做空的信号;高位但没破新高之前不要找做多的信号,避免出现买在高点,卖在低点的现象;如果价格在中间,那么尽量寻找中继形态,比如,之前是涨势,中位横盘整理,则后市再上涨的概率会比较高。

位置分析工具比趋势分析简单,只要能提供潜在支撑位置和阻力位置的工具都可以采用。除了直边趋势线战法或 N 字形战法等方法外,斐波那契回调线是位置分析的最强大工具之一。

(三)"态"

"态"即形态,"态"的分析主要围绕价格和成交量展开,包括价态和量态,对于外汇交易而言主要是价态。形态分析是技术分析方法的第三个要素,一旦趋势明确,潜在位置确定,则等待汇价在潜在位置给出确认信号,以获得价格动能方面的证据,提高交易胜算。信号和证据主要依靠 K 线形态获得。K 线形态可以是早晨之星、黄昏之星、阳包阴、阴包阳、吞没、孕线等 K 线组合,也可以是双重顶(底)与头肩顶(底)等反转形态或三角形、矩形、楔形等整理形态。相应形态出现后,比较稳妥的方法是考虑形态突破以后,回踩买入/卖出。

除了用 K 线组合或形态确认"态"之外,也可以用其他技术方法帮助确认"态",一般用于确认"位"的技术,也适用于"态"方面的技术分析。

一旦"势、位、态"分析完成,即可准备开仓。开仓时要注意做好风控管理,具体内容见本书第十章相关知识。

三、确认"势位态"的基本技术分析框架——多重时间框架分析(MTFA)

(一)多重时间框架分析的含义

多重时间框架分析是指使用多个时间框架分析入场位,然后据此交易。使用多重时间框架进行交易不局限于一个时间框架,用多个时间框架进行行情分析,并最终确定用一个最合适的框架执行订单。

时间框架一般以 4~5 倍的时间差作为一个独立的时间周期,比如一个月有 4 周,一周有 5 天交易日,一日有 6 个 4 小时,1 小时有 4 个 15 分钟交易时间等,依次类推就是月线级别、周线级别、日线级别、4 小时级别、1 小时级别、15 分钟级别,由此如果是以 4 小时图作为主时间框架进行交易,则上一个级别日线图称为大周期时间框架,下一级别 1 小时图称为小周期时间框架;相应地,如果是以日线图作为主时间框架,则上一个级别周线图称为大周期时间框架,下一级别 4 小时图称为小周期时间框架。每个时间框架之间是依次连续的,在做交易的时候主要关心紧挨的上下两个时间框架的走势,不可以从月线图直接越过周线图跳到日线图或小时图中去看。时间周期是交易者看待市场走势的一个模式,如果周线图是望远镜,日线图就是再走近一点看,小时图就是放大镜,15 分钟图就是显微镜了。

交易软件上的时间周期一般包括:1 分钟图(1M)、5 分钟图(5M)、15 分钟图(15M)、30 分钟图(30M)、1 小时图(1H)、4 小时图(4H)、日线图(D1)、周线图(W1)、月线图(MN)。

多重时间框架分析要探讨的全部内容如下:**首先确定市场趋势方向并作出战略决策,然后再贴近市场,寻找关键位置作为入场点和出场点。**

(二)多重时间框架分析的必要性

势位态分析主要利用的是已有的 K 线图形,但是我们要交易的是未知的 K 线图形,所以必须根据已有 K 线图形的分析结论制定未知 K 线图形的应对策略,这才是技术分析的目的,也是交易者必须具备的习惯性思维。

多数外汇交易的新手一般缺乏多重时间框架分析的概念,往往偏向于在同一个时间框架内(比如 15 分钟线或 1 小时线)分析货币对,这种分析方法比较单一和静态,不利于由已有的 K 线图形推测未知的 K 线图形。因为同一个货币对的行情都是同时在多个时间框架中移动的,交易者需要查看这些不同的时间框架,才能确定该货币对在每个时间框架"交易周期"中的走势情况。利用较高时间框架的信号作为先决条件,再依据较低时间框架信号进出场,以此判断并确认"势位态",解决主要趋势、重要的支撑与压力、进场位置、设定止损点等核心问题,为交易提供基本依据,从而提高交易胜算率。

可见,多重时间框架分析是动态跟踪价格变动最合理有效的分析手段,其视野更宽阔,能实现更全面深入的动态分析,利于形成规范而习惯性的交易思维,包括当前价格趋势、进场/出场位置、防守依据及仓位风控管理等,为早日形成实用高效的个性交易系统打下坚实的基础。

(三)多重时间框架中大小周期之间的关系

(1)大周期管着小周期,大周期没有走完,则小周期不会结束。这就相当于大周期是总体战略,而小周期就是具体行进路线。如果大周期的走势没有走完,那么小周期最后还会按照大周期的方向继续前进。因此若准备进场,应该先查看大周期是否配合,再看一下小周期是否也支持。这样可以对交易信号进行最好的过滤,手上一般不会有逆势单,有利于顺势而为,盈利的胜算会大幅提高。

(2)小周期的行情汇总成大周期的走势。有时候小周期走势出现异常表现,与大周期形成相反的走势,而且该走势很强,表现在斜率、K 线力度、时间上的持续性,则要特别警惕,因为大周期的趋势有可能发生反转。

(3)大周期(如周线)和小周期(如日线)的方向不一致时,一般会发生以下的现象。

——震荡,相当于大小周期之间在打架,表现在图表上就是无趋势。此时为不可交易期,交易者要管住手耐心等待,以免盲目做单造成损失。

——下一个级别进行调整,在调整完毕后继续按照原有趋势前进,即本级别的时间周期的方向。这个时候趋势若再起,也是本交易周期的进场点或者加仓点。小周期的调整一般不需要离场,等调整完毕加仓。

——引发更大级别的调整。一般导致目前交易周期的趋势发生改变。

——直接导致大周期趋势的反转。注意观察小周期具体前进的运动方式,包括其斜

率(速度)、K 线的形态(力度)、时间上的持续性,进行预判。尤其在一些关键的时间节点和空间节点上要保持足够的警惕。

(四)外汇交易中如何选择最佳时间框架

1.基本交易策略及其特点

外汇交易的基本交易策略包括日内交易(day trading)和波段交易(swing trading)。

日内交易策略指的是做一天内的短期行情,主要是指持仓时间短,不过夜持仓的交易方式。其主要特点包括:交易者在同一天内开仓和平仓,每天可以交易许多次;要求在交易时间内非常投入,必须不断分析市场并快速做出决定;可以专注于特定时间的交易,比如上午或下午;日内交易的时间相对较短,如 5 分钟、15 分钟或 1 小时等;可以当日内就知道交易盈亏结果;持续关注市场的波动,快进快出,一旦市场不利,可以立即离场。

波段交易策略是指做外汇的中期行情,进行波段交易要求交易者具备敏锐的洞察力,及时在波段启动时介入,波段周期结束时可以果断离场,全身而退,对于投资的技术以及心态修炼水平要求很高。其主要特点包括:不要求每天进行交易,通常波段交易的频率约为 2 周至 3 周,时间越长,价格的波段属性就越明显;波段交易者的潜在利润大于日内交易;波段交易需要更多的耐心,不符合不耐烦和不喜欢长时间等待的交易者,因为波段交易可能会持续几天甚至几个月。

2.模拟实训交易新手建议选择的交易策略

日内交易和波段交易各有利弊,投资者可以选择自己适合和偏好的交易策略。但对于进行模拟实训交易的初学者而言,建议刚开始时更多地做日内交易,理由如下。

第一,日内交易快进快出,当天就能检验交易效果;当天平仓无需承担隔夜风险。

第二,模拟交易教学往往集中在几周之内上课,考试一般集中在一周之内完成,侧重做日内交易容易利用市场每日波动的机会,交易机会比波段交易多得多,初学者可充分利用时间进行高频率、全方位交易,利于尽快培养新手的交易盘感。

3.外汇交易最佳时间框架选择

(1)最佳时间框架组合举例

选择最佳时间框架组合时最好使用 2～3 个时间框架,确保时间框架不要离得太近,能查看到价格的差异。表 6-1 中的多重时间框架组合常被用到。

表 6-1　常用的多重时间框架组合

较大时间框架	主时间框架	较小时间框架
30M	5M	1M
1H	30M	5M
4H	1H	15M
1D	4H	1H
1W	1D	4H

注:M 代表分钟,H 代表小时,D 代表天,W 代表周。

（2）不同交易策略与最佳时间框架的选择

对于日内交易者，持仓不能过夜，因为过夜意味着风险处于失控状态，账户面临着巨大风险敞口，无论盈利或者亏损，日内交易者都会在当天把所有的头寸都平仓。依据日内交易的需求，一般日内交易者都会选择较短的时间框架组合，比如 5 分钟图、30 分钟图和1 小时图。

对于波段交易者，他们需要分析市场的中期趋势，分析价格形态，从而判断开仓平仓的时机或点位，正因需要判断中长期的趋势，所以交易者在图表上至少要看到最近几周的价格。因此一般会选择较长的时间框架组合，比如 1 小时图、日图和周图。

采取什么交易策略、选用什么时间框架取决于交易者的性格和交易风格，外汇交易新手可以在模拟交易中不断地摸索实践，经过充分沉淀检验后找到适合自己的交易策略和最佳时间框架。

4.使用多重时间框架进行外汇交易基本步骤及其实例

（1）基本步骤

第一步，通过较大的时间框架看"势"，把握行情整体之趋势，决定交易方向——做多或做空。

一般较大的时间框架隐藏更小时间框架的交易机会，遵循从大到小的原则，首先从较大的时间框架开始检查潜在的交易机会，运用基本面和技术面综合分析，鸟瞰式把控行情的趋势，抓住潜在的交易机会，并据此决定交易方向。

第二步，通过主时间框架看"位"，以确定支撑/阻力位的核心，决定进场位/出场位（潜在位置）。

利用好直边趋势法、N 字形战法或斐波那契回调线等适合自己的技术分析手段，在主时间框架内确定好支撑/阻力位，并用行情系统的画线工具做好位置标记，并加以监测，然后等待价格触及该位置。

第三步，通过较小的时间框架看"态"，对潜在位置信号给出验证，决定进场时机主要利用分析较小的时间框架中各种 K 线形态等手段，以确认和验证"势"和"位"的成立，然后进场交易。比如，如果在大的时间框架看到做空的机会，则应该在小的时间框架内找看跌蜡烛形态，以确认和验证做单方向；如果在大时间框架看到做多的机会，则应该在小的时间框架内找看涨蜡烛形态，以确认和验证做单方向。

不管做短线交易还是长线交易，都要遵循上述步骤的先后次序，从多重时间框架的视角把握行情的"势位态"，步步为营，稳扎稳打，力争胜算。

特别要强调的是上述基本步骤顺序不可以反过来，或者仅仅使用较短时间框架进行交易，否则将极容易看不清趋势，导致只见树木不见森林，给交易造成损失。

（2）实例

比如你用 1 小时图看美元/瑞郎货币对，5 日均线发挥着阻力位的作用，在图 6-2 点①处一根中长阴线急跌，MACD 的绿柱逐渐变长，据此你可能判断接下来的行情应该下跌，计划入场做空。

2022年美元兑瑞郎1小时图

8:00　　　8/13　8/13　　　　8/16　　8:00　　　　8/17　　8:00　　　　8/18　　8:00

图 6-2　美瑞 1 小时图(一)

但是实际的结果却是点①处的阴线下跌之后,紧接着价格马上止跌企稳,后金叉 5 日均线,开启一波不错的上涨行情(见图 6-3)。可见仅仅依据点①对行情的判断会出现方向性的错误,若因此做空将带来损失。

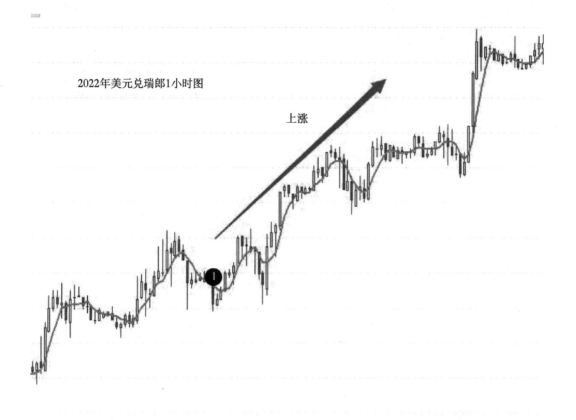

2022年美元兑瑞郎1小时图

上涨

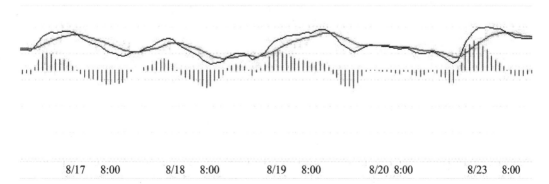

8/17   8:00   8/18   8:00   8/19   8:00   8/20   8:00   8/23   8:00

图 6-3 美瑞 1 小时图(二)

　　此时如果你用 4 小时图(见图 6-4)看这段行情,明显刚刚的位置(图中圆圈处)在一个上涨通道的相对低位,通道下轨对于汇价有强支撑,此时不宜看空。

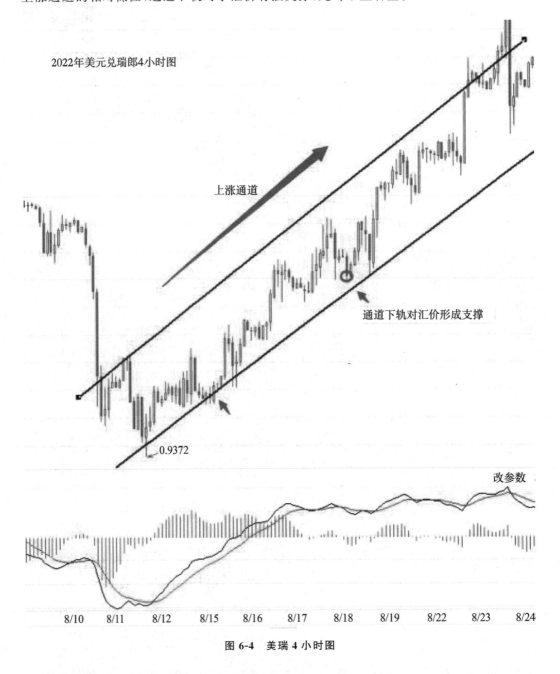

2022年美元兑瑞郎4小时图

上涨通道

通道下轨对汇价形成支撑

0.9372

改参数

图 6-4　美瑞 4 小时图

　　如果用日图(见图 6-5)看那段行情,上升趋势更明显,刚刚的位置(图中箭头所指处)一根光头中长阳线突破并成功站上 BOLL 线的中轨,MACD 底部金叉出现红柱,显示上涨趋势完好。

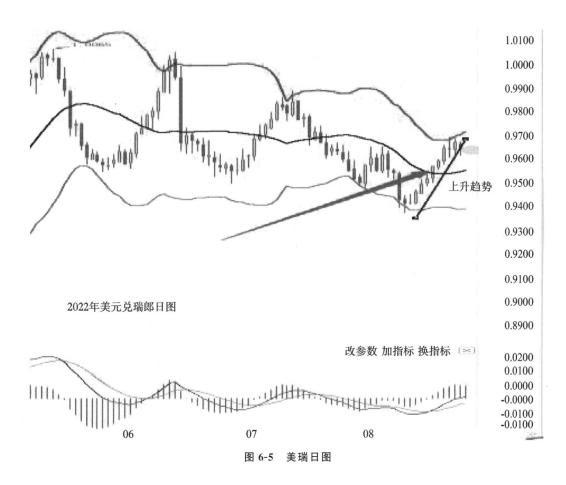

图 6-5　美瑞日图

显而易见,如果仅仅用单一且更短的时间框架进行交易,容易判断失误。下面还是以美瑞货币对的该段行情为例,说明如何运用多重时间框架做外汇交易。

如果选择在 4 小时时间框架(即以 4 小时为主时间框架)下交易 USD/CHF。

首先,通过 USD/CHF 日图看"势":行情在上升趋势线的支撑下,总体处于明显的上升趋势,MACD 底部金叉出现红柱,上涨趋势完好,可以入场做多,如图 6-5 所示。

其次,通过主时间框架(4 小时图)看"位",确定支撑位:如图 6-6 所示,随机摆动指标 KDJ 处于严重超卖,点①处 K 线形成阴孕阳的孕线,上升通道下轨对汇价形成有力支撑,以点①处为支撑位,准备做多。

最后,通过 1 小时时间框架看"态",对潜在位置信号给出验证,决定进场时机:如图 6-7 所示,在图中点①处形成 W 底,该底部形态对潜在做多位置进行了验证,而且 MACD 和 KDJ 指标也同时给出了做多的机会,此处是进场做多的良机。事实证明在这个位置进场做多,是正确的选择。

综上,显然使用多个时间框架进行外汇交易可以解决指标和时间范围之间的矛盾,是一种更靠谱的选择,基本原则再次总结如下:先用更长的时间框架看趋势;然后用主时间框架判断支撑/阻力位置,做进出场决策;最后用更短的时间框架确认交易策略,决定进出场时机。

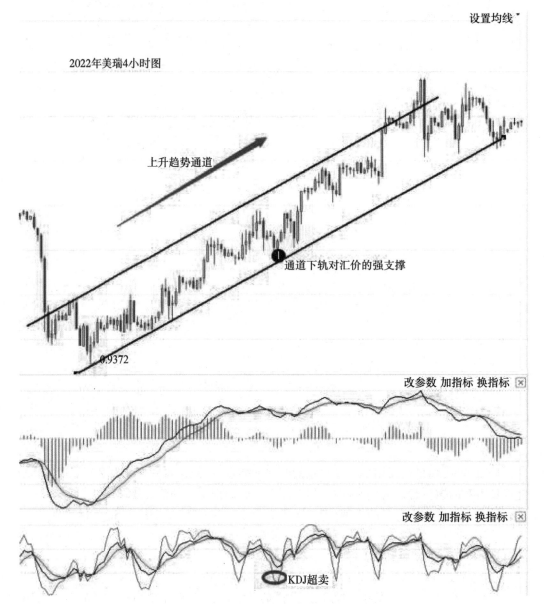

图 6-6　主时间框架(美瑞 4 小时图)看"位"

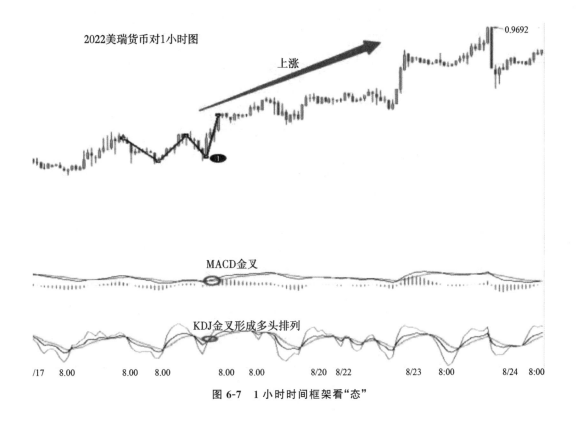

图 6-7　1 小时时间框架看"态"

第二节　交易六部曲概述

"势位态"分析法着重分析趋势、位置、形态，三者属于帮助交易者分析行情图表、产生交易信号的范畴，还有很多东西，除了止损点、止盈点外，盈亏比、开仓数量、资金管理、订单管理以及盈利保护等属于具体的交易实战范畴，我们推荐通过**"交易六部曲"**交易系统为初学者分解具体的交易实战步骤，引领初学者步入交易实战大门并尽快登堂入室——形成自己的交易系统。

交易六部曲的六个步骤如图 6-8 所示，具体内容详见第七章至第十二章。

步骤一：判断交易方向

步骤二：寻找支撑位和压力位

步骤三：耐心等待交易时机

步骤四：开仓

步骤五：盯盘与平仓

步骤六：交易的总结与反思

图 6-8　交易六部曲

--- 本章实训任务 ···

任务一：结合具体的货币对，从多重时间框架分析视角，学会识别该货币对的势、位、态。

任务二：基于"势位态"分析法和"交易六部曲"，从多重时间框架的动态多维视角，初步形成分析—计划—执行—总结的全方位交易理念。

第七章　交易方向的判断策略与技巧

一、理解选好恰当交易品种的基本方法

二、理解并掌握交易方向识别的基础知识

三、理解并掌握交易方向判断的策略与技巧

任何一笔外汇交易的着眼点首先在于交易方向的选择，即决定做多（或称为买涨）还是做空（或称为买跌）的选择。

第一节　选好恰当的交易品种

进行交易方向判断的前提是恰当选择交易者自己喜欢或适合的某一个交易品种。因此对于新手而言，选择交易品种是非常重要的。外汇交易新手在选择外汇交易品种时，应从"货币对"的概念入手。

一、外汇交易的主要货币对

外汇交易实质是一国货币与另一国货币进行交换，即同时买入一对货币组合中的一种货币而卖出另外一种货币，因此在外汇市场上，外汇是以"货币对"的形式进行交易的。例如欧元/美元（EUR/USD）货币对或美元/日元（USD/JPY）货币对等。交易品种就是指外汇市场提供的一对对"货币对"。所有的货币对可以分为直盘和交叉盘两种。直盘是指含美元的货币对，而交叉盘是指不含美元的货币对。以目前外汇交易当中常用的模拟软件 MT4（MetaTrader4）为例，直盘包括了欧/美、镑/美、澳/美、纽/美、美/加、美/瑞、美/日、美/坡等货币对，此外就是不含美元的交叉盘货币对，如镑/日、澳/加、澳/瑞等。

二、选择交易币种的基本原则

1.熟悉度

每一种货币都有自身的运行特点,包括季节性变化规律、出现某些特定形态时突破方向的概率、日常波幅大小、活跃时间段等,这些特点如同货币自身的脾气,交易者只有熟悉货币的"脾气"才能有胜算。但由于每个人的精力有限,很难对外汇市场中的货币一一熟悉。因此选择交易货币的第一个原则就是熟悉度,应尽量选择那些自己熟悉的货币进行交易,集中资源做精一两种货币,切忌撒胡椒面,兼顾多个币种,到头来吃力不讨好,很难做好交易。

2.强弱性

在外汇交易实操中要格外注意货币强弱的选择,一般的原则是:做多非美货币时,应该选择该货币走势较强的时候;而在做空非美货币时,应该选择该货币走势较弱的时候。

3.规范性

外汇市场上交易量越大的币种,其走势往往也更为规范,即更符合技术分析原理。目前整个外汇市场最大交易量的币种是美元,涉及美元的交易占到了整个外汇市场交易量的80%以上,交易量最大的货币对是欧元/美元,其次是美元/日元。

4.活跃性

走势越活跃的货币对,往往有更多的机会。一般而言相对更活跃的直盘货币对是:欧元/美元、英镑/美元、美元/日元、美元/加元,相对活跃的交叉盘货币对是欧元/日元,英镑/日元等。

三、选择恰当货币对的技巧

(一)直盘 VS 交叉盘

虽然货币对包括了直盘和交叉盘,但建议新手选择直盘,慎选交叉盘。外汇直盘是外汇交易中比较常选的交易盘,特别是对于外汇交易的新手来说,由于缺乏专业的外汇交易经验,尽量不要选择外汇交叉盘。主要原因有以下四点。

第一,外汇交叉盘交易方向判断的难度比直盘大。判断交叉盘中的两种非美货币走势,一般需要分别判断两种非美货币对美元的走势,工作量和难度自然就增加了,需要比较专业的技术、充足的时间和精力去关注。而如果做直盘,只需要清楚判断一种非美货币对美元的走势,难度和工作量都比交叉盘小很多。

第二,外汇交叉盘的波动幅度一般比较大,往往一个交易日内波动达200个基点,新手较难把控。

第三,外汇交叉盘更易受各种因素的干扰。通常同一种因素对交叉盘影响的程度要大于对直盘的影响程度。

第四,外汇交叉盘交易量很小。当今国际外汇市场交叉盘交易量占比不超过20%,

直盘交易的交易量占 80% 以上,是市场的主体,因此进行直盘交易规模更大,交易充分且交易机会比交叉盘多得多。此外,在外汇直盘的交易中,大多数的交易者偏向选择其中的七大交易品种,七大交易品种的成交量又占据了直盘交易成交量的 85% 以上。这七大直盘交易品种分别是欧元/美元、英镑/美元、美元/日元、美元/瑞郎、澳元/美元、纽元/美元和美元/加元。

总之,建议外汇交易新手在选择货币对时,宜选择直盘中的七大交易品种之一作为入门交易的品种,每次交易不要贪多嚼不烂,一般一段时间内集中做好某一个货币对,不宜选择两个以上货币对,否则时间和精力都顾不上,乃交易之大忌。

(二)在直盘中欧洲货币 VS 非欧洲货币

1. 欧洲货币

直盘中的欧洲货币(或称为欧系货币)做得最多就是欧元/美元、英镑/美元以及美元/瑞郎。

美元/瑞郎是走势最为规律的一种,相对其他交易品种来讲,K 线理论和形态理论等现存技术分析手段分析美元/瑞郎行情走势的作用非常有限。不过美元/瑞郎的点值相对较小,波动相对较大,止损点要放得大一些。因此,建议交易者在有盈利且心理承受能力较强的情况下,再考虑参与美元/瑞郎的交易。

欧元/美元的走势同样较有规律,干预也较少,运用技术分析手段较易判断,同时还可参照美元兑瑞郎的走势,参照物较多,失误率就会小一些。欧元点值较大,相对瑞郎来说波动较小,容易设置止损点。

英镑/美元在大势走向上与欧元相似,但由于货币流通量较小,行情波动幅度相对比较大,设置止损难度也就比较大。但是,一旦交易方向判断正确,盈利会比其他币种可观。投资者应该在积累了一定经验后,再开始英镑/美元的交易。

2. 非欧洲货币

在非欧洲货币交易中,美元/日元为大多数交易者所青睐,其中主要原因是日元基本面的信息获得比较方便,但日元是当今外汇市场最经常被干预的货币,因此如果做该货币对,要特别留意日本货币当局是否干预外汇市场的举动。

(三)选择恰当交易品种的其他技巧

(1)根据自己的交易时间选择相对活跃的交易品种。国际外汇市场是一天 24 小时全天候循环交易,因此可以尽量选择自己可以支配的时间段且在该时间段中行情波动较大的交易品种进行交易。一般情况下,不同时间段活跃的交易品种也不同,比如北京时间早上是亚(洲)盘时段,亚洲货币较活跃;15:00 点以后,欧系货币比较活跃;晚上 8:00—12:00 点,可以考虑欧系和美系货币对,比如欧/美、镑/美、美/加等,因为欧美的货币对是北京时间晚间欧洲盘美洲盘时段比较活跃的。

(2)选择流动性比较好的交易品种。外汇市场上由于欧美的货币对交易量最大且流动性更强,因而交易成本较低,交易者普遍偏爱选择欧美的货币对。

(3)依照自己的个性选择。由于外汇市场上每个货币对的波动、幅度和受影响的因素是不一样的,货币对也有自身的个性,有的货币对较稳定,而有的货币对较激进。交易者应该依照自己的个性选择适当的货币对,即激进的交易者适合选择激进的货币对,而稳健的交易者则适合选择稳健的货币对。具体而言:

EUR/USD:属于汇市中的"大盘股",是外汇市场上成交量最多的稳健型货币对,走势稳定,适合用指标交易,比较适合新手做交易。

GBP/USD:属于典型的激进型货币对,经常疯狂地急涨急跌。而且 GBP 相对于 EUR 来说,短线上更容易受大机构控制,重要的支撑、阻力附近经常出现"诱多陷阱""诱空陷阱",一般不适合新手交易,但是如果你是属于对市场情绪、市场节奏很有感觉的交易者,GBP 是最合适的短线交易货币对。

USD/CHF:总体而言属于稳健型的货币对,较适合做长线,由于 CHF 属于欧系货币,所以 CHF 走势常常会受 EUR 的影响。

USD/JPY:该货币对的交易规模比 GBP/USD 大,一般较稳定。但由于 JPY 作为传统的避险货币,使得 USD/JPY 货币对很容易受消息面的影响,往往伴随消息急涨急跌,此外套息交易对日元也有直接的影响。因此与 EUR/USD 不同,USD/JPY 货币对不适合一般的指标交易,适合"突破—跟进"式交易,假突破一般相对较少。

AUD/USD:AUD 属于典型的商品货币和高息货币,其走势容易受到黄金等大宗商品价格走势的影响,利率也是影响澳元的一大因素。

第二节　交易方向的识别

选择好适合自己的货币对,接下来就该识别该货币对的交易方向,即其趋势。在势位态分析体系中,这部分属于对"势"的判断。

一、交易方向

外汇交易有三种选择——先买后卖(做多头)、先卖后买(做空头),或者拱手静观。任何一笔外汇交易的着眼点首先在于交易方向的选择,即决定做多(或称为买涨)还是做空(或称为买跌)的两个方向,也就是先买后卖或者先卖后买的方向。

以目前模拟外汇交易当中常用的软件 MT4(MetaTrader4)为例,如果选择了欧元/美元货币对作为交易品种,交易方向就有两种:一种是"于市价买",另一种是"于市价卖"。

"于市价买"就是买涨、也称之为"做多、渣多",即买入欧元卖出美元,做多欧元,如果后市欧元涨了,就获利;

"于市价卖"就是买跌、也称之为"做空、沽空",即卖出欧元买入美元,做空欧元,如果后市欧元跌了,就获利。

二、外汇交易的趋势

(一)判断趋势是识别交易方向的前提

在外汇交易中,正确的交易方向与行情的趋势紧密相关,在两者的关系中,一般趋势决定了交易方向(做多或做空),识别货币对交易方向的前提是先判断选定货币对的行情趋势,此"趋势"即"顺势而为"中的"势"。如何识别并判断趋势,是很重要的一个环节,如果趋势判断错了,那么顺势逆势就没有任何意义了,如果根本不明了现在的势,那么又怎么顺呢?只有正确研判趋势,才有可能做到"顺势而为",也才有可能获利。

(二)趋势的分类

前文已述外汇交易的趋势就是指在某一特定时间周期内汇价的运行方向,其轨迹就像一系列前赴后继的波浪,具有波峰和波谷。仔细观察任一货币对的走势,无论行情运行在什么阶段,趋势方向无外乎三种,分别是上升趋势、下降趋势以及横盘整理趋势(见图7-1)。

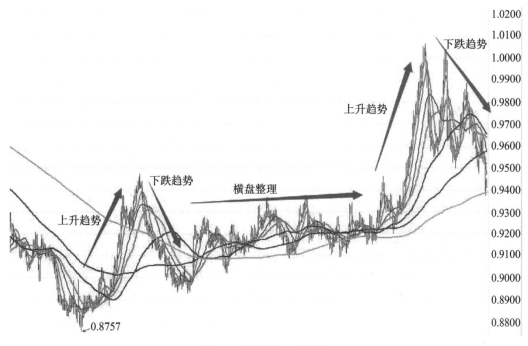

图 7-1　汇价的三种趋势

(三)趋势的级别及验证

1.趋势的级别
趋势最大的特征是延续性,在没有确定迹象之前,不要贸然认为某趋势即将结束。正

确的做法是直到趋势明确扭转或改变,才按照新趋势的特征指导分析和操作。

市场的运行总是在上升、下降以及横盘整理三种趋势中轮换,实际运用中需要注意大级别趋势和小级别趋势间的关系,即趋势的主次问题。比如在一轮上涨趋势中,会伴随更小级别的下跌趋势或横盘趋势对上涨过程进行技术性修整;而在一轮下跌趋势中,也会伴随更小级别的上涨趋势或横盘趋势;在一轮横盘趋势中,也总是由更小级别的上涨趋势和下跌趋势构成。实际操作中注意小趋势服从于大趋势的原则。

外汇行情趋势的级别有大小之分,一般包括小级别趋势、短期趋势、中期趋势和长期趋势。

2.趋势的验证

趋势判断还可以根据趋势线进行验证。短期趋势线可以用价格低点连接起来,看看是否成一条直线,中期趋势就是将短期趋势的低点连接起来,看看是否在一条直线上,趋势线也可以用来判断趋势发展的强弱。

三、趋势决定交易方向

交易者要尽量顺着趋势做单,趋势决定交易方向。

如何确定交易策略是做多、做空抑或观望,这是一个很根本的问题,对于初学者而言既容易决定也很容易出错。基本原则是:市场的趋势在向哪个方向延伸,就应该按照哪一个方向做交易。具体如下:

上升趋势是一系列依次上升的波峰和波谷,在上涨趋势中做多(先买后卖)是上策,做空则亏损;

下降趋势是一系列依次下降的波峰和波谷,在下跌趋势中做空(先卖后买)是首选,做多自然亏损;

横盘整理趋势是一系列依次横向伸展的波峰和波谷,在横盘整理的趋势中,一般适合观望或适时地高抛低吸。

下面以上升趋势为例详细说明趋势如何决定交易方向(见图 7-2)。

图 7-2 显示的是一个典型的上升趋势,即每个相对高点(用 H 表示)都高于前面的高点,而每个相对低点(用 L 表示)也都高于前面的低点,一系列连续依次升高的高点(波峰)和连续依次升高的低点(波谷)组成该趋势。在欧美货币对未跌破前一个显著相对低点之前(图中①处),这一上升趋势是完整和延续的。因此在 2004 年 8 月底至 12 月底整整四个月的上涨趋势中,欧美货币对的交易方向是:做多(先买后卖)为上策,可以带来丰厚的利润。不过当 2005 年 1 月 7 日汇价跌破(图中①处)最后一个显著相对低点时,则发出了原有上升趋势节奏正改变、有逆转的可能或可能性在增大的信号,预示着前一阶段涨势可能(注意:不是肯定)发生逆转。此时若无视趋势的变化,继续挂多单,就容易招致亏损。这也是我们在买入操作中经常参考将止损放到前期显著低点下方的原因。

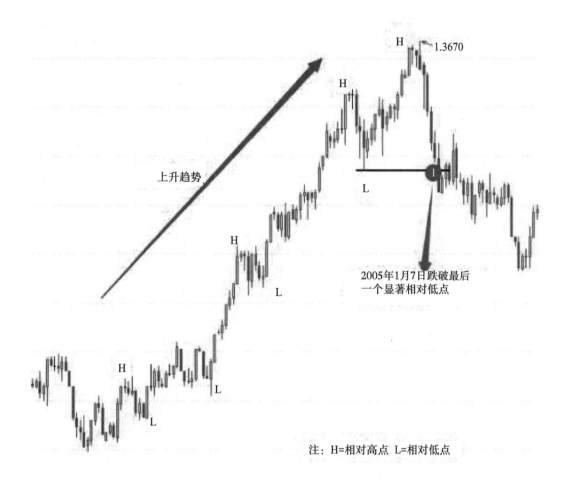

注：H=相对高点　L=相对低点

图 7-2　依次连续升高的高点和依次连续升高的低点形成的上升趋势：2004 年 8 月底至 12 月底的欧元/美元走势

第三节　交易方向的判断

　　正确的交易方向是一笔交易能否盈利的生命线，而交易方向正误的前提在于交易者对于行情趋势的正确研判，只有正确的趋势判断，才可能实现顺势而为，与趋势做朋友，采取恰当的交易策略和方向。因此交易方向的判断实质就是对外汇行情趋势的研判，行情趋势的研判一般从基本面和技术面两个方向着手，综合研判外汇行情，并决定交易方向。

　　基本面分析和技术面分析的具体内容可以参照第一篇的相关章节。本节将着重讲解基本面分析和技术面分析研判的综合实战知识及技巧，在做出一个货币对详细的基本面分析的基础上，综合利用技术面分析做出交易方向的判断。

一、从基本面判断交易方向的技巧

(一)基本面分析的必要性及其含义

1.必要性

基本面分析是一种有效反映货币对价格变动的有力工具,对汇率走势的判断起着至关重要的作用,交易者首先可以通过基本面研判趋势。其假设前提:汇率是由其内在价值决定的,受政治、经济、心理等诸多基本面因素的影响而频繁变动,市场价格会消化基本面消息和市场情绪,所以从基本面来分析趋势是从源头上看方向。虽然基本面更适合预测外汇中长期趋势,但小趋势属于大趋势中的一部分,从整体到局部的观念在这里同样适用。如果不知道常见的基本面对交易市场的影响,会对整体的交易不利。

如果把市场看成一个巨大的提线木偶,基本面就是隐藏在幕后驱动提线木偶运动的手。我们可以直接看到市场的运动方向(涨、跌或盘整),但只有深入分析基本面,才能知道提线木偶即汇率运行背后的真正原因。因此基本面分析是判断货币对趋势的必要且重要的一环。

基本面分析主要是集中考察导致汇价上涨、下跌或者横盘的供求关系,而技术面分析主要研究市场行为。基本面分析的要点是通过对汇价内在价值的确定,判断汇价与其内在价值的差异是偏高还是偏低,无论偏高还是偏低,汇价总会向内在价值回归,这是市场的长期趋势指向。而技术面分析的要点则是把握市场已经表现出的趋势,并根据技术指标、形态判定趋势的延续或是反转。二者实际上都是在判定市场接下来的运行方向,但基本面分析更注重于前因,技术面分析更注重后果。所以基本面分析和技术面分析是缺一不可的,就像一个人走路的两条腿,缺失了任何一个支撑,都会举步维艰。

基本面分析是确定我们长期操作的基调,确定市场长期资金流向的喜好和变动;技术面分析更能与实际操作相结合,辅助确认交易的点位。在交易方向的选择上,除了技术面的趋势外,基本面的趋势也提供了很好的参考。基本面分析密切关注经济的各项影响因素,掌握了基本面的分析,就等于掌握了外汇行情的大势,基本面相对来说更加适合长线的大周期趋势交易。

2.含义

基本面分析又叫做宏观面分析,是指通过对市场上的宏观面消息如重大事件、重要经济数据等进行分析来判断行情方向。之所以称为"基本面分析",是因为它不是看外汇技术图表,而是看货币发行国的经济基本面,包括地缘政治、货币政策、经济数据、突发事件等影响一个国家的经济好坏、经济发展趋势的各种因素,多以经济、政治或环境报告、数据、公告或事件的形式展现出来,甚至信用评级下调也可以算是基本面数据。基本面分析是利用和研究这些因素以预测货币的未来价格变动。

我们交易的几乎所有货币都与一个经济体(国家或地区)的经济息息相关,可以说投资一种货币,就是投资该国的经济,外汇基本面分析就是研究能够影响一个国家整体经济的本质因素。

（二）基本面资讯的收集范畴

基本面分析密切关注影响一国经济的各项影响因素，包括政治变化、战争、环境灾难、卫生危机、能源价格变化以及全球经济整体变化（如经济增长放缓或复苏）等因素的影响。特别是，某些经济事件往往会推高或压低一种货币的价格，而基本面分析就是聚焦于这些事件和反映经济整体情况的各种经济数据——不管经济发展是积极还是消极，通过查看和对比以往的数据，你都可以获得更多基本面信息。

基本面资讯收集重点考量的对象主要包括以下几个方面：

一是各国央行制定的政策（主要体现为货币政策）。分为鸽派和鹰派，若为鸽派，则未来该货币可能面临贬值风险；反之一个鹰派的政策可能令其货币走强。

二是各国定期发布的经济数据。各国央行政策的制定是基于其经济情况决定的，一国经济情况是决定货币强弱的根本因素，经济情况好坏的指标则体现在各国定期发布的经济数据上。若经济数据显示该国经济发展良好，则货币可能走强，反之该国货币可能走弱。宏观经济因素包括经济增长、通货膨胀、就业、财政预算等诸方面情况。

三是国家地缘政治。即便经济情况良好、政策没有重大变化，战争或贸易摩擦等问题也会对一个国家产生重要影响，改变市场对未来的预期，进而影响该国货币未来的走势。

此外市场上的小道消息、交易者的心理预期也不可忽视。

（三）基本面资讯的收集途径

投资者收集基本面资讯的途径可以有以下几个。

（1）专业财经网站的要闻：重点把握对于重要新闻的综合解读。

（2）专业财经网站上的经济日历：虽然知道经济指标的实际数值很重要，但同样重要的是市场对这些经济指标的预期和预测，以及知晓实际经济数据指标公布对预测产生的冲击。在决定交易之前，这些因素都需要充分考虑。实战中要注意及时关注专业财经网站上的经济日历，预知经济数据的发布时间节点，并守候该数据，这样便于与即将到来的经济数据行情保持同步。

（3）专业财经网站的快讯动态：便于第一时间掌控重要经济数据和重要讯息；对突发事件要有敏感性。

（4）相关国家的央行等官网。

专业财经网站可以参考汇通网、外汇通、东方财富等。

（四）基本面分析的框架和步骤

实际模拟演练中，对于拟交易的货币对，大家一般会收集到若干基本面因素，每一条基本面因素都会或多或少地对汇价产生影响，尤其是当某两种基本面因素的影响发生冲突或矛盾（一种利空，另一种利多）时，该如何研判呢？还有如何跟踪和发现实时热点消息和焦点消息呢？解决上述问题，大家需要按照基本面分析的框架和步骤有条不紊地进行，具体如下。

第一步:宏观政治经济等局势全面分析,收集并记录某一时段内的所有新闻或消息,逐条用一句话概括,分析该消息的多空影响。

初学者对于基本面利好和利空的研判容易茫然,也容易陷入教条主义的分析陷阱。正确的做法:要根据当前的主流形势辩证地判断基本面的利好或利空趋势,因为任何事物都是相对的,利好和利空因素都并非绝对,对利好和利空要有一个辩证的看法。任何数据、消息都要放在特定的时空下,综合判断分析,才能得出到底是利空还是利好的结论。

比如某种货币市场预期可能要降息,依照基本经济原理——利率升货币强,利率跌货币弱,一国降息对其货币走势将产生非常不利的影响。此时如果货币所在国公布的经济数据,显示该国可能出现通货膨胀的苗头——比如生产价格指数(PPI)高企或消费价格物价指数(CPI)高企,可能发生通胀的基本面因素在正常情况下会造成该货币汇率下跌,但在市场预期可能降息的情况下,通胀类数据公布,市场则会认为该货币降息的可能在减小,高企的通胀类数据反而是利好因素。行情不但不会下跌,反而会上涨。

可见,对于通常意义上的利空,在特定的市场条件下反而可能成为利好,因此要辩证地分析。一条基本面资讯到底是利好还是利空,应该由市场说了算,而不是由交易者主观认定。应该结合不同时间、不同市场条件灵活综合研判。

第二步:找出最重要的消息,确认当前市场的热点,提前发现大行情。

第三步:对当前的热点新闻、经济数据进行分析,并形成分析链条。

在以上三个步骤的分析过程中要注意两个方面:第一,需要结合多种因素进行综合分析,避免只依赖某种或某些基本面因素而产生偏颇,影响基本面的综合分析研判;第二,当某两种因素发生冲突矛盾时,需要以对外汇影响更强、与市价更贴近、对未来发展更大的因素为基础。

第四步:得出基本面分析的综合结论,用于研判趋势。

第五步:热点轮换的把握,动态循环。

要注意市场热点和焦点的切换,一般基本面的影响会遵循"见光死"效应,一旦基本面发生变化,过去得出的结论就应该作废,重新进行分析。

上述五个步骤是一个动态循环的过程。

二、从技术面判断交易方向的技巧

交易者可以通过外汇图表和技术指标分析外汇市场的历史趋势,从而判断未来的市场趋势方向,这是外汇市场使用最多的一种判断交易方向的方法。通过技术分析可以找寻市场过去已经形成的相似形态,而重要趋势条件一致时,外汇市场的趋势往往会重复过去的走势。交易者此时可以形成自己的交易观点,准确判断市场方向。

研判趋势的方法有很多,有均线系统(均线穿越、均线排列)、道氏理论、趋势线法以及MACD等技术指标等。不过交易中建议固定使用一套判断趋势的方法,以达到趋势判断前后的一致性。这里我们将重点介绍直边趋势线战法和N字形战法。

(一)直边趋势线战法

直边趋势线战法结合了经典的趋势分析理论,是趋势识别的传统方式,素有"一把直尺走天下"的美誉。

具体介绍如下:

1.识别趋势方向和趋势级别

为了便于判断趋势,首先需要识别趋势方向和趋势级别。具体趋势线的绘制及相关基础知识参考本书第一篇的相关章节。

趋势的方向可以划分为:上升趋势、下降趋势和横盘趋势(见图 7-3)。

图 7-3   三种趋势方向

趋势的级别可以分为:小级别的趋势、短期趋势、中期趋势以及长期趋势(见图 7-4)。

小级别的趋势是指价格在短时间内的表现,时间一般为 1~3 天。小级别的趋势往往发生在短期趋势中且方向相反,即所谓的小级别反弹或回调,但是这对整体趋势影响不大。而一旦小级别趋势被新高或者新低所代替,往往是比较好的进场点,无论是开仓还是加码。

短期趋势是指价格在短期内的表现,上涨、下跌或横盘。一般看价格是不是 3 天到 10 天左右的新高。如果是,那么可以说目前价格的短期趋势是上涨的。短期下跌趋势也是同样的道理,只是价格是规定时间内的新低。当然,如果当天收盘能够维持这个新高或者新低就最好了。所谓 3 天的新高或新低是指第三天的高点/低点比前两天任何一个最高点/低点都要高/低,即可称为 3 天内的新高/新低。10 天的新高或新低以此类推。除此之外,短期上升趋势和短期下降趋势往往是交替循环的。也就是说两个短期上升之间,必然有一个短期下降趋势。

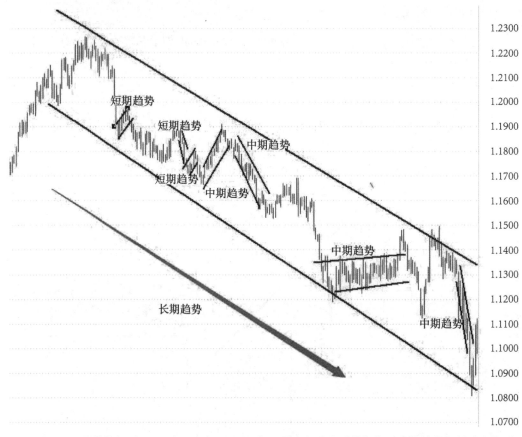

图7-4 趋势的级别：2021年5月初至2022年8月中旬欧美对的长期下降趋势中包括了小级别趋势、短期趋势和中期趋势的不同趋势

中期趋势就是把时间段适当延长，一般是指20天到50天左右，短期趋势是否创出规定天数内的新高或者新低。也就是把短期趋势作为一个整体，然后看这个整体目前价格是否创出新高，以此判断是否目前价格处于中期上升趋势或中期下跌趋势，以此类推。

长期趋势也是同样的道理，只要把时间段再延长一些就可以了，相对短期和中期趋势，长期趋势更容易一眼看清楚。

2.根据趋势线验证目前趋势判断是否准确

短期趋势用短期趋势线，就是把价格的低点依次连接起来，看是否形成一直线。中期趋势就是将短期趋势的低点连接起来，看是否在此直线之上。中期趋势是由短期上升趋势和短期下降趋势组成的。而长期趋势则又由中期趋势上涨和短期（或者中期）下降趋势组成。

此外趋势的发展也有强弱的问题，趋势线的另外一个重要作用是判断趋势发展的强弱。以上涨趋势为例，趋势的强弱，一是看趋势线的斜率，上涨陡峭的一般都是上涨强势的，二是看日线组合，强上升趋势一般是连续的阳线。如果趋势一开始就是强的，往往以后还会强。

3.不同级别趋势与交易方向的关系

针对不同级别的趋势与交易方向的选择问题,核心理念是:

长期趋势——决定长线交易方向;

中期趋势——决定中线交易方向;

短期趋势——决定短线交易方向。

4.顺势交易的基本原则:顺大势,逆小势

各个级别的趋势判断好之后,顺势而为就有了基本的前提,但"顺势交易",到底顺哪个势呢?

一般应从长期趋势向短期趋势进行过渡分析,分析市场处于什么趋势,具体而言,依次观察目标货币对的长期趋势、中期趋势、短期趋势分别向什么方向发展。实际操作中,长期趋势、中期趋势、短期趋势很容易出现阶段性矛盾,当出现矛盾的时候投资者要把握一个基本的研判原则:**顺大势,逆小势**,即首先应该顺趋势级别比较大的那个势,较短期趋势服从更长期的趋势;其次可以顺趋势强度比较大的那个势。

下面以美元/瑞郎2008年12月中旬至2009年3月中旬中线上涨趋势为例来理解中短线趋势的关系(见图7-5)。

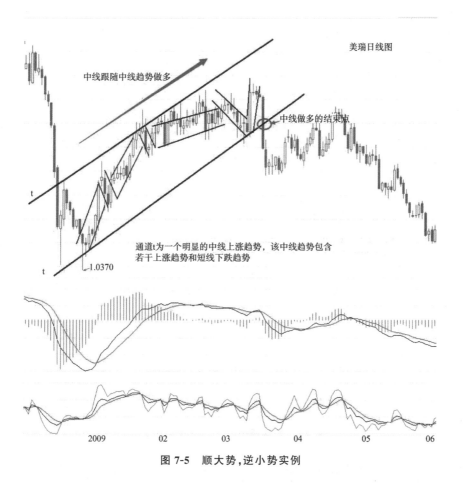

图 7-5　顺大势,逆小势实例

短期趋势决定了短线交易方向,中期趋势决定了中线交易方向,图中圆圈处为中线走势改变的警告点,也是中线做多的结束点。

从趋势的基本定义可以看到这一段走势(图 7-5 中通道 t 部分)显然为一段上涨趋势,从时间的角度可将其定义为日线图级别的中线上涨趋势,依照该中线上涨趋势为指导决定了这一阶段中线操作的交易方向始终为向上做多,即买入美元/瑞郎货币对。

但是在这一段中线涨势中,其内部由若干短线上涨趋势和若干短线下跌趋势构成,若进行短线操作,当短线为上涨趋势时,与中线趋势指示的交易方向一致,都是向上做多美元/瑞郎;而当短线为下跌趋势时,所指示的短线交易方向为向下,即短线应为卖空美元/瑞郎货币对的操作方向,直到短线趋势重新扭转为向上。

综上,通道 t 中线操作的交易方向一直是向上的(做多),直到图中圆圈处被跌破,中线交易方向并不会受中线上涨过程出现的短线下降趋势影响。这就是"顺大势,逆小势"原则在实战中的运用。

(二)N 字形战法

认真观察任一货币对的走势,容易发现其涨跌走势很少会直线式发展,由于外汇行情的随机扰动特性,普遍以"驱动—调整"的方式朝着趋势方向曲折前进。因此直边趋势线战法,容易陷入各种纷繁复杂的走势,有时不利于真正趋势的识别与研判。而 N 字形战法则更适合于曲线运行的市场,不会被纷繁复杂的各种趋势分析方式迷惑,是化繁为简的趋势识别之道,可以适用于所有金融交易,可操作性强,被很多交易者接受并运用。N 字形战法是我们确定趋势的最基本、实用的法则之一。

1.什么是 N 字形战法

所谓 N 字就是汇价的运动是以英文字母 N 字的方式展开的,即 K 线走势呈现 N 字形,如图 7-6 所示,观察行情,容易发现,其行情以 N 字形向前推进。如果时间结构点越高,则这种运动方式越明显。

0.9372

图 7-6 美瑞两小时图上的 N 字形走势

N 字形战法,即主力操盘作图常以 N 字形展开,有进攻有防守,上涨过程中迂回前进,进三退二或进三退一,节奏感很强;反之,下跌过程中是跌三反弹二或一。以 N 字上升趋势为例,其走势过程分为 3 个阶段:N 字的左侧斜杠代表汇价的上涨,中间的斜下杠代表下跌回调,右侧的斜杠代表下跌后的再次上涨(见图 7-7):

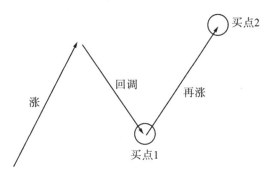

图 7-7　N 字形战法

2.N 字形战法的两种趋势

(1)N 字上升趋势

图 7-8 为一段上升趋势:后一个波的波峰 D 和波谷 C 分别高于前一个波的波峰 B 和波谷 A。

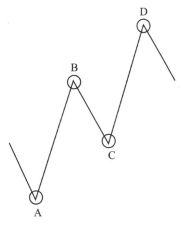

图 7-8　N 字上升趋势

该走势为典型的 N 字上升趋势:线段 AB 为 N 字的第一笔,代表汇价的上涨;线段 BC 为 N 字的第二笔,代表汇价下跌回撤;线段 CD 为 N 字的第三笔代表下跌后的再次上涨。该趋势的节奏是:涨—跌—涨。

(2)N 字下降趋势

当后一个波的波峰 C 和波谷 D 分别低于前一个波的波峰 A 和波谷 B,则为下降趋势(见图 7-9)。

该走势为典型的 N 字下降趋势:线段 AB 为 N 字的第一笔,代表汇价的下跌;线段 BC 为 N 字的第二笔,代表汇价反弹上涨;线段 CD 为 N 字的第三笔代表反弹后的再次下跌。该趋势的节奏是:跌—涨—跌。

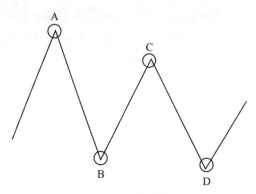

图 7-9　N 字下降趋势

3.如何用 N 字形战法判断趋势

N 字形战法主要通过 N 字底形态和 N 字顶形态研判趋势,前者由 N 字上升趋势形成,后者由 N 字下降趋势形成。

(1)N 字底形态的识别及其趋势研判

①N 字底形态的识别及其形态特征:

图 7-10 是一个很明显的 N 字底形态,在趋势图的底部形成了一个"N"形(如最下面的线条所示)。

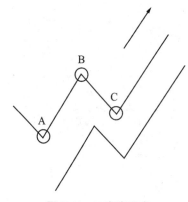

图 7-10　N 字底形态

N 字底的形态特征:

——N 形底的前提是前期市场有一段明显的下跌趋势,且越大越好,这样的趋势一旦扭转那么后市上涨的潜在空间也就越大。

——标准的 N 形底应该后底稍高于前底(如图 7-10 中,C 点高于 A 点)。

②N 字底的趋势研判及战法(见图 7-11):

研判及战法:

一般形成标准的 N 字底,后市则看涨,预示行情将有一波上涨。在后底附近可开仓做多;若破前底止损多单。

实例(见图 7-12):

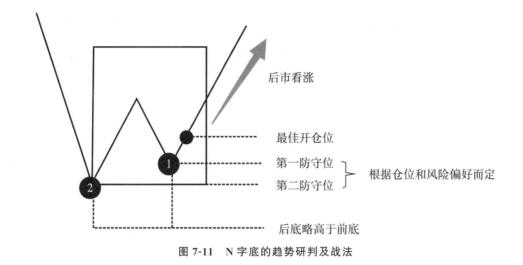

图 7-11　N 字底的趋势研判及战法

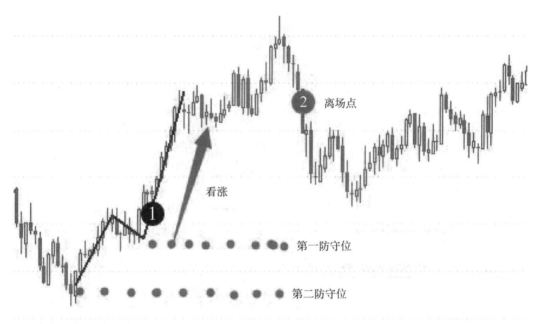

N字底形成，后市看涨

在后底附近是入场做多的最佳点：图中1处

止损位如图所示：图中2处

图 7-12　镑美对 2020 年 6 月下旬至 2020 年 7 月底的 N 字底形态及其实操战法

（2）N 字顶形态及其趋势研判

①N 字顶形态的识别及其形态特征：

图 7-13 是一个很明显的 N 字顶形态，在趋势图的顶部形成了一个"N"形（如最上面的线条所示）。

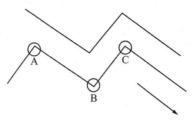

图 7-13　N 字顶形态

N 字顶形态特征：

——N 字顶的前提是前期市场有一段明显的上升趋势，且越大越好，这样的趋势一旦反转那么后市下跌的潜在空间也就越大。

——标准的 N 形顶应该后顶稍低于前顶(如图 7-13 中，C 点低于 A 点)。

②N 字顶的趋势研判及战法(见图 7-14)：

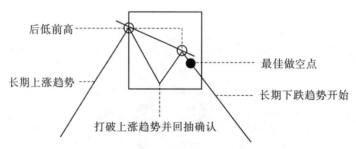

图 7-14　N 字底的趋势研判及战法

研判及战法：一般形成标准的 N 字顶，后市则看空，预示行情将有一波下跌。在后顶附近可开仓做空；若行情涨破前顶止损空单。

实例(见图 7-15)：

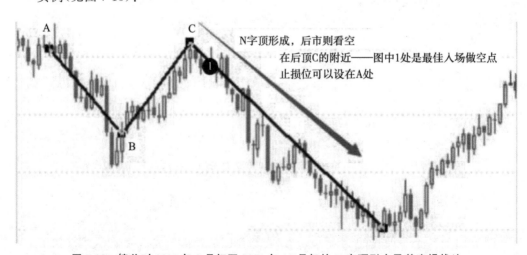

图 7-15　镑美对 2021 年 9 月初至 2021 年 12 月初的 N 字顶形态及其实操战法

三、基本面与技术面综合研判趋势的技巧

步骤一：进行基本面分析，得出基本面分析的基本结论

在外汇交易中，买入某种货币的同时也卖出了另一种货币，货币对是由两种货币组成的。在一个货币对中，第一种货币叫作"基准货币"，第二种货币叫作"计价货币"或者"相对货币"，货币对之间的波动就像拔河一样，哪国的经济实力强，哪国的货币就更有力气，它们之间相互的较量就形成了汇率的波动。因此这一步必须收集涉及拟交易的货币对中两个国家影响其经济强弱的所有基本面因素。然后按照上述基本面的分析框架和步骤进行分析，得出基本面分析的基本结论：利多基准货币（利空计价货币）或者利空基准货币（利多计价货币）。

步骤二：进行技术面分析，得出技术面分析的基本结论

采用恰当的研判趋势方法对货币对进行技术面分析，得出技术面分析的基本结论：拟交易的货币对是涨势还是跌势，抑或震荡势。

步骤三：结合财经日历及当天的实时财经动态，综合上述基本面和技术面的分析

进一步全方位地分析、综合后预测行情的走势，得出当天综合分析的结论：拟交易的货币对行情是看多还是看空，作为当天根本的交易依据。

步骤三包含了对重要的数据和相关资讯的守候及研判。我们知道基本面因素是操纵提线木偶（行情）的基本动力来源，对行情影响很大。最新公布的数据及消息往往直接影响行情的走势，比如公布的数据是极大利好，行情会受影响出现大幅度的拉升；反之公布的数据远不及预期，行情会受影响出现大幅度的下跌。所以要学会守候重要的数据和相关的资讯：每天通过财经日历了解当日和近期各国即将发布财经数据的时间点和重要程度，在重要的数据及资讯公布的第一时间守候数据，密切关注市场消化数据后的走势，然后综合研判行情。

外汇行情分析最大的挑战和魅力就在于其不确定性，只有将基本面分析和技术面分析充分地结合起来，才有可能把握市场走势，并在接下来的交易中获得胜算。

本章实训任务

任务一：结合具体的货币对，综合运用基本面分析和相关技术面分析方法，对该货币对的后市进行交易方向的研判，并形成详细的分析研判报告 I_1。

第八章　支撑位和压力位的判断技巧

本章基础知识

在"势位态"的交易体系中,"势"即交易方向的判断固然重要,虽然外汇的"势"无外乎上下而已,但是其涨跌能演变出不可穷尽的情形,交易方向到底怎么走,最终取决于市场,交易者拼尽全力运用各种分析方法最终只能判断涨跌的概率,无法有百分百的胜算。

而相对于"势",对于"位"的把握(给出关键的位置),交易者更有胜算。找到关键的支撑、阻力位可以提高胜率,并且容易设置止损从而限制风险水平,帮我们确定良好的进入和退出风险报酬结构。而这是交易中唯一能够控制的因素。不少初学者重视方向胜过位置,同时重视进场而忽略出场,是导致交易成绩不理想的主要原因之一。

因此,在做好交易方向的研判之后,交易者应该进行"位"的研判,其核心任务是找出关键的支撑、阻力位置。对支撑和阻力的识别与判断是外汇交易新手的基本功,要求快速判断支撑位和阻力位,并应用到实际的交易当中。

第一节　支撑位和压力(阻力)位的基本原理与识别

一、支撑位和阻力位的基本原理

(一)支撑与支撑位

所谓支撑,在 K 线图中对应的是"波谷",或者说是相对低位起反作用的低位价格区域,价格在下跌过程中在波谷位置受到支撑。市场在此处消化了空头的力量,多方在此买入建仓,或者之前的空方平仓空单造成的多头力量开始推升价格,价格在这里停止下跌并向上反弹,这个止跌企稳甚至有可能向上反弹的区域即为支撑位,即价格下跌时可能遇到支撑,从而止跌回稳的价位。

(二)阻力与阻力位

所谓阻力,在 K 线图中对应的则是"波峰",或者说是相对高位起反作用的高位价格区域,价格在上涨过程中在波峰位置受到阻力。市场在此处消化了多头的力量,空方在此卖出建仓,或者之前的多方平仓多单造成的空头力量开始打压价格,价格在这里停止上涨并向下回落。这个价格遇到压力反转下跌的区城即为阻力位,即价格上涨到某个价位附近时,停止上涨甚至回落的价位。

三种走势中的支撑位和阻力位如图 8-1、图 8-2、图 8-3 所示。

盘整中的支撑和阻力:

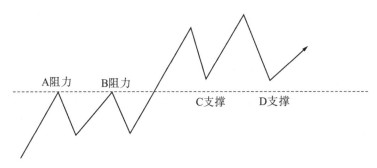

图 8-1　盘整中的支撑和阻力

上升趋势中的支撑和阻力:

如图 8-2 所示,在上升趋势中,支撑位与阻力位呈现一种不断上升的形态,阻力位代表上升趋势中的停顿,通常会在某一时间点向上突破。

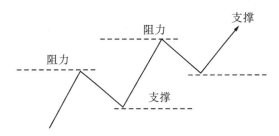

图 8-2　上升趋势中的支撑和阻力

下降趋势的支撑和阻力:

如图 8-3 所示,在下跌趋势中,支撑位与阻力位相继降低,支撑位也不会永久性阻止价格下跌,通常会被空头力量有效突破。

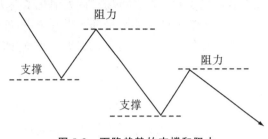

图 8-3　下降趋势的支撑和阻力

（三）支撑位、阻力位的作用

外汇市场如战场，多空双方在此较量厮杀。支撑位、阻力位就如战场上的一道道防线，上升如进攻，突破一道防线，就看下一道防线；下跌如撤退，退下一道防线，就看能否守住，守不住再退。当然，对于支撑位或阻力位的突破分为有效突破和无效突破，有效突破又称真突破，是指突破后就占领了对方的阵地；无效突破又称假突破，是指突破后不占领阵地而退回。

（四）支撑位和阻力位的相互转换

实际行情走势中，支撑位和阻力位是可以相互转换的，称为支阻互换。当价格从上向下跌破支撑后，原有的支撑位会成为一个新的阻力位；而当价格从下向上突破阻力后，原有的阻力位便会成为一个新的支撑位。具体示意图如图 8-4、图 8-5 所示。

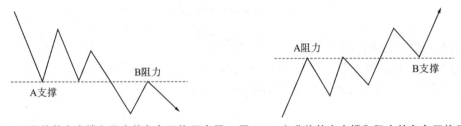

图 8-4　下降趋势中支撑和阻力的角色互换示意图　图 8-5　上升趋势中支撑和阻力的角色互换示意图

在技术图表上，从支撑位转换为阻力位或从阻力位转换为支撑位，这种作用转换的可能性取决于以下 3 个因素。

（1）原有支撑位或阻力位的交易量。交易量越大，在这个区间发生作用转换的可能性越大。

（2）原有价格在支撑位或阻力位进行交易的时间。交易时间越长，作用转换的可能性越大。

（3）测试这一价位交易的次数。次数越多，这一价位在交易者的头脑中越清晰，也就越容易发生转换。

(五)支撑与阻力背后的心理

支撑与阻力背后的心理基于最基本的市场供需理论。

1.支撑背后的心理

理论上,支撑位是需求(购买力)强得足以阻止价格进一步下跌的价格水平。其背后的交易心理如下:随着价格逐步接近支撑位,对于买方(需求方)而言,交易变得越来越便宜,买方将会认为这是较划算的交易从而更有可能买入;而对卖方(供给方)而言,交易变得越来越不划算,卖方变得较不可能卖出。由此,市场需求增加供给减少,将阻止价格跌破支撑位。

若支撑位守不住被跌破则显示卖方在与买方的角力中胜出,卖出的供给多于买入的需求,一般价格将在更低的位置上出现支撑,新的支撑位是买方建立持仓的另一个价位。

2.阻力背后的心理

阻力位是供应(沽售力)强得足以阻止价格进一步上升的价格水平。其背后的交易心理如下:随着价格逐步接近阻力位,对于卖方(供给方)而言,交易变得越来越划算,卖方将会认为这是较划算的交易从而更有可能卖出;而对买方(需求方)而言,交易变得越来越不划算,买方变得较不可能买入。由此,市场供给增加需求减少,将阻止价格向上突破阻力位。

就像支撑位一样,阻力位未必经常能守得住,若阻力位守不住被升破则显示买方在与卖方的角力中胜出,买入的需求多于卖出的供给,买方有更大意愿在更高的价格买入,一般价格将在更高的位置上出现阻力,新的阻力位是卖方建立持仓的另一个价位。

作为一项一般性原则,图表的时间框架越长,已建立的支撑位及阻力位将会变得更强。因此日图所反映的支撑位和阻力位将会比4小时图的支撑位和阻力位更强;4小时图所反映的支撑位和阻力位将会较1小时图的支撑位和阻力位更强;依次类推。

二、支撑位和阻力位的识别

支撑阻力位置非常有效的确认方法如下：

(1)前期成交密集区的水平延伸带;

(2)前期顶部和底部的水平延伸带;

(3)关键的黄金比率分割位置,比如0.618等;

(4)尾数为50和00的整数关口,比如1.1050、0.8600等;

(5)关键移动均线组。

三、运用支撑和阻力位的注意事项

(1)支撑和阻力不是独立生效的,往往越是多个分析方法所提示的支撑和阻力,如果在同一个价位附近,那么其有效性会比较高。

(2)支撑和阻力是可以突破的。当你通过某一个分析方法得到某一货币对的一道强

阻力,尽管目前的阻力效果很好,但不可以认为该阻力不可逾越,任何阻力在某种条件下都有可能被突破,支撑也同理。

(3)阻力和支撑只是在提醒某些位置,依据某一个分析方法有可能产生阻碍支撑的效果,这种阻碍支撑的效果有可能是真的行情到那就完全掉头了,也可能是到那以后是"暂缓"它的上涨或下跌,然后行情又继续运行。

(4)支撑和阻力,不同级别之间、不同信号之间所产生的有效性不一样,一般情况下,越是大级别的支撑/阻力,其支撑/阻力效果更明显,在实际走势中,突破也相对不容易一些。

第二节　支撑位和压力(阻力)位的有效确认

支撑位和压力位是外汇交易基本的入场点或出场点,因此交易中准确判断支撑位和压力位是交易者的基本功。识别支撑位和阻力位的方法有很多,包括直边趋势线法、N字形战法、前高/前低、技术指标法、移动平均线法、黄金分割法、枢轴点法等,其中直边趋势线法和N字形战法与前一章研判交易方向的方法相呼应。

一、直边趋势线法

利用直边趋势线判断压力位和支撑位。

美元兑瑞典克朗2021年10月至今(2022年8月8日)的日线图走势(见图8-6),连接其中的两个或两个以上(如图中的点1、2或3)较为明显的支撑或低点形成的直线就是上升趋势线MN。这条趋势线构成了汇价的支撑线。画出趋势线MN之后,汇价几次向下(点4、5、6)碰触该趋势线都反弹了,可见该趋势线对汇价形成了强有力的支撑。如今又来到趋势线支撑点7,该货币对已上涨相当长一段时间,所以接下来向上还是向下,要综合其他情况分析。若确认点7处能站稳,则点7又是个汇价回调后的做多加仓点;若汇价在点7处站不稳掉头向下,上升趋势线可能成为下一个阶段的压力线。假如后市来了一根大阴线(点7处)跌破了这根趋势线,然后有小幅上涨,但未有效反抽,趋势线MN则将转变成下个阶段走势的压力线,以后做单就要视为压力位,直至其被有效突破。

和上升趋势线相似,在下跌过程中,连接其中两个或两个以上较为明显的压力或高点形成的直线就是下降趋势线,图8-7是欧元兑美元2022年1月底至2022年8月8日的日线图走势,连接两个明显的高点(点a、b),可画出趋势线ST,该趋势线就构成了汇价的压力线。汇价几次向上碰触该趋势线都被压下去了(点c、d),可见该趋势线对汇价形成了强有力的压制。如今又来到趋势线阻力点e点附近,该货币对已下跌相当长一段时间,所以接下来向下还是向上,要综合其他情况分析。若确认e点依然受压于趋势线ST,则e点又是个汇价反抽后回落的做空加仓点;若汇价有效突破在e点,并成功站上该位置,ST可能成为下一个阶段的支撑线。以后做单就要视为支撑位,直至其被有效跌破。

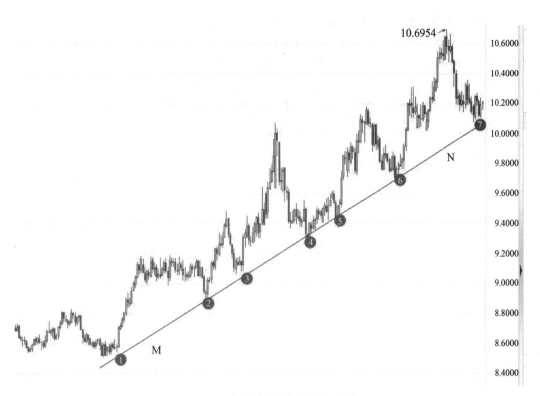

图 8-6 直边趋势线与支撑位实例

图 8-7 直边趋势线与压力位实例

支撑线,如果被成功突破,会反转成为下一阶段的压力线;压力线,如果被成功突破,也会反转成为下一阶段的支撑线(见图8-8)。该图是美元兑瑞郎2020年3月初至2022年8月8日的走势。点①处(2020年7月24日)之前直线CD可以视为汇价的支撑线,2020年7月24日一根较长阴线跌破趋势线CD,汇价自此回落,CD变成美瑞货币对的压力线,直至2022年4月19日(点②处)一根长阳升破CD线,此后汇价成功站上CD线,几次回调。都未跌穿该线——CD已经成为美瑞货币对2022年4月19日至2022年8月中旬走势的支撑线。

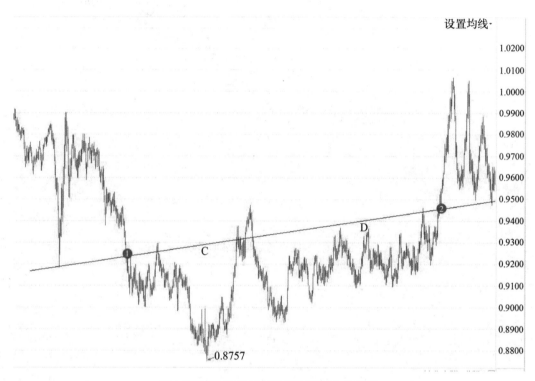

图8-8　直边趋势线与支撑位和压力位实例

二、N字形战法

N字形战法主要利用N字底和N字顶研判支撑位和阻力位。

(一)N字底(见图8-9)

图8-9为一典型的N字底示意图,后底(①处)为第一支撑位,前底(②处)可视为第二支撑位;在①处附近是入场做多的最佳点,①可作为第一防守位;一旦行情不涨反跌,跌破第二支撑,说明N字底形态已破坏,应该清仓离场。

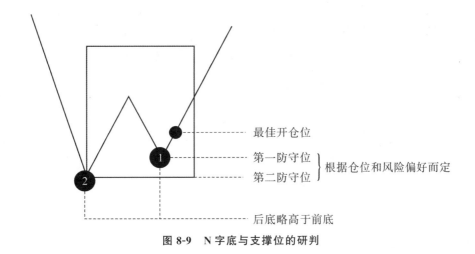

后底略高于前底

图 8-9　N 字底与支撑位的研判

（二）N 字顶

图 8-10 为一典型的 N 字顶示意图，后顶（①处）为第一阻力位，前顶（②处）可视为第二阻力位；在①处附近是入场做空的最佳点，①可作为第一防守位；一旦行情不跌反涨，升破第二阻力，说明 N 字顶形态已破坏，应该清仓离场。

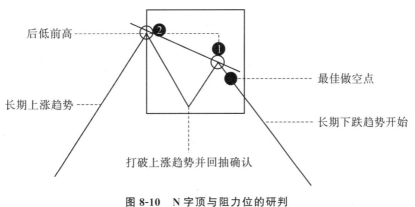

打破上涨趋势并回抽确认

图 8-10　N 字顶与阻力位的研判

三、前高、前低法

这种判断支撑位和压力位的方法是最简单的，具体计算阻力位和支撑位的公式如下。
阻力位的算法：

阻力位＝最低价＋[（前期高点－最低点）×0.109]

阻力位＝最低价＋[（前期高点－最低点）×0.25]

阻力位＝最低价＋[（前期高点－最低点）×0.375]

阻力位＝最低价＋[（前期高点－最低点）×0.5]

阻力位＝最低价＋[（前期高点－最低点）×0.625]

$$阻力位＝最低价＋[(前期高点－最低点)×0.75]$$
$$阻力位＝最低价＋[(前期高点－最低点)×0.875]$$

支撑位的算法：

$$支撑位＝最低价－[(前期高点－最低点)×0.109]$$
$$支撑位＝最低价－[(前期高点－最低点)×0.25]$$
$$支撑位＝最低价－[(前期高点－最低点)×0.375]$$
$$支撑位＝最低价－[(前期高点－最低点)×0.5]$$
$$支撑位＝最低价－[(前期高点－最低点)×0.625]$$
$$支撑位＝最低价－[(前期高点－最低点)×0.75]$$
$$支撑位＝最低价－[(前期高点－最低点)×0.875]$$

四、技术指标法

在实际交易中，可以利用技术指标法寻找支撑位与压力位。以布林线为例（见图 8-11），一般是通过观察布林线的上轨、中轨和下轨判断压力位和支撑位。当价格在布林带上轨与中轨之间运行时，布林带的中轨和下轨就会起着支撑作用，即会产生支撑位；当价格在布林带下轨和中轨之间运行时，布林带的中轨和上轨就会起着压力作用，即会产生压力位。

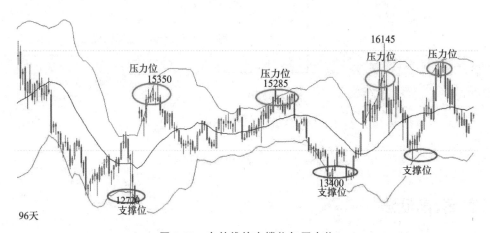

图 8-11　布林线的支撑位与压力位

一般来说，在布林线走平阶段，变化较小，这时候的支撑位与阻力位较为稳定，是进行高抛低吸操作的最好时段，当然防止突破现象的发生，止损单不可缺少。

五、移动平均线法

　　移动平均线的计算取的是多日收盘价的平均值,对汇价的波动有相对应的支撑和阻力作用,当汇价回调到均线附近,常会引起做多者抄底入场建仓,需求增加,从而在该处形成明显支撑;当汇价反弹到均线附近,则会引起做空者入场建仓,供给增加,从而在该处形成明显压力。

　　在使用均线分析短线支撑阻力的时候,一般要符合大周期小均线、小周期大均线这一原则。比如看日线,一般都是比较关注 5 日、10 日和 20 日均线的阻力。如果是 60 分钟图或者 15 分钟图,一般都是看 100、200 周期的均线。

　　美日货币对日线图(见图 8-12):1～3 点为均线支撑适合入场做多的位置;4～8 点为均线阻力适合入场做空的位置。

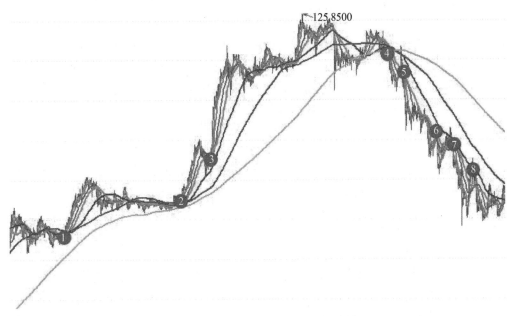

图 8-12　移动平均线与支撑位和阻力位

　　需要注意的是,如果使用均线法分析,那么都要按照均线的支撑和压力位进行买卖。

六、黄金分割线法

　　黄金分割线也叫做斐波那契回调线,当一段行情走完之后,想知道回调或者反抽可能到达的位置,就可以利用黄金分割线。在外汇交易市场上,大多数的技术指标都具有滞后性,导致交易者在使用时不太好掌握,但是,斐波那契回调线具有提前性,是寻找支撑位和压力位最常用也是最为有效的办法之一,能很好地帮助交易者挂单操作,提前布局。下面进行详细介绍。

(一)什么是黄金分割法

黄金分割率是自然界与社会中存在的一种数学规律。黄金分割法来源于黄金分割率,是计算强阻力位或强支撑位的一种方法,即人们认为指数或汇价运动的阻力位或支撑位会与黄金分割率的一系列数字有关,可用这些数字预判点位。

黄金分割中最重要的数字是:0.236、0.382、0.500、0.618 等。

黄金分割法的主要作用就是找到价格的压力位和支撑位,预测价格的回调和反弹的幅度区间并判断未来价格走势。

(二)黄金分割法的原理

黄金分割法的原理即气球反弹原理:在无外力的情况下,当一个气球从一个高点(如桌面)跌到地面时,必然有反弹出现,正常的反弹高度在桌面到地面高度的一半左右,气足的气球反弹会超过一半,气不足的气球反弹不足一半。根据这个现象,正常的汇价由高点A 下跌到低点 B,会由 B 开始反弹:

(1)正常的反弹位在一半也就是50.0%的位置,然后会像气球一样开始下跌;

(2)如果能量很弱(气球气不足)反弹不会超过 50.0%,一般在 38.2%位置止涨回落;

(3)如果能量很强(气球气很足)会达到 61.8%,然后开始下跌;

(4)如果有外力(资金推动,有庄家)会创出新高。

(三)黄金分割法的作用

黄金分割法常用于寻找上涨行情中回调的支撑位和下跌行情中回调的压力位,预测价格回调和反弹的幅度区间和判断未来价格走势。黄金分割线提供了一些不容易被突破的阻力位或支撑位,投资者需要确认该阻力位或支撑位是否被突破后再做投资决策,而不是一到阻力位就卖出或一到支撑位就买进。黄金分割率所用于预测的周期越长,准确性往往越高。

如果价格在黄金分割线的上方,黄金分割线提供支撑;反之就是提供阻力。

不同的指标适合于不同的行情,比如 MACD 适合于单边趋势行情,而 RSI 更适合于震荡行情,但黄金分割线两者都适合。

(四)黄金分割线的取点及其画法

(1)前提:首先必须确认一段行情的趋势已经彻底走完并开始反转,确认趋势反转的条件有三个(以上升趋势反转为例):①不创新高或者创出新高后未能继续上升,迅速跌回高点下方;②跌破上升趋势线;③创出新低。当三个条件都满足时,可以确认一段趋势的结束。

(2)如何取点:在绘制黄金分割线的时候,所取点位不同,得到的结果也不同,一般应找到一段趋势的最低点和最高点,其中趋势的开始点为起点,趋势的结束点为终点。

(3)如何画:在一段上升行情中,可以在最低点(起点)和最高点(终点)之间画出黄金分割线,由下往上画;反之,在一段下跌行情中,可以在最高点(起点)和最低点(终点)之间画出黄金分割线,由上往下画。画好后可以看到 0.382、0.500、0.618、0.809 等几条位置线,这些就是黄金分割的百分比。这些位置线一般就是可能出现阻力或支撑的位置,通过位置线就能够清晰看到可能回调的位置了。

(五)黄金分割线的画法、图解及其有效性检测

斐波那契回调线有两个方向,下面对其画法、图解及其有效性检测进行详细说明。

1.上涨黄金分割图

(1)画法及图解(见图 8-13):汇价处于见底上涨阶段,以此时的最低点为基点,用鼠标左键点击此低点,按住鼠标左键,拖动鼠标使边缘线与对应高点对齐,即追溯到前一波下跌波段的最高点,松开鼠标左键,生成向上反弹至上方压力位的黄金分割图。中间会出现 0.382、0.500、0.618、0.809 等分割线作为压力线,从中寻找波段做空建仓或者多单平仓机会。

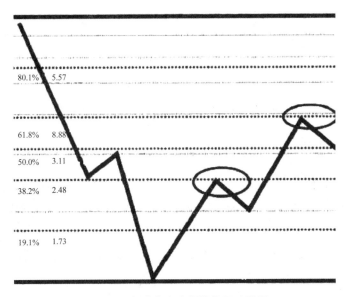

图 8-13　上涨黄金分割线的画法图解

模型讲解:

①汇价经过一波持续回落后出现调整低点,并且开始触底反弹。

②选取汇价波段高低点,从低点向上拉升至调整起始高点。

③黄金分割线会显示出未来汇价反弹至 0.382、0.500、0.618、0.809 等黄金分割比例点位。

④分割点所在直线为汇价反弹的阶段性阻力线。

(2)有效性检测

如图 8-14 所示,2009 年 12 月 1 日为前一波行情的高点(图中②点处),2010 年 6 月 8 日为前一波行情的低点(图中①点处),用黄金分割线(东方财富行情软件中,在"画线"的"空间"项下找)从低点向高点画,即形成该图。③～⑫点都是在重要黄金分割线位置显示了支撑或阻力,为做单交易提供重要参考。

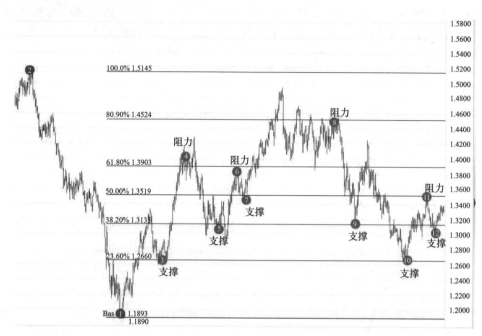

图 8-14　欧美货币对 2009 年 12 月初至 2012 年 4 月初的走势

2.下跌黄金分割图

(1)画法及图解(见图 8-15):汇价正处于见顶回落的阶段,以此高点为基点,用鼠标左键点击此高点,并按住鼠标左键不放,拖动鼠标使边线对齐相应的低点,即回溯前一上涨波段的谷底,松开鼠标左键系统即生成黄金分割线。在一波下行趋势中,汇价回落遇到黄金分割线,可将其视为阻力线,从中寻找波段做多建仓或者空单平仓机会。

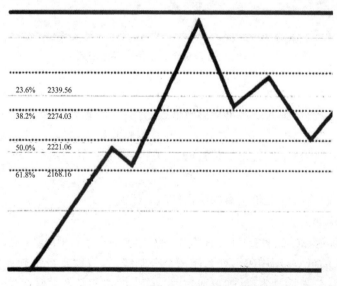

图 8-15　下跌黄金分割线的画法图解

模型讲解：

①在对下跌黄金分割线进行分析之前,汇价都经历过一波拉升。

②选取汇价波段高低点,从高点向低点连线。

③黄金分割线会显示由高到低分别为 0.236、0.382、0.500、0.618、0.809 等几个重要黄金分割线位置。

④汇价从高位下跌,很少是垂直的,多是呈现波段回落。可选在 0.382、0.500 等支撑位置进行波段操作,获取短线利润,或将反弹视为出场点。

（2）有效性检测

如图 8-16 所示,2022 年 3 月 31 日为前一波行情的低点(图中①点处),2022 年 5 月 13 日为前一波行情的高点(图中②点处),用黄金分割线(东方财富行情软件中,在"画线"的"空间"项下找)从高点向低点画,即形成该图。②点之后,在重要黄金分割线位置显示了支撑或阻力,为做单交易提供重要参考。

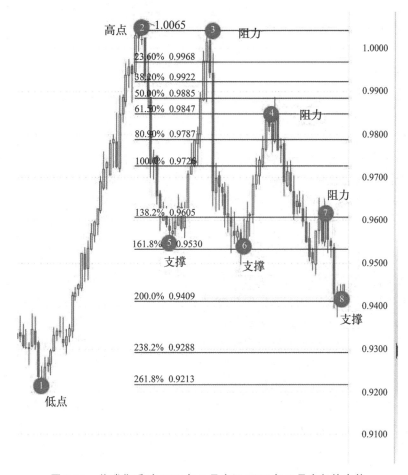

图 8-16　美瑞货币对 2022 年 3 月底至 2022 年 8 月中旬的走势

（六）黄金分割线的经验结论

（1）在一个上升或下降行情中的 38.2％、50.0％和 61.8％等重要位置将会受到阻力或支撑。

（2）在下降行情中，如果价格反弹突破其之前下跌幅度的 38.2％，表明市场有可能形成上升之势，而价格一旦突破其下跌幅度的 50.0％，则上升趋势确立。

（3）在上升行情中，如果价格下降跌破之前上涨幅度的 38.2％，表明市场有可能形成下降之势，而价格一旦跌破其上涨幅度的 50.0％，则表明下降趋势确立。

（4）当趋势改变之后，其回调或者反抽一般会达到 0.618 的位置，0.618 是最重要的位置。

（5）如果上一级别的趋势未被破坏，可以同时画黄金分割线，如果 0.382 的位置落到被破坏趋势的 0.618 的位置附近时，这个位置的作用更明显。

（6）有些趋势改变之后，只在反向运动 50.0％的附近就回头，这种情况下，极有可能在更大范围内同向趋势将继续。

七、枢轴点法

枢轴点的计算公式如下：

枢轴点＝（最高价＋最低价＋收盘价）/3

支持位 1＝（2×枢轴点）－最高价

阻力位 1＝（2×枢轴点）－最低价

支持位 2＝枢轴点－（阻力位 1－支持位 1）

阻力位 2＝枢轴点＋（阻力位 1－支持位 1）

支持位 3＝最低价－2×（最高价－枢轴点）

阻力位 3＝最高价＋2×（枢轴点－最低价）

以上就是若干常用的支撑位、阻力位研判方法，可以选择适合自己的方法加以运用，另外支撑位、阻力位的使用在实操中要注意以下几个方面。

首先，阻力位不一定非要做空，支撑位也不一定非要做多，一切要视具体情况而定。对于激进的投资者来说，到了支撑位想做多的，最好是采取分批进场的方式，先试探一下；如果判断对了，有了盈利之后再加仓，如果错了，可以在下一个支撑位置补仓。对于稳健的投资者，最好等具体交易时机出现了再进场。

——从 K 线的角度看，要等出现十字星、看涨吞没、刺透、锤头以后才考虑进场。

——从形态的角度看，要等背离、头肩底或者 W 底等形态出现以后才考虑进场。

——从趋势线的角度看，等小型级别的下降趋势线突破以后才考虑进场。具体技巧详见第九章。

其次，阻力与支撑是可以互换的，如果重大的压力位被有效突破，该压力位则反过来变成未来重要的支撑位；如果重要的支撑位被有效击穿，该价位反而变成今后价格上涨的压力位了。

　　最后,虽然判断支撑和阻力位置的方法有不少,但初学者不宜将其混合起来使用,这样容易导致无所适从,如果使用均线法分析,那么都要按照均线的支撑和压力位买卖;如果按直边趋势线分析,那么都要按照直边趋势线的支撑和压力位买卖。

本章实训任务

　　任务一:在上一章本章实训任务报告 I_1 的基础上,结合具体的货币对(必须与上一章本章实训任务的货币对一致),运用相关的支撑位和阻力位判断技巧,对该货币对进行支撑位和阻力位的研判,并形成详细的分析研判报告 I_2,该报告的结论作为后续交易的"交易依据"。

第九章　等待交易时机技巧

一、理解交易时机含义及等待交易时机的重要意义

二、理解并掌握等待交易时机的基本技巧

第一节　等待交易时机的意义

一、交易时机的含义

交易时机即入场的机会或入场点,指可以带来盈利的机会。外汇市场的机会很多,在各种交易时机中,交易者要沉着应战,冷静甄别,把握最理想交易机会,最理想的交易机会并非盈利空间最大而是最利于把控,能够将风险控制在自己承受范围之内的最适合的交易时机。

二、交易时机的筛选

第一步,选择理想的交易机会:抓大放小,有西瓜就不追求芝麻。

面对市场各种交易机会,筛选时需要把握的核心原则是:尽量顺势,顺应更大一个时间级别的走势方向。比如,若进行日线图级别的中线交易,则应该尽量顺应周线图或者月线图的方向;进行小时图级别的交易,则需要尽量顺应 4 小时图或者日线图的方向;倘若只做 15 分钟图的交易,也最好要与 30 分钟或 1 小时图的方向一致。

把握交易机会的核心思路是:有西瓜就不追求芝麻。在盘整和趋势不明显时尽量不要入场。若不同级别的趋势走向相矛盾,要顺时间级别大的趋势,少做或不做逆市单。比如当下市场的中期趋势是看涨的,而短期趋势看跌,当然应该把握中期趋势(视为西瓜),交易方向按照作涨的方式交易;短期趋势(视为芝麻)看跌,则应该在短期趋势向下的回调过程中寻求更好的做多机会,放弃那些短期走势中一些做空的机会。

第二步,寻求最佳买卖时机:做风险最小、能在市场生存、时机最适合的交易。

一般情况下,交易的风险体现在亏损上,亏损大小,交易者自己可以控制和把握;而盈利的多少,则只能由市场决定。我们把握理想交易机会的时候,不是要把握盈利空间最大的机会,而是要把握风险最小、最利于我们控制的机会。

一般而言,利润越高,风险就越大,交易者在追求高利润的同时,也意味着高风险,而大的风险只要发生一次,就足以使交易者失去连续交易的能力,该能力是交易者在汇市生存和发展的保障。因此最佳交易机会不是赢利空间最大的机会,而是风险最小、获利周期最短的机会。此类交易即使失误几次也不会影响交易者在风险最小的情况下继续交易的能力,因为每次的亏损都不大,所以自己的交易就多了许多可能,可以多进场交易几次以获取更好的交易机会。交易量增加了,寻找获利机会的可能性自然也就增加了。

如何界定风险最小的交易时机,无统一的标准。影响因素包括个人风险承受能力、资金规模、交易方式等。比如,对于交易者 A 而言,50 个基点的损失可以承受,但对于交易者 B 而言,最大只能承受 30 个基点的风险,而交易者 C 的风险承受能力只有 20 个基点。所以风险最小的交易机会就是交易者能承受的,即便发生些损失也不会失去持续交易能力的机会,能使交易者在市场上生存下来进行继续交易的机会。

综上所述,基于交易风险管理的基本要求,最好的交易时机不是赢利空间最大的机会,而是风险最小、利于在市场生存、时机最适合且获利周期最短的机会。

此外,寻求最佳买卖时机有一个前提:只做有依据的买卖。在寻找买进做多时机的时候最好不要猜低点,应等低点出来并确认后风险就会小很多;卖出做空时候也不要猜高点,最佳的卖出时间是高点出现以后,经过确认后做空。如果一段行情只是单纯看涨或者看跌,而无法找到合适入场点位把风险控制在有限的范围之内,一旦判断出现失误,则可能造成较大损失,此类机会应该舍弃。我们追求的交易机会应该是风险能够控制在最能承受的范围之内的一些机会。

三、等待交易时机的意义

善猎者必善等待,等也是交易的一环,且非常重要的一个因素,耐心等待自己最好的交易机会,没等到时机宁可错过不可做错。

(一)频繁交易是外汇交易之大忌

外汇交易的新手一般不太懂得或重视交易机会的等待,他们面对不断跳动的 K 线图,容易显得异常兴奋,以为市场随时都存在大把的交易机会,于是往往将注意力集中在短时间周期的 K 线图,如 15 分钟、5 分钟图,甚至是 1 分钟图或者分时图,试图抓住这些图中每一次波动的机会,于是就会很频繁地进行做单。过度交易、频繁交易会带来许多弊端。

第一,不利于对市场大方向大趋势的把握。新手刚刚入市容易仓促地进行频繁交易,容易只见树木不见森林,不利于大势的研判,不利于真正交易机会的把握,导致越做越错,越错越急;在行情不明朗的时候也强行入市,结果陷于赚了小钱亏了大钱的被动境地。

第二,增加交易的风险。任何一笔交易都是风险和收益并存,若总是在不同的行情当中频繁交易,疲于奔波,做错的失败风险自然陡增,导致不同程度的亏本,极不利于在市场中生存下来。

第三,增加交易费用。在外汇市场频繁交易除了付出大量的时间和精力之外,还有一个刚性的成本,就是交易费用。在 MT4 中,主要体现在买入的价格与卖出的价格之间相差的点数(即点差)。交易越频繁,产生的交易费用越多。

(二)等待交易时机的必要性

众所周知,猎豹是世界上跑得最快的动物,它目光锐利、行动敏捷、爪齿锋利、擅长奔跑,能够捕捉草原上的许多动物,但是它会等到有把握时才出击猎物。它每次躲在树丛中可以等上一周,就是等那正确的一刻,而且它等待捕捉的并不是任何一只小羚羊,而是一只有病或者跛脚的小羚羊,只有当万无一失的时候,它才会去捕捉。在大自然适者生存的猎豹就是优秀的外汇交易员交易方式的生动缩影——耐心等待必胜的时机。

外汇行情时刻在波动起伏,似乎充满机会,但事实上市场并不总是充满机会,不要奢望能抓住行情的全部波动,把握每一段行情,我们不可能也完全没有必要每时每刻都做交易。

外汇市场是一个没有硝烟的战场,多空的厮杀博弈非常激烈且残酷无情,稍不留神就会被收割,新手要避免成为"韭菜",在风险与机遇并存的外汇市场上保住本金"活下来",务必避开频繁交易的坑,要练就成为"谋定而后动,知止而有得",善于耐心等待时机出现的人;练就"观阵、布局、排兵、制胜"的系统性战略,具备耐得住寂寞,守得住繁华的心性与境界。

实践证明,往往好的交易机会是等出来的,不是预测出来或者找出来的。因此,要想抓住好的交易机会赚大钱,除了要有敏锐的市场嗅觉和独到的眼光外,还要有极大的耐心。所谓善猎者必善等待,这是交易大神与普通交易者的一个重要区别。因此普通投资者应该学会做一只蛰伏于市场的猎豹,大部分时间以观望为主,要耐心等待自己能把握的最完美的机会图形出现,然后像猎豹那样做最精彩的出击。

善于等待是外汇市场公认的制胜秘籍之一。即便一个优秀的交易者在趋势开始的前期,已对后市行情进行了准确无误的预测,最好也要等到趋势确定而没有剧烈反复时进场。新手入市前请务必记住:**交易是一场等待的游戏,耐心是一项重要的技巧,**要在外汇市场赚钱,必须在正确的时间做正确的事情。学会等待最佳的交易时机是汇市制胜之道。

第二节 等待交易时机技巧

一、全球外汇市场交易时间与交易时机

在外汇交易中,抓住最佳入场时机,首先要明了外汇交易时间,解决在哪个交易时间段去等待的问题。

全球外汇市场没有中心交易所,是一个24小时全天候的无形市场,因此没有统一的开市和闭市时间。以北京时间为标准,每天凌晨的时候,从新西兰的惠灵顿开始,直到次日凌晨美国西海岸市场的闭市,澳洲、亚洲、欧洲、北美洲各大市场首尾衔接,在营业日的任何时刻,交易者都可以找到相应的外汇市场进行交易。

世界主要外汇市场的交易时间大家详见本书第一篇第二章的相关内容。

(一)三大交易时段细化分析

1.按大洲将24小时划分为三大交易时段。

——亚盘时段:北京时间 8:00—16:00

——欧盘时段:北京时间 15:00—24:00

——美盘时段:21:00—次日凌晨 4:00

夏令时交易时间往前推一个小时。

2.按主要的交易市场划分为三大交易时段

(1)东京交易时段

东京交易时段在三大外汇交易时段属于规模最小的,主要是因为日本市场目前的交易量约占6%。但是该时段亚太的货币流动性会变强,并且日元出现波动的概率会大一点。因此,习惯于做日元交易的投机者,往往都是在此时开始交易的。整体而言,外汇交易量的21%产生在该交易时段。

(2)伦敦交易时段

进入伦敦交易时段,全球外汇市场一天的波动开始加剧,散户在这个时段的机会也将逐渐增多。伦敦交易时间交易量巨大,流动性很高,点差也会比东京时段低。由于伦敦时段会有大额交易产生,该时段通常也是市场波动最大的时段。市场趋势在伦敦时段的尾段可能出现逆转,因来自欧洲的交易者可能打算进行获利了结操作。整体而言,外汇交易量的30%产生在该时段。

(3)纽约交易时段

由于美国股市是全球最大的资本流动中心,并且美元在金融市场影响力巨大,因此纽约外汇市场是全球最活跃的外汇交易市场,其高度的活跃性也就意味着投资者盈利机会的增多。在纽约外汇交易市场,美国GDP数据、利率变化、生产价格指数、消费价格指数、

失业率以及美联储公开言论等一系列基本面数据,都会在此时产生重要的影响。

(二)每天各时间点(北京时间)细化

以下行情的走势情况是一个概况,比较笼统供参考。

(1)早上(8:00—12:00)亚洲市场的清淡行情。

8:00—9:00是日本开市时间,它承前启后,有可能是前一个交易日的回调,也可能是一个新趋势的开始,假动作比较多,此时很容易被骗,不适合进场。

9:00—10:00日本开市一小时后,行情逐渐明朗,比较适合交易。

12:00—13:00午休时间,行情不明朗,不适合交易。

(2)下午(14:00—18:00)欧洲上午市场中等震幅行情。

13:00—15:00欧洲市场头一天行情结束后经过隔夜走势,行情已回调到位,顺应前一个交易日趋势进场,效果很好。

15:00—17:00和13:00—15:00相似,但是稍微晚一些,价位可能没有前者好,但还是可以进场。

17:00—19:00价位不好,欧洲市场开市早期,容易被日内的回调和争持忽悠。

19:00—20:00美国第一波数据出来前,此时进场,效果较差。

(3)晚上(20:00—24:00)欧洲下午盘和美国上午盘大幅波动行情。

20:00—21:00美国第一波数据出来后,可择机进场,效果尚可。

22:00—23:00美国第二波数据出来前进场,效果较差。

23:00—24:00美国第二波数据出来后,可择机进场,效果尚可。

(4)深夜(00:00—清晨)为美国下午盘小幅修正行情。

(三)最佳交易时间

伦敦和纽约市场在北京时间20:00—24:00处于重叠交易时段。重叠的意义在于此时来自伦敦和纽约两大金融中心的交易者们开始忙碌起来,有相当多的操盘手,会对市场情况产生影响。活跃的操盘手越多,市场的流动性就越强。高流动性意味着价格下滑的可能性越小,订单被填写的可能性越高,货币的差价会减少。同时由于美国经济数据的公布,市场的变化也会比较大。

(四)不适合交易的时间

节假日是不适合交易的时间,比如英国或美国的银行假日,因为在没有这些国家参与的情况下,市场交易量与流动性会比平常低。另外,由于星期五的行情最难预测,因此周五也不适合交易。此外,在数据或新闻时间发布前,我们很难预测价格的运动方向,如果在没有把握相应方法之前贸然交易,结果可能令你痛苦不堪,当然很多交易者也会选择这段时间交易,抓住一波大行情。

(五)中国最佳的交易时间

在中国的外汇交易者拥有别的时区不能比拟的时间优势,就是能够抓住15点到24

点这个波动最大的时间段。而一般的投资者都是从事非外汇专业的工作,即使由于工作不能抓住下午的交易,也可以在欧美重叠的时段进行交易。晚上 8 点到 12 点这段时间是自由时间,正好可以用来做外汇投资,不必为工作的事情分心。晚上 20:30 以后,是外汇市场第二次行情开始的时间,此时欧洲中午休息完了,美洲开市交易,容易捕捉到最好的交易机会。

此外如果上午做单多关注纽元、澳元、日元市场,晚上则更关注美元和欧元相关交易。

(六)超短线操作时机

看 15、30、60 分钟图,关注:
——欧洲、美国开市前 30 分钟和开市时的汇率波动;
——所有重大事件公布前和公布后的汇率波动;
——重要经济数据公布前 30 分钟和公布后的汇率波动;
——重要人物讲话前和讲话后的汇率波动。

二、等待交易时机的具体技巧

这部分具体谈谈如何等的问题,在依据自己拟交易的货币对,选定最佳入场时间,并通过基本面和较长时间框架技术面的分析判断了"势"(行情趋势),通过主时间框架技术面的分析判断了"位"(行情的具体位置)之后,通过短周期的时间框架技术面的分析来确认"态",由此定出交易时机(进出场时机),等待最佳交易机会。

在市场预测阶段,技术分析或基础分析都可采用,但到了决定具体进出场的交易时机这一环节,一般只能仰仗技术分析了。

(一)依据 K 线形态等待交易时机

外汇市场 24 小时连续运行,涨涨跌跌,永不停息。其走势就如地球上的昼夜转换,周而复始。这部分是解决"态",核心是决定入场时机的问题,我们重点通过 K 线的组合形态来研判,当然 K 线组合形态与其所处的位置必须基于"位"来考查,因此具体分析方法如下。

1.当行情处于支撑位附近及刚刚突破支撑位时

(1)行情处于支撑位附近,表明此时行情处于筑底阶段,汇价处于底部区域。汇价底部形态一般有三重底、头肩底、双重底(W 底)、半圆底(锅底)、早晨之星、看涨吞没形态、阴孕阳形态等。筑底阶段底部横向构筑面积越大,代表上涨累积的动能越多,上涨的幅度也越大。

在该阶段,做多者可以进行开仓,执行低买高卖的区间操作。如果你是属于保守的交易者,筑底阶段可以观望。等待上升阶段,即右侧机会的到来。

(2)当汇率突破上述底部 K 线形态的颈线时,表示一轮上升趋势的开始,属于行情的涨潮期,上升高度一般是前期底部的垂直高度。该阶段往往上涨幅度很大,速度也较快。上升阶段的初始阶段是做多者勇敢追求购买的最佳时机。上升阶段也是多头的主要利润来源。

2.当行情处于阻力位附近及刚刚突破阻力位时

(1)行情处于阻力位附近,表明此时行情处于筑头阶段,筑头阶段是上升阶段的后半部分,汇价处于行情的顶部区域。汇价见顶形态一般有三重顶、头肩顶、双重顶(M 顶)、圆弧顶、黄昏之星、看跌吞没形态、阳孕阴形态等。此时,市场趋势试图再次推高,但多头无法全力突破此前高点,在高位反复震荡。该阶段,之前做多者应该了结平仓;准备做空者可以建仓入场。

(2)当汇率突破上述顶部 K 线形态的颈线时,表示一轮下跌趋势的开始,下跌阶段的方向与上升阶段相反,属于行情的退潮期,下降速度很快,直到动能消失并转到底部阶段。下跌阶段之初,是准备做空者最佳的入场建仓点位;当然,如果手中有多单要尽快坚决平仓。

3.K 线形态与其他技术指标的结合

K 线形态用于研判入场时机是个综合的技术活,上述研判是与支撑位和阻力位的结合,还可以与其他技术方法结合使用,举若干例子如下。

第一,使用 K 线形态与背离相结合决定交易时机。

图 9-1 中行情做了一个非常标准的 W 底。它的形成过程为,当汇价下跌到一定价位

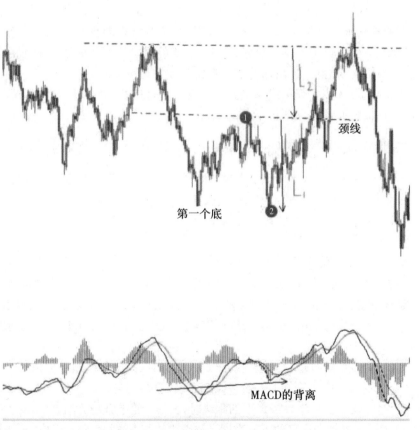

图 9-1　K 线形态与背离结合的交易时机

（图中的第一个底）时，由于下跌时间已经很长且下跌点位已经很多了，很可能会遇到合理的支撑价位，此时汇价暂时止跌从而形成图中的第一个底，而汇民则纷纷入场买进，从而促使行情反弹回升一段时间，但在反弹至①点后又遭到强大压力而再度下跌，市场情绪再度悲观。此轮下跌若仅跌至前一低点（图中的②点）附近，就开始反弹，那往往是形成 W 底的初步信号，此时可过①点画一条平行于两个低点的水平直线，该线为 W 底的颈线，若汇价向上突破颈线，往往会伴随着显著增加的交易量，那么 W 底形态即宣告完成。且在第二个底（图中的②点）时 MACD 形成明显的底背离，这就更增大了向上的动力，W 底具有预测汇价走势的功能，其基本涨幅为第二个低点到颈线的垂直距离（图中的 L_1），所以，投资者可在底背离做出后进场交易：若在颈线附近受阻则平仓离场，若成功突破则可看到从颈线到底的这样一段距离（一般 $L_2 = L_1$）。实际行情是在颈线附近经过两次突破回踩后成功向上拉升，上涨距离为 L_2（约等于 L_1）。

图中行情为澳美货币对 2021 年 10 月底至 2022 年 4 月初的走势

第二，使用 K 线形态与均线相结合决定交易时机。

利用 K 线与均线的位置关系选择交易时机，若 K 线在均线之上，当出现了买入做多的 K 线组合或者形态时，可以按信号入场做多；若 K 线价格在均线之下，当出现了卖出做空的 K 线组合或者形态时，可以按信号卖出做空。这是非常简单机械的一种交易方法，却是十分有效的一种方法。

（二）依据趋势线等待交易时机

趋势线即直边趋势线，除了用来研判趋势外，还用于捕捉购买或沽售的时机。趋势线的使用方法非常简单。

1.运用上升趋势线等待交易时机

——没有被跌破之前，上升趋势线是每一次价格回落的支撑，该支撑位是又一相对低点，表明价格预期将会再次走高，存在建立看多头寸的机会，是比较好的做多机会。如图 9-2 中的 A 点和 B 点都是比较好的做多信号。

——当汇价在上升趋势线上方向下突破支撑线并且 K 线图收于该支撑线下方，表明价格预期将会走低，存在建立看跌头寸的好机会，应做空，如图 9-2 中的 C 点是比较好的沽出信号。

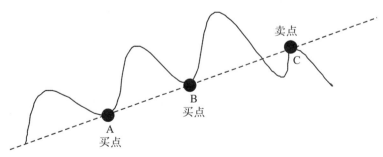

图 9-2　上升趋势线与交易时机

2.运用下降趋势线等待交易时机

——没有被升破之前,下降趋势线是每一次价格回升的阻力,该阻力位是又一相对高点,表明价格预期将会再次走低,存在建立看空头寸的机会,是比较好的做空机会。如图9-3中的D点和E点都是比较好的沽出信号。

——汇价在下降趋势线下方向上突破压力线并且K线图收于趋势线上方,表明价格预期将会走高,存在建立看涨头寸的好机会,应做多,如图9-3中的F点便是比较好的买入信号。

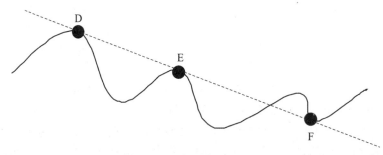

图9-3 下降趋势线与交易时机

支撑线和压力线是可以相互转化的,当汇价从上向下突破一条支撑线后,原有的支撑线将可能转变为压力线;而当汇价从下向上突破一条压力线后,原有的压力线也将可能转变为支撑线。

一般情况下,趋势线被突破后,通常都会有回抽确认,实际操作中,在回抽确认时入场是较佳的选择。举例如下:

观察图9-4,美元兑日元在a、b、c处形成三个高点,连接这三个高点即形成一条压力线MN,之后美元兑日元从下向上升破这条压力线,形成对该压力线的一次突破上升。一般情况下当汇价上升突破了重要压力线后会继续上涨,压力线对汇价的影响就从原来的压力作用转为支撑作用,交易方向也应该由原来的做空转为做多。那么比较好的入场时机应该放在哪里呢?做多的入场时机要等汇价回落到MN附近又不破MN——说明MN的支撑有效,此时择机买入(如图9-4中的点①处)。

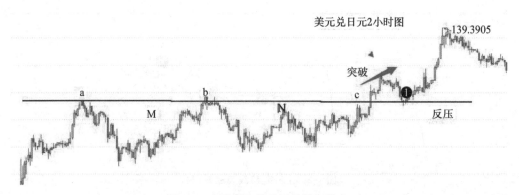

图9-4 突破压力线的回抽做多机会

观察图 9-5，澳元兑美元在 d、e、f 三个点上形成了 3 个低点，连接它们形成一条支撑线 PQ，汇价一旦跌破 PQ，形成下跌突破，且汇价跌破了重要支撑线后一般会继续下行，PQ 对汇价的影响就从原来的支撑作用转为压力作用，交易方向也应该由原来的做多转为做空。比较好的入场做空时机最好要等汇价回抽到 PQ 附近又不破 PQ——说明 PQ 的阻力有效，此时择机做空（如图 9-5 中的点②处）。

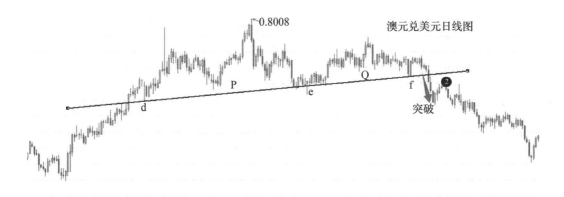

图 9-5　突破支撑线的回抽做空机会

(三)依据通道线捕捉交易机会

通道线是由趋势线引申出来的，又称轨道线。

1.上升通道与交易机会的捕捉

在得出上升趋势线后，通过第一个峰可做出这条趋势线的平行线，即上升轨道线，上升轨道一旦形成，汇价将会在轨道内运行，即在上升通道的下轨形成明显的支撑，在上升通道的上轨汇价又遇阻回落。一般不会轻易突破轨道的上轨和下轨。当最终汇价放量向下突破上升通道下轨时，便宣告上升趋势的结束和下降趋势的开始，而成为重要的卖出时机（见图 9-6）。

如图 9-7 所示，有时汇价也可能向上突破，对上轨的突破则意味着汇价已脱离以前轨道的限制，汇价的上扬将会加速，即原来的趋势线将被更为陡峭的趋势线所代替。向上突破上升通道上轨的压力，出现加速上涨，短时间内升幅常常可观，把握得当短期内可获丰厚利润。因此，在上升趋势中，当汇价放量突破上升通道上轨时是短线买入时机。

利用此种方法操作时应注意以下几点：

(1)汇价向上突破上升通道上轨线是汇价加速上涨和上升趋势末期的信号，持续时间一般不会太长，迟早还会跌回通道之内甚至更低。

(2)汇价向上突破上升通道上轨线时买入，如很快又跌回上轨线之内应止损出局，虽然突破后偶有回抽，也不应收盘在上轨线之下。

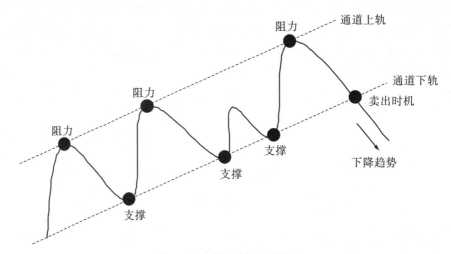

图 9-6 上升通道与交易机会

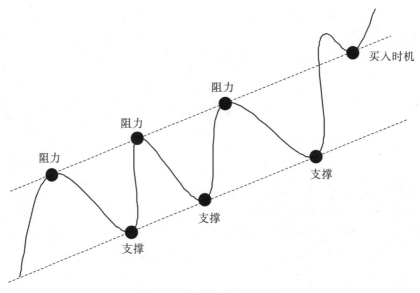

图 9-7 上升通道与交易机会

（3）汇价向上突破上升通道上轨后的量度升幅是上升通道内的垂直高度或其数倍。

（4）在上升通道中,汇价每次回落在下轨线获得支撑时也是短线买入时机。

2.下降通道与交易机会的捕捉

下降趋势线是由下降趋势的两个峰顶连成的直线。当下降趋势线确定以后,再选择居于组成下降趋势线的两个峰顶之间的谷并作一条平行于下降趋势线的直线,该平行直线与下降趋势线之间的范围就称为下降通道。下降趋势线称为下降通道的上轨线,与下降趋势线平行的直线称为下降通道的下轨线。

一般来说,当汇价在下跌过程中,跌至下降通道的下轨便会产生支撑而反弹,反弹至下降通道上轨时又会遇阻回落。当最终汇价放量向上突破下降通道上轨时,便宣告下降趋势的结束和上升趋势的开始,而成为重要的买入时机(见图 9-8)。

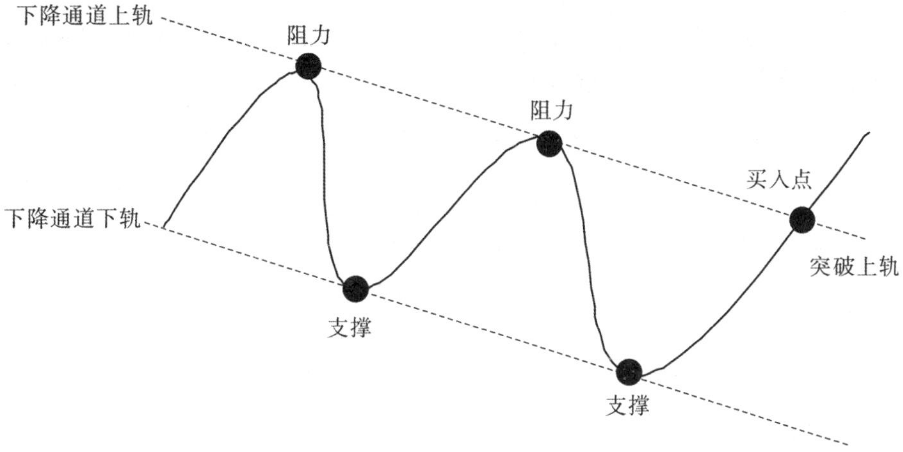

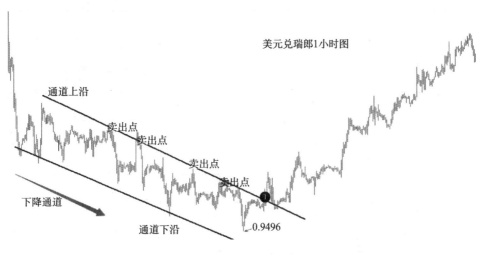

图 9-8　下降通道与交易机会

利用此种方法操作时应注意以下几点:

(1)下降通道实际上是下降趋势线分析的延续和补充,但其在实际操作中比下降趋势线具有更强的可靠性和实用性。

(2)成交量是衡量突破是否有效的重要指标。汇价向上突破下降通道时,成交量应该放大,否则突破的可靠性降低或汇价出了下降通道后也难以上涨而横向运行。

(3)短线操作者也应把汇价在下降通道中下跌碰到下轨线获得支撑时当作买入时机。

(4)区分大通道与小通道。大的下降通道被突破后要比小的下降通道被突破后走势强得多。

(5)下降通道有效向上突破后的量度升幅至少是下降通道的垂直高度或其倍数。

例如:图 9-9 是美元兑瑞郎的 1 小时图,美瑞此时处于一个明显的下跌通道中。

图 9-9　下降通道与交易机会实例

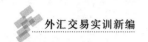

每次碰到通道上沿时都是一个很好的做空美瑞点,待美瑞下跌到下降通道下沿附近时再平仓;但是如果美瑞一旦有效突破了下降通道上沿(图中点①处),就形成了一个区间突破,后续可能迎来一次大幅上涨(点①处突破后如果有发生回踩,上涨更有保障)。此时应立即平掉手中之前的空单,然后反手做多美瑞。

(四)依据 N 字形战法捕捉交易机会

主要运用 N 字底形态和 N 字顶形态来捕捉交易机会,具体参考上一章相关内容及图 8-9 和图 8-10 所示及其说明,在此不再赘述。

(五)应用黄金分割线捕捉交易机会(见图 9-10)

斐波那契回调线用于捕捉交易机会便利清晰。

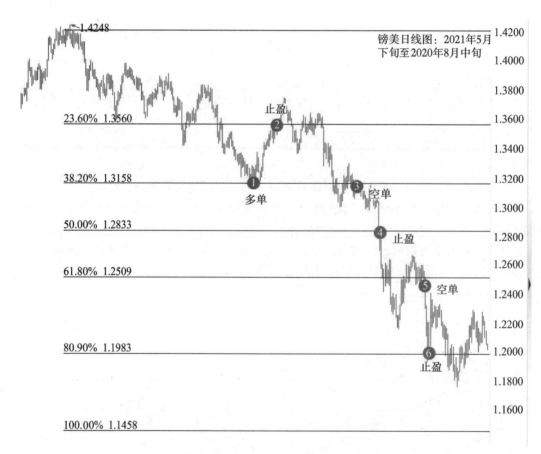

图 9-10　黄金分割线与交易机会

(1)在回调线的上方挂多单:若在回调线附近,K 线实体没有有效跌破显示该回调线对汇价形成有效支撑,则入场做多。例如,点①处于 0.382 线上,K 线未跌破 0.382 线,并在此处形成重要支撑,此时可考虑在点①上方布局一张多单,止盈位可设在上一条回调线 0.236(即点②)处,止损可设在点①下方,以此类推。

（2）在回调线的下方挂空单：若在回调线附近 K 线实体跌破关键支撑位后，开启下跌行情，则入场做空。例如点③处于 0.382 线上，K 线跌破 0.382 线，该线已经成为重要阻力线，此时可考虑在点③下方布局一张空单，止盈位可设在下一条回调线 0.5（即点 4）处，止损可设在点③上方，以此类推。

三、判断有效突破的技巧

在运用上述基本技巧进行捕捉交易机会时，常离不开一个关键字眼"突破"，这里的突破应该是有效突破、真突破，区别于无效突破、假突破。

突破是技术分析的重要方面，包括对于各种 K 线形态颈线的突破、对趋势线的突破、对通道的突破以及对均线的突破等，如何判别原来的支撑和阻力是否被突破，是有效的突破还是非有效的突破，于交易至关重要。以下是研判是否为有效突破的一些基本技巧。

1.收盘价的突破是真正的突破

汇价的收盘价突破趋势线，是有效的突破因而是入市做单的信号。以下降趋势线为例，如果汇价盘中曾经升破下降趋势线，但收盘时汇价回落，其 K 线实体位于下降趋势线之下。该走势显示，当天多方的确曾经想试高，但在相对高位终因买盘不继，空盘涌出，致使收盘时汇价回落于下降趋势线之下。这种情况属于非有效突破，下降趋势线依然对汇市构成阻力，行情依旧看空。

2.穿越的程度

即汇价必须穿越趋势线。一般情况下，穿越趋势线 2% 以上的价差幅度才可以确认为有效突破。

3.发现突破后，多观察一两天

如果突破后连续两天汇价继续向突破后的方向发展，这样的突破就是有效的突破，是稳妥的入市时机。虽然此时行情已经走了一小段，由于方向明确，大势已定，依然存在大把的机会，比行情不明朗时贸然入市风险小很多。

4.注意突破后两天的高低价

若某天的收市价突破下降趋向线（阻力线）向上发展，第二天，若交易价能跨越前日最高价，说明突破阻力线后有大量的买盘跟进，做多意愿比较强。一般下跌趋势线被升破后连续两天创新高，可视为有效突破，可着手做多。上升趋势线类似，即上升趋势线被跌破后连续两天以上创新低则可视为有效突破，可着手做空。

5.突破的力度

如果不能直接突破 20 个点以上，则为非有效突破。

四、不同时间框架在研判交易时机的运用

具体步骤和实例详见本书第六章第一节中的"使用多重时间框架进行外汇交易基本步骤及其实例"，通过不同时间框架对研判交易时机进行把握，努力达到以下目标。

第一，如果趋势看空，准备入场做空，要努力捕捉小级别时间框架中新一轮跌势（做空

反转信号)的起点进场,以使进场价位最优;

第二,如果趋势看多,准备入场做多,要努力捕捉小级别时间框架中新一轮涨势(做多反转信号)的起点进场,以使进场价位最优。

本章实训任务

任务一:在报告 I_2 的基础上,结合具体的货币对(必须与上一章本章实训任务的货币对一致),选用恰当的等待交易时机的技巧,对该货币对进行研判并形成详细的分析报告 I_3,该报告形成后续交易的"交易策略"。

第十章 开仓技巧

一、理解开仓的相关概念及基本开仓法

二、理解并掌握开仓的基本技巧

三、理解并掌握开仓风险控制的必要性及其基本方法

一旦行情进入"入场点",就着手开仓。万事起头难,开仓的成败,直接影响整个操作过程的结果。开仓的核心问题是在哪里开仓;开多大的仓位;如果趋势判断错了,如何纠错? 这些都是开仓环节亟待解决的问题。本章将谈谈开仓的相关知识点及基本技巧。

第一节 开仓概述

一、买入开仓与卖出开仓

所谓开仓指的是建仓,想要进行一笔外汇交易,首先必须建立仓位,外汇保证金交易主要包括"买入开仓"和"卖出开仓"两种方式。

1.买入开仓

买入开仓指的是做多、买涨、买多的操作,当投资者看多未来走势,即预测未来汇价可能上涨,可以通过提前买入的方式开仓,等待未来实际市场价格上涨后卖出平仓,便完成了一次交易获利。

例如:当前欧美货币对的价格是 1.0231/1.0239,交易者 A 看多该货币对,预期该货币对未来价格将上涨,于是在 1.0239 进行买入做多,这个操作称为"买入开仓",等待未来市场价格上涨后卖出,这样就完成了一次由"买入开仓"到"卖出平仓"的交易。

2.卖出开仓

卖出开仓指的是做空、买跌、买空的操作,当投资者看空未来走势,即预测未来汇价可能下跌,可以通过提前卖出的方式开仓,等待未来价格下跌后再买入平仓,由此便完成一次卖出开仓操作。

例如:当前欧美货币对的价格是 1.0231/1.0239,交易者 B 看空该货币对,预期该货币对未来价格将下跌,于是在 1.0231 进行卖出做空,这个操作称为"卖出开仓",等待未来市场价格下跌后买入平仓,这样就完成了一次由"卖出开仓"到"买入平仓"的交易。

二、基本开仓法简介

汇市风险较大,为了控制风险,要根据不同的情况,采取不同的建仓法。

建仓法有:全仓、正塔形、反塔形、平均、分篮子等,下面简要介绍这几种建仓法。

——确定某一货币对,有 100% 把握赚的,用全仓建仓;

——确定某一货币对,有 80%～90% 把握赚的,用正塔形;

——确定某一货币对种,有 60%～80% 把握赚的,用平均法建仓;

——确定某一货币对,有 50%～60% 把握赚的,用反塔形;

——不能确定某一币种特强时,根据各币种不同情况,采取不同比例或平均分篮子。

第二节　开仓技巧

根据"势位态"的分析逻辑判断好开仓点,开仓就顺理成章了,开仓类似于踢足球时的临门一脚。与上一章交易时机的技巧相对应,常见的开仓技巧解释如下。

一、运用支撑位和阻力位＋K 线形态的开仓技巧

交易时可以运用支撑位和阻力位进行开仓,属于顺势而为的范畴。

(一)基本法则

1.做多时的技巧

做多的时候,进场一定是在支撑的上方;而止损,是放到关键支撑的下方,它能够验证做多交易的错误;止盈目标是放到进场位之上的阻力位下方附近。

2.做空时的技巧

做空的时候,进场一定是在阻力之下;止损是在阻力之上,它能够验证做空交易的错误;止盈目标应该放到进场位之下的支撑位上方,不要逾越那些支撑。

案例可以参考第九章第二节"等待交易时机技巧"中的"应用黄金分割线捕捉交易机会"中的图示及其文字说明。

（二）与 K 线形态结合

支撑位和阻力位若与 K 线形态结合，将产生共振效应，做单会更有胜算。

1.借助反转形态颈线突破建仓

比如头肩顶/底、双重顶/底等（见图 10-1）。

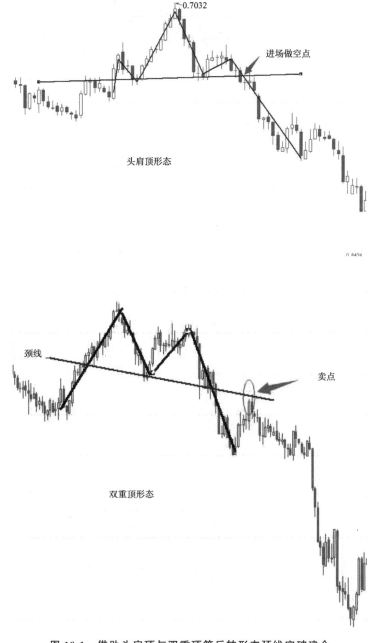

图 10-1　借助头肩顶与双重顶等反转形态颈线突破建仓

2.借助持续形态突破建仓

比如三角形、旗形、矩形、楔形等(见图 10-2)。一般价格突破形态后会有回调现象，回调后进场更能验证仓位的可靠性。

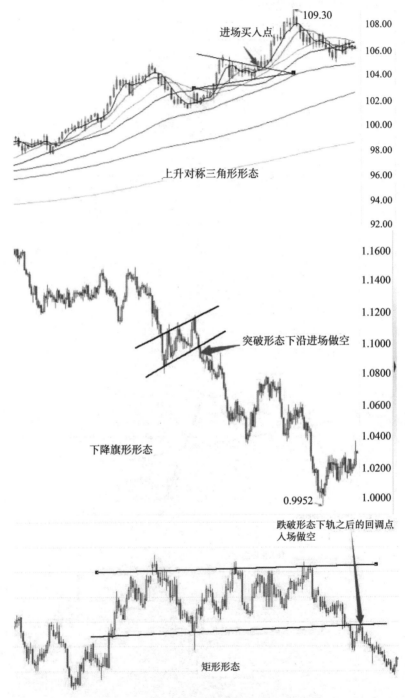

图 10-2　借助三角形、旗形、矩形等持续形态突破建仓

（三）案例说明

图 10-3 中斐波那契的各条回调线构成汇价的重要支撑/阻力，如 0.618 线是汇价突破①点之前的阻力线，当汇价上涨突破①时，0.618 线即成为汇价的重要支撑线；该位置正好是此时汇价有效突破 W 底形态的颈线，显示 W 底形态正式形成，此时两个因素共振是开仓做多的良机。止损可以设在点①下方（如斐波那契回调线 0.500 处）；止盈可以设在②处（斐波那契回调线 0.809）或③处（斐波那契回调线 1.000）。

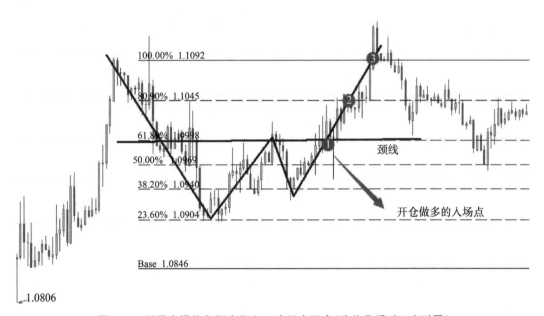

图 10-3　利用支撑位和阻力位＋W 底形态开仓（欧美货币对 2 小时图）

二、其他开仓技巧

（一）趋势线、通道线、N 字形战法、黄金分割点的开仓时机（请参见上一章相关章节的内容及图示）

（二）均线开仓技巧（详见第一篇）

（三）震荡指标开仓

常用的震荡指标有 MACD 指标、RSI 指标、KDJ 指标以及威廉姆斯百分比和 CCI 指标，下面简单举例。

MACD 开仓的技巧主要是利用金叉、死叉，当 DIFF 线向上突破 DEA 线时称为"金叉"，向下突破 DEA 线时称为"死叉"。"金叉""死叉"交替出现。"金叉"是买入信号，"死叉"是卖出信号（见图 10-4）。

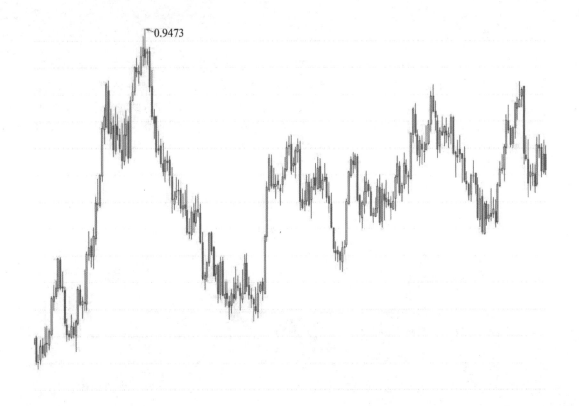

图 10-4   利用 MACD 指标开仓(美瑞日线图)

RSI 和 KDJ 指标用以衡量市场的超买超卖。RSI 指标取值范围 0～100,通常指标值大于或等于 80 意味着超买,小于 20 意味着超卖。如图 10-5 所示,A、B、C 点处于超买区,行情有可能从高处回落;①②③点处于超卖区,行情有可能止跌企稳反弹。

当 KDJ 值在 20 以下,则为超卖区,是买入信号;当 KDJ 值在 80 以上为超买区,是卖出信号。如图 10-6 所示,A、B、C、D 点处于超买区,行情有可能从高处回落;①②③④点处于超卖区,行情有可能止跌企稳反弹。KDJ 值都在 20～80 之间则为徘徊区,一般宜观望。

震荡指标往往存在滞后性、钝化等缺陷,实操中一般不宜单独使用,最好与上面的开仓技巧结合使用更为理想。

上述方法是外汇交易中常见的开仓技巧。良好的开局能让交易者有足够的信心,在交易过程中不会战战兢兢,不会在增仓和减仓方面犹豫不决。

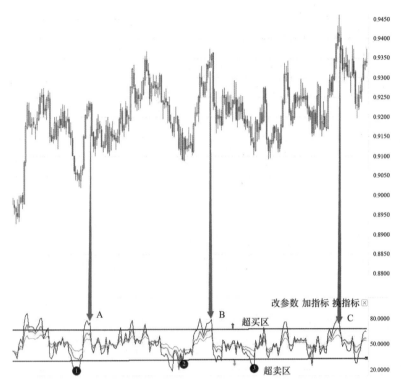

图 10-5　利用 RSI 指标开仓(美瑞日线图)

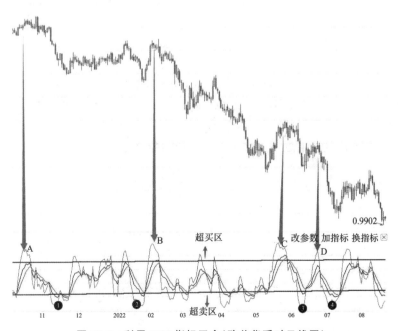

图 10-6　利用 KDJ 指标开仓(欧美货币对日线图)

三、突破开仓 VS 回调开仓

(一)突破开仓

1.概念

突破开仓是顺势交易常用的方法,利用支撑或压力突破,即当某货币对的走势突破前期低点或高点的时候,选择进场做多或做空(见图 10-7a)。突破开仓多用于有明显趋势倾向的市场。

2.优缺点

(1)优点:有利于把握对的趋势,第一时间进场能获得优质的进场机会,如果行情不回调直接走,不会踏空,可以提早锁定一部分利润,且容易上手。

(2)缺点:市场的假突破特别多,若遇上假突破,直接进场经常会被假突破咬中,行情掉头造成浮亏。

3.应对策略

突破开仓成功的前提在于有效识别真假突破,只有真突破(见图 10-7b)处进行突破开仓才能带来收益,假突破(见图 10-7c)则会产生亏损。

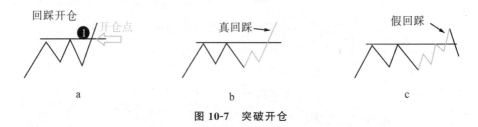

图 10-7　突破开仓

识别虚假突破,可以用突破处的 K 线检测,当被突破的 K 线是中长实体阳线或中长实体阴线时,往往认为是有效突破。或者观察突破后 2 天的行情,如果发展方向仍然一致,一般认为是有效突破。另外还可以借助反转形态,比如头肩顶/底、双重顶/底等,借助颈线的突破。止损位设置在近期支撑位以下或压力位之上。

(二)回调开仓

1.概念

行情在突破发生后,往往会发生回调现象,等待市场价格第二次同方向突破开仓(见图 10-9a)。这种方式也能在一定程度上验证虚假突破,提高交易的胜算。

2.优缺点

(1)优点:一定程度上规避了部分假突破,使交易更稳健,可以提高资金的利用率。

(2)缺点:行情并不是每次都回调(见图 10-8),因此回踩开仓有时候会错过或失去一段交易机会;此外回踩也有真假之分,若遇到假回踩(见图 10-9c),建仓则容易造成浮亏。

支撑位确认失败

直接突破无回踩

图 10-8　行情不回调直接突破

3.应对策略

可以应用波浪理论识别真假回踩。

（1）真回踩:是一个突破浪的次级别的趋势突破盘整一段距离以后,一个三浪回调,形成回踩 2,然后再突破 1 点。如果是大级别处于第 2 浪结束,那么真回踩的正确率就大大增加(见图 10-9b)。

（2）假回踩:同样是一个突破浪的次级别的趋势突破盘整一段距离,然后一个三浪回调形成回踩 2,但是一个三浪形式的上涨不会突破 1 点,就下跌跌破 2 点。如果大级别是出于第 4 浪的突破,那么这个回踩是假回踩的概率就大大增加(见图 10-9c)。

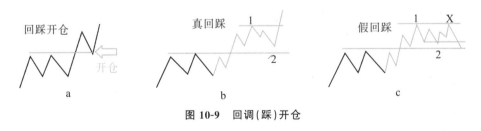

图 10-9　回调(踩)开仓

第三节　开仓时的风险控制

外汇交易是一项高智商高风险的游戏,在每一次实操中,至少需要解决方向、时机、价格、风控四个问题。如果仅仅重视前三个问题,忽视风控问题或者风控问题处理不当,仍

然会阻碍投资者走向成功,出现看对趋势不赚钱甚至亏钱的结果。因此做交易,除了寻找一个好的开仓点位外,还需要建立一个安全可靠的风险控制机制,牢记:投资有风险,交易需谨慎。

一、风险控制永远要放在开仓的第一位

(一)风险控制的含义

风险控制,简称风控,是指外汇交易者采取各种措施和方法,消灭或减少外汇交易中风险事件发生的各种可能性,或减少风险事件发生时造成的损失。

(二)风险控制是外汇交易的重中之重

外汇市场是一个风险很大的市场,它的风险主要在于决定外汇价格的变量太多,交易者拼尽全力,往往也不一定能准确预测市场实际走势,而且外汇交易属于保证金交易,高杠杆会使交易收益和风险同比例扩大。外汇交易是一种风险投资,交易者在外汇市场上所承担的风险和所获得的收益永远是对等的,只有在承担风险后,才可以博取收益。既然风险与收益并存,控制风险就成为实现盈利的基础,成为交易的重中之重。

一个合格的交易者想获得长远稳定的盈利,就该始终将风控放在自己交易中的第一位。一定意义上可以说外汇交易的赢家和输家的区别就在于风险管理。因为外汇市场如战场,其残酷性丝毫不亚于现实中真枪实弹的军事战场。胜者为王、败者为寇,努力在外汇市场上生存,活下来永远是第一位的。要想在多空双方残酷厮杀的外汇战场中生存下来,前提是必须拥有充足的枪支弹药——资金。1万美元起始资金,在盈利翻倍以后交易者将拥有2万美元,但是若接下来交易不注意风控,只要损失1个100%,该交易者将一无所有,失去了东山再起的机会,被市场打败了或者称为爆仓了。

(三)风险控制失败(或爆仓)及其直接原因

1.什么是爆仓

外汇交易爆仓是指投资者在外汇交易过程中,因为汇价波动,使自己的可用保证金,不足以再承担汇价波动带来的风险,交易产生的亏损大于账户中除去保证金后的可用资金。比如,你的账户里有5000美元,交易的敞口头寸使用的保证金为3000美元,还有2000美元的可用资金,但是若你的账户亏损了,亏损的额度大于2000美元,外汇交易平台就会自动将投资人的订单进行平仓(也称为强制平仓),从而发生爆仓。

爆仓是风控失败的终极体现,表明交易者已经不能在市场上持续交易,失去生存的资格。输光了本钱是外汇交易的最大禁忌,没有本金就无法再进行交易了。

2.爆仓的直接原因

影响资金安全而导致爆仓的直接原因无外乎以下三个方面。

第一,方向反了;

第二,仓位重了;

第三,没设止损。

如果是第一个原因引起的爆仓,容易理解:外汇交易的基本生存之道在于"顺势而为",如果方向做反了,就是逆势,逆势无异于螳臂当车,后果当然严重。

第二个原因仓位重了也容易导致爆仓。比如你有 1000 美金,做 1 手交易,波动一点就是 10 美金,设置个 50 点的止损,打到止损就亏 500 美金,亏损一半了。这样大赚大赔的交易也必然走向爆仓之路。

那是不是没有重仓交易就不会发生严重亏损呢?答案是否定的。交易者在交易中做错方向但不认输,即不愿意止损,一旦亏损放大,也是引起爆仓的重要原因。

第一个原因的应对方法主要应做到顺应趋势,之前各章节的大量知识和技巧就是训练大家尽量要顺势而为。本节主要就后两个原因来介绍相应的风控技巧:如何避免"仓位重了",我们主要谈谈"资金管理";如何应对"没设止损",我们主要谈谈设止损的重要性及其基本方法。

二、风险控制的具体技巧

(一)资金管理

1.资金管理的重要性

资金管理计划往往是区别赢家与输家的重要一环,是决定交易成败的关键所在。但是资金管理的重要性往往容易被交易新手忽视,即使你拥有全世界最好的交易系统,但不能有效处理资金管理与风险,虽然偶尔能赚钱,但碰到一些逆境,就很快连本带利地输掉;反之,即使交易系统不怎么高明,但只要掌握资金管理技巧,仍能维持盈利。资金管理是让交易者避免破产而成为真正赢家的关键。

2.资金管理的目的

资金管理的目的是在非常不好的交易或连续亏损之后,仍然能在市场中活下来,能留在市场继续进行交易。学习如何管理风险,有助于交易者保护珍贵的本金,使其经得起正常的连续多笔(比如 10 笔)亏损,然后在几笔(比如 2 笔)交易中挽回先前所有的损失。

反之,如果没有资金管理计划,即使在多笔(比如 10 笔)连续获利之后,也可能因为几笔(比如 2 笔)亏损交易而破产,因为该交易者不了解如何控制风险。缺乏健全的资金管理方法,不知道经得起哪种程度的亏损,只要少数几笔交易失败就可能爆仓而黯然离场。

投资界的顶级高手巴菲特从 6 岁开始进行金融交易,经历 70 多年金融市场的大风大浪。对于投资成功秘诀,他曾提到有三条:第一,尽量避免风险,保住本金;第二,尽量避免风险,保住本金;第三,坚决牢记前两条。比照巴菲特,我们会看到很多投资者其实是在不清楚风险或自身是否有足够的风险控制能力下贸然入市,甚至因为贪婪失去了风控意识。所以,在做任何投资之前,我们都应把风险控制放在第一位,并考虑一旦出现风险时我们的承受能力有多强,还能否在市场上活着,如此才能立于不败之地。

3.资金管理的方法：仓位管理

外汇交易中，因为方向做错了而止损砍仓是很正常的，但很多人明明方向做对了，却往往因为开仓过量造成本金承受不起价格的反复而被迫砍仓。为避免这种情况，应该从建仓开始就根据风险控制的要求，把开仓量限定在合理的范围内，这是风险控制的第一步。

（1）风险控制率

开仓量与风险成正比（当然也和收益成正比）。在设定止损的前提下，运用资金管理实现风控的途径主要是控制开仓量，控制了开仓量也就控制了风险。在建仓时计算一个合理的开仓量，需要如下数据：投资总额、开仓价格、止损价格、风险控制率。

前几项数据容易理解，无需解释，这里主要解释一下什么叫风险控制率。

风险控制率＝允许亏损金额÷投资总额×100%

风险控制率不可以太大，比如100%，因为如果是100%，一次亏损就把投资本金全亏掉，无法再翻身了。那么风险控制率降为50%恰当吗？50%的风控率意味着你只能输两次，如果这两次的间隔太近，也容易把本金亏光，因此风险控制率设定为50%也是偏大了。

风险控制率是一个偏主观指标，到底多少合适，没有一定之规。一般激进型的交易者比保守型的交易者更倾向于较高的风险控制率，交易者可以根据自己的交易水平、风险承受能力及个性等确定一个适合自己的风控率。

（2）开仓量

合理开仓量的计算方法：

（风控）开仓量＝允许损失的投资资金额度÷每手开仓预期损失金额

其中：

允许损失的投资资金额度＝投资资金总额×风险控制率

每手开仓预期损失金额＝（开仓价格－止损价格）×每手合约标准容量

（3）最大可交易手数

最后就涉及仓位管理，根据所能承受的风险选择交易手数。

首先控制单笔交易的风险，市场公认单笔交易亏损不超过总资金的5%，这样就给自己留足了至少20次的交易机会。当然大家也可以根据自己的性格和风险承担能力适当扩大或缩小单笔交易的风险。建议投资者每次交易的资金不超过账户资金的2%。

按照单笔交易不超过总资金的2%，计算最大可交易手数：

最大可交易手数＝总保证金×2%/止损价格范围

比如你的账户资金有10000美元，账户总资金的2%也就是200美元。一次交易最大可承担的损失金额是200美元，止损价格设置为4点（1点是10美元），最大可交易手数就是5手。

这样做是为了降低爆仓的风险。如果仓位按照你的预期开始盈利，也可以加仓。在顺势交易中加仓方式可以用金字塔法，每次加仓低于上一次建立的未平仓头寸，常用的是之前未平仓头寸的一半。

重仓交易忽视了外汇交易风险的存在和严重性,稍有不慎就可能血本无归,所以务必控制好自己,不要让自己陷于博与赌的重仓交易中。

4.不要将所有的鸡蛋都放在一个篮子里:严禁满仓交易

有些新手喜欢满仓操作,请务必记得这句交易箴言:"满仓者必死"。满仓操作虽然有可能使你快速增加财富,但更有可能让你迅速爆仓。外汇市场不可控的因素很多,不可能完全掌控突发事件、政策面或消息面的影响。因此应该严格遵循仓位管理的原则:从小钱做起,严禁满仓交易,不做"把所有的鸡蛋都放在一个篮子里"的冒险交易,努力用小资金获取大波段的利润,努力在市场中长久生存,稳步实现复利增长才是成功之道。

(二)止损的重要性及其基本技巧

止损也叫"割肉",是指当某一投资出现的亏损达到预定数额时,及时斩仓出局,以避免形成更大的亏损。其目的就在于投资失误时把损失限定在较小的投资者可以承受的范围内。

1.止损的必要性——止损单永随左右

(1)止损产生的原因:我们不能总看对市场

交易者总是努力研判并预测交易方向,然后按照该交易方向做出交易策略并进行交易。但每个人不是神,只要交易就有可能出错,这是不可避免的事情,因为交易的过程实质是一个"假定—验证"的过程。我们预测的交易方向是市场"假定的方向",与市场"事实的方向"并非都会一致。当市场的实际运行没有否定"假定的方向",即我们看对了市场方向,市场"事实的方向"按照"假定的方向"走,假定的方向被验证是正确的,我们之前的交易策略将带来盈利;但是一旦市场的实际运行否定了"假定的方向",即我们看错了市场方向,假定的方向被验证是错误的,再坚持之前的交易策略将带来亏损,此时我们就要迅速做出调整,尽快离场。止损就是验证假定方向正确与否的规则(停损设置),然后等待市场的确认。

可见,高风险性和高波动性是外汇市场最根本的特征,我们所谓的分析预测仅仅是一种可能性,根据这种可能性而进行的交易必然是不确定的,因而这种交易行为必须得有措施来控制其风险的扩大,投资者所设置的止损区域对交易者的敞口头寸有所保护,可以当作是一个防守点,是控制交易风险扩大的得力措施,止损就这样自然产生了。

(2)止损的真正意义

首先,止损是向市场及时认错。鉴于市场走势纷繁复杂、变化多端,投资者不能总看对市场是必然的,致使在外汇交易中要保证完全不出错基本不可能。决定交易成败的关键就是怎样在出错时及时认错离场。学会止损,就是主动及时地认错,以免铸成大错而不可收拾,这是在市场中生存下去的关键。止损并不是过度谨慎,也并不是自我怀疑,秉承"善输,小错"的交易理念,每一次进场都做好止损,以最小的代价换取有利的位置,一旦行情未按预期发展应尽早退出,将风险降到最低程度。

其次,止损是寻找获利机会的必要成本,是交易获利所必须付出的代价。这种代价只有大小之分,没有对错之分,你要想获利,就必须付出代价,包括错误止损所造成的代价。坦然面对错误的止损,不要回避,更不必恐惧,只有这样,才能正常地交易下去,并且最终获利。

最后,止损是外汇交易者的安全带,是必要的保险工具。交易者所做的每一笔交易不可能都达到预期的结果,成功与失败的区别之一就在于成功者懂得怎样控制损失。每做一笔交易前,必须先设置止损价,而且必须严格遵守纪律,一旦引发了止损,就立即了结头寸。止损的作用是保护投资者在决策上出现错误时,减低损失的不二法门,不至于因为一次意外的大损失而致命,小心利用止损盘可以化险为夷、趋吉避凶,犹如开车时的安全带。

因此,设置止损的目的不是为了亏损,而是我们控制风险的最后一道关卡。

2.止损的具体技巧

(1)**初始点位止损法**(或称保护性止损)

以做多为例,下单时预先设定的止损位置,低于买入价,其目的是控制损失,将其限制在可以容忍的范围内。比如说在买入价下方的 3% 或 5% 处(这是短线,中线最多不应超过 10%),一旦价位有效跌破该止损位置,则立即离场。

(2)**保本止损法,也称持平止损**

以做多为例,一旦做多,如果价位迅速上升(如汇价涨幅超过买入成本的 10%),则应立即调整初始止损价格,将止损价格上移至保本价格,此法非常适用于实战操作。保本止损法的作用:它消除了交易者的风险,用于交易的已经是浮盈部分,而不是自己的本金。这时只有两种可能:要么该货币继续上涨,浮盈随之继续增加,要么引发止损以成本价卖出。不论哪种情况交易者都没有任何损失,不用承担任何风险,全部交易风险都转嫁给市场。交易者因而能产生一种心理优势,享受交易。

(3)**技术止损法**

该方法是将止损设置与技术分析相结合,剔除市场的随机波动之后,在关键的技术位设定止损单,从而避免亏损的进一步扩大。比如以某一实战中行之有效的趋势线或移动平均线等为参考坐标,观察价位运行,一旦价位有效升破或跌破该参考位置,则立即离场。这一方法要求投资者有较强的技术分析能力和自制力。

技术止损法的基本操作原则:止损位设置在近期支撑位以下或压力位之上。

——做空时,进场是在压力位之下,因此止损位设在该压力位之上,止盈目标是在下一支撑上方附近。

——做多时,进场一定是在支撑的上方,因此止损位是放到该支撑下方,止盈目标是放到上一阻力的下方附近。

(4)无条件止损法

不计成本,夺路而逃的止损称为无条件止损。当市场的基本面发生了根本性转折时,投资者应摒弃任何幻想,不计成本地杀出,以求保存实力,择机再战。基本面的变化往往是难以扭转的。基本面恶化时,投资者应当机立断,砍仓出局。

(5)移动止损

移动止损法对于初学者很友好。

——**什么是外汇交易的移动止损**

移动止损也可以叫做追踪止损或者跟踪止损,是在交易中追随最新的价格点数来设置一定点数的止损,当外汇价格朝仓位有利的方向变动而触发,移动止损实质上是一种订单。

——移动止损的原理

如果投资者开设一个多头买单,并且设定当前价格与移动止损之间的点数。当外汇价格上涨时,移动止损随之自动上涨以保持设定的点差。当价格下跌时,则移动止损水平保持不变。在这种外汇交易方式下,投资者无需考虑获利水平并且有机会用移动止损获得价格上涨时的最大利润。同时移动止损也限制了亏损。如果价格下降,移动止损位置不变。如果是开设空单,移动止损的行为则完全相反。交易者将其设置在价格上方的若干点。价格下降使移动止损按照设定的点数移动。外汇交易价格上涨,移动止损不动。

——移动止损的案例

例如:假设一投资者在 1.0055 的价位开设 EUR/USD 的买仓,然后确定 1.0045 的止损价位,而移动止损的设定为 30 点。当 EUR/USD 升至 1.0085 时,投资者的止损价位将会自动提高至 1.0075。移动止损将能够替投资者锁定 30 点的利润。每当 EUR/USD 的价格提高 30 点,止损价位将一直随之提高而保存客户原来所设定的 10 点的止损距离。

移动止损是一个非常好的外汇交易工具,尤其在外汇价格波动大的情况下,可以保证交易者的盈利。但是移动止损跟很多方法和指标一样,也是一把双刃剑,一方面移动止损可以保住盈利部分,另一方面在价格发生较大幅度回撤又回归原有趋势时容易打掉止损,造成盈利较少。因此,在移动止损点位设置上,尽量要考虑周全,防止价格回调导致止损出场。

综上所述,止损是控制风险的必要手段,如何用好止损工具,外汇投资者应各有风格。在交易中,投资者对市场的总体位置、趋势的把握是十分重要的。顺势而为,用好止损位是投资者获胜的不二法门。

3.关于止损的误区

以下是外汇交易新手对于止损的一些错误认知和错误做法,大家要注意避免。

——自以为是,不设置止损;

——害怕被止损而不设置止损;

——设置了止损而不执行,真到了止损点,舍不得止损;

——随意更改止损,结果被套,被套后也不想止损,其结果越套越深;

——建仓后,不立即设置止损,发现被套后,就不想设置止损;

——不会设置止损,不知道市场是什么趋势的情况下随意设置而被止损。

外汇交易新手若不重视止损,则容易陷入以上止损误区,危害极大。

本章实训任务

任务一:在报告 I_3 的基础上,结合具体的货币对(与上一章本章实训任务的货币对一致),运用恰当的开仓技巧入场交易,并记录开仓时的风控管理情况,作为"交易记录"的一部分内容。

第十一章 盯盘与平仓技巧

第一节 盯盘技巧

一、盯盘的含义

盯盘是指外汇交易者已经在市场建立仓位之后及平仓之前,保持对外汇市场行情仔细观察的行为,包括通过观察汇价发现市场走势的关键位置、市场的状态是否发生变化以及趋势是否在延续等方面。

盯盘是开仓之后的必要环节,每一笔交易下单之后都需要盯盘,以此决定是否加减仓以及调整平仓离场的时机等交易决策。每一位交易者面对的市场价格波动都是一样的,但每个人对于盘面的认知千差万别,所以盯盘之后所采取的交易决策行为也千变万化。

二、盯盘技巧

虽然投资者对盘面的认知不一样,但盯盘重点大同小异,主要有以下几个方面。

（一）盯货币对的基本面要素

重点关注开仓之后基本面消息数据的动态,要实时跟进基本面的动态情况,特别注意重要数据及重大事件具体公布的第一时点前后对于行情趋势的影响,以此跟踪判断方向、选择加减仓的时机乃至平仓的时机。比如,如果一个重要数据比预期差,出现一波数据行情,而你原来的做单方向与该数据行情相反,一般宜尽快离场,以抓住减少损失的关键时点。

（二）盯货币对的技术面要素

技术面要素是盯盘的重点,主要包括以下几个方面。

1.整体趋势仔细看

首先必须观察市场的状态,即是多头还是空头状态,是趋势还是整理状态,这是一个宏观的判断。比如,在进行日线级别的交易时,一般主要通过仔细观察日 K 线的高低点、均线排列、趋势线、技术指标等途径来跟踪市场状态和趋势。在趋势行情中重点关注均线或趋势线,在震荡行情中重点关注随机或震荡指标。

2.大小周期转换看

K 线图周期从长到短一般包括月 K 线图、周 K 线图、日 K 线图、4 小时（或 2 小时图）、1 小时图和 15 分钟图。先从大到小看一遍以后,再从小到大开始看。前者是了解总体趋势,后者是选择进场点;此外要及早了解趋势的最新变化也要从小周期开始,因为大趋势,是从小周期一级一级扩散而形成的。

3.长短趋势对比看

因为趋势分为长期趋势和短期趋势,盯盘中要注意把不同的趋势对比起来看,以辨别不同的支撑位和阻力位。

4.中继形态重点看

中继意味着趋势的延续,意味着顺势,意味着低风险和高收益,需要重点关注。

5.反转形态结合趋势看

反转形态不管成功率多高,都属于逆势操作。如果是逆着短期走势,顺着中期走势的反转形态,可以关注。这就是为什么要和趋势结合看的原因。

6.趋势斜率特别看

特别关注斜率小的趋势,斜率小意味着趋势弱（趋势线的角度<30°）;斜率大的走势属于强势的走势,而强势的走势几乎都是从斜率小的走势转化而来的。重视弱势走势,目的就是抓住强势走势。

7.MACD 和均线结合看

MACD 描述了均线间的关系,均线除了显示黏合发散外,还描述了和价格的空间关系。MACD 注重均线的黏合发散即价格动能的增强和减弱,以及与价格走势的背离。均线显示了和 K 线的位置关系。

第二节 加仓技巧

加仓发生在开仓之后平仓之前的盯盘过程中。如果建仓之后,发现自己已经处于顺势当中,也已经存在正向收益,此时为了在获利的基础上,争取利润最大化需要通过有效地加仓得以实现。加仓的步骤与技巧如下。

第一,加仓的时机:何时加?

首先一般选择顺势加仓,不做逆势加仓。所谓顺势,即可以用自己的交易系统去确认趋势已经建立起来了。确定趋势的建立,良好的趋势一般表现为只创新高或者新低,而不会来回剧烈震荡,可以用均线或趋势线等技术手段验证。

第二,加仓的位置:在哪儿加?

确认自己正处于趋势之中(上涨或下跌),接下来就确定合适的加仓位置,结合位置主要有以下两种加仓方式。

——突破加仓,这种方式在行情加速时会非常有效,破新高/新低就加。但是缺点就是很多时候破了新高后开始短暂回调,造成套牢。

——回调加仓,这种方式相对比较稳当,但是缺点也很多,很多新手对于回调的位置不能把握,往往会错失加仓机会。

第三,加仓的数量:加多少?

加仓的数量与自己账户资金管理原则密切关联。比如事先规定自己整个账户所有仓位的总止损额度不高于5%,加仓的时候就要始终贯彻这个纪律。比如:假设你的交易本金是2000美元,第一次进场开仓用5%的资金,100美元,1:100的杠杆,下了10000的仓位,行情按照预期的方向跑了50个基点,然后回调15个基点,通过分析确认这是一个理想的回调加仓点,准备加仓。此时加仓的止损设置确定后,如何确定加仓的仓位呢?一般是以所有仓位的总止损额度控制在5%以内来确定加仓数量。

第四,加仓方法:怎么加?

当市场走单边行情时,一般会使用金字塔式加仓法,即指初始进场的资金量比较小,后市如果实际行情走势与入场时的预期方向一致,则逐步加仓,且加仓比例越来越小,仓位控制呈下方大、上方小的形态,像一个金字塔。以做多为例,在底部买入一部分,例如8手,等行情到了一定的位置,再买入6手,随着再上涨,再买入4手,依此类推。这样,因为低位买入的数量总是多于高位的,所以总能保证自己的持仓成本低于市场的平均价。金字塔式加仓的优势是持仓成本虽然一直在上升,但升幅远小于市场价格的升幅;当市场价格开始回落时,由于投资者是逐步建仓的,持仓不至于受到严重威胁,投资者有充足的时间进行平仓并获得相应利润。

金字塔式加仓法要配合移动止损使用,加仓后再移动止损位,就可以降低被打止损的概率。

加仓不是一个必须操作的交易环节,只有加仓可能带来盈利的时候才进行加仓,不是为了加仓而加仓;此外为了降低风险,加仓最好是顺势加仓,一般不做逆势加仓。

第三节 平仓技巧

平仓是对于已经建立仓位的了结,一般发生在两种情况下,其一是交易者开仓后发现之前预测的市场假定方向与市场的实际方向相背离,其二是交易已经达到预设的止盈目标。

每一笔交易把握好正确的开仓点只是成功了一半,要加上正确的平仓才是完全的成功。如果平仓时机不合适,即便方向看对了,要么过早平仓无法获得更大的利润,要么太迟平仓且行情又回到开仓点位使浮盈全无、更糟糕的甚至亏损套牢。可见,把握好平仓时机是非常重要的基本功。

以做多为例,外汇平仓技巧主要包括:

1.高抛法

高抛法指交易者在建仓时,已经定好了一个盈利目标价位。一旦汇价达到这一目标,即平仓。一般来说,运用这一投资策略的投资者大多数都是运用货币基本面和技术面结合分析,比如黄金分割线、平均线、形态等确定一个合理的目标价位,然后等待货币达到这一目标价位立即平仓。

2.次顶平仓法

次顶平仓法就不是事先给自己确定一个目标价位,而是一直持仓直到看汇价显示第二次有见顶迹象时才抛出。一般而言,采用这一平仓策略的投资者通常采用的是技术分析法来判断见顶迹象,主要是从汇价走势的形态和趋势来判断。具体来说,是通过双顶、头肩顶、三重顶判断中期头部确立,果断平仓。

3.“高抛法”与“次顶平仓法”结合

无论是“高抛法”还是“次顶平仓法”,都可以取得相当好的投资效果。不过无论是采用哪一种方法,都各自有其不足之处。

对于运用“高抛法”的投资者来说,必须首先掌握一套对货币所在国经济基本面进行分析的方法,投资者所设定的目标位要高于其当前的市场价。所以说,除非确定在外汇市场上确有自己的独到之处,否则设立目标价位可能是比较危险的。而对于运用“次顶平仓法”的投资者,则主要是根据汇价走势来判断,并不事先给自己确定一个目标价位。其不足之处是要求投资者必须投入较多的时间和精力盯盘,努力辨别“真顶”和“假顶”。

为了取长补短,将两种平仓法结合起来使用效果会更好一些,也比较客观理性。

本章实训任务

任务一:结合具体的货币对,在运用上一章的相关知识开仓建立自己的仓位后,运用本章的相关知识进行盯盘,必要的情况下可以进行加仓,并记录盯盘和加仓(如果有)情况,将作为“交易记录”的一部分内容。

第十二章　交易的总结与反思技巧

一、理解交易的总结与反思的基本概念及其必要性
二、理解并掌握交易的总结与反思的基本技巧

第一节　交易的总结与反思概述

一、交易的总结与反思概述

对交易的总结与反思,也可以称为"复盘",它是围棋术语,也称"复局",指对局完毕后,复演该盘棋的记录,以检查对局中招法的优劣与得失关键。一般用以自学,或请高手给予指导分析。客观地表现出来,即当时是如何想的,为什么"走"这一步,是如何设计,预想接下来的几步。在复盘中,双方进行双向交流,对自己和对方走的每一步的成败得失进行分析,同时提出假设:如果不这样走,还可以怎样走;怎样走,才是最佳方案。

外汇交易中的复盘则是平仓之后静态重新审视一遍市场全貌,第一时间对当天历史交易情况进行回顾和总结,用已经走出的行情对照已经完成的"交易六部曲"中前五个步骤的诸环节(包括外汇行情分析、交易策略、开仓、加仓、平仓等),总结反思其中的经验和教训,特别是交易中动态盯盘来不及观察、来不及总结的情况,比如所交易的货币对做多或者做空的动能来自哪里,产生这些情况的原因是什么,货币对是否处于上行或者下跌的黄金时期,是否即将形成突破等,为之后的交易做心态、策略、执行等方面的修正。

二、交易的总结与反思的必要性

复盘是交易中较为常用的一种方法,它是最快的反馈方式,是数据分析、行为总结和反思,也是交易的最后一个环节;复盘是交易者的必修课,对于外汇交易十分必要。

1.利于验证并完善自己的交易系统

总体来看,通过复盘,不仅可以检验自己的交易策略是否有效,能够检验自己在交易过程中出现的一些想法,还可以通过复盘验证自己使用的交易系统。

在复盘的过程中,如果交易者发现自己的交易策略不合适,就会开始分析哪些部分是适用的,哪些部分需要改进。因此,在复盘的时候,交易者往往会根据走势进行反思,去其糟粕,取其精华,从而获得更多新的想法和策略。在此过程中不断验证、提升并完善自己的交易系统。

之所以一些交易者可以成功,而另外一些交易者交易水平停滞不前难有建树,最关键的一点在于前者能从自己的失败中找到自己的局限性,打开视野,看到自己忽略的环节,用实践不断评估、检测且修正自己的交易系统并使之日趋完善;而后者忽略了复盘这一重要环节,对自己交易实践成败得失缺乏有效的评估反省机制,交易水平自然裹足不前、难有提升,也难以建立自己的交易系统。

2.利于良好交易习惯的养成

对于外汇交易者来说,想要不断精进自己的交易水平,获得长期稳定的收益,必须养成良好的交易习惯,交易中一些良好的习惯必须经过反复的训练才可以养成。

以撰写"交易日志"为例,交易日志是一个必要且重要的交易习惯,我们推荐的交易日志主要内容包括交易依据、交易策略、操作纪录、总结反思。交易者通过该日志每天把决定交易的因素记录下来,看看当时是什么原因(交易依据),让自己做了交易的决定;具体做了什么样的交易决定(交易策略);依据该交易决定进行了哪些交易操作并记录盈亏结果;交易结束后加以分析总结反思:如果交易结果是获利的,表示该笔交易的交易依据、交易策略、交易操作是正确的,当再次出现相似或同样的因素时,这些交易记录将对交易者再一次迅速做出正确的交易决定很有帮助;如果交易结果出现亏损,表示当时交易依据、交易策略、交易操作这些环节出了问题,需要反思具体的原因是什么,今后的交易要注意吸取哪些教训,避免再重蹈覆辙。

一份好的交易日志,囊括每一笔交易的交易依据、决策过程、交易记录以及最后的交易结果和总结反思,是一份匹配自身、个性化十足的学习工具,是自己交易体系的具体体现,撰写交易日志可以很好地贯彻自己的交易体系,其核心就在于坚持做交易记录并不断反思、反馈自己的交易体系,通过不断地反思总结,舍弃错误不合适的部分,巩固正确合适的部分,通过不断地日积月累,形成自己个性化的交易体系。

思考出真知、外汇交易也不例外,养成交易中思考的习惯,交易一次,思考一次,总结一次,长期坚持,好的交易习惯就开始形成了,交易者将从中终身受益。

3.利于盘感的培养

"盘感"是交易者大脑瞬间处理一系列复杂微妙信息并得出可靠结论的能力,不需要思考,它是交易者在看盘时所领悟到的感觉,这种感觉促使其做出做多或做空的交易决策,但又很难或不需要用言语来表达其中的原因。盘感与车感类似,车感发挥作用的前提是用早已掌握了骑车技术的身体来驾驭车辆,而不是大脑的即时命令,否则你可能又不会骑车或开车了。通过复盘,当某种熟悉的类似情形出现在你面前时,你往往能够知道自己将如何应对,在你的脑海中就会出现好多种应对的方法,或者你可以敏锐地感觉当前所处的状态,从

而对自己下一步的走向作出判断,即可以依据自己的"感受"完成交易。到达此境界时,其他所谓的依据基本面分析、依据技术分析、依据交易系统交易,不过是为了给交易者自己找一个"美丽的依据"。良好的盘感是投资外汇及其他金融产品的必备素质。

盘感对于交易很重要,就像车感对于骑车或开车的重要性,但是盘感并不玄乎,也不是天生赋予的,不会在短时间内形成,它需要在正确的训练方法之下,不断地交易历练而养成,就如不学习骑车或开车绝对无法获得车感一样。盘感实际是一种用正确方式训练和稳定了的存在于交易者身体中的"内化的市场",盘感的稳定获得,是在长期观察市场和无数次交易的基础上,通过充分放松自己获得的,其发挥作用的前提和骑自行车或开车一样。正确系统的训练方法和训练数量是形成盘感的前提和基础,而交易的总结与反思是促进盘感形成的加速器。

第二节　交易的总结与反思技巧

在对一笔交易进行总结反思之前,已经完成交易依据、交易策略和交易过程,总结反思就是对这些内容依次进行审视复盘,具体技巧如下。

一、对交易依据的总结反思

(一)对基本面分析的反思

对基本面分析的反思至少要涵盖以下几个方面。
——当日基本面资讯的收集是否较全面及时,是否遗漏了一些重要资讯,尤其是一些突发的重要资讯;
——重点审视是否涵盖了当日热点与焦点资讯,以及热点与焦点资讯对于基本面的影响;
——是否综合分析并正确把握了基本面对于汇率涨跌的影响,其研判有无发生方向性的错误。

(二)对技术面分析的反思

从多重时间框架的视角,着重围绕"势位态"进行反思。
——大周期时间框架对于"势"的把握是否得到验证;
——主交易时间框架对于"位"的把握是否到位;
——小周期时间框架对于"态"的识别是否正确。

(三)对综合分析的反思

——是否涵盖并综合了基本面分析和技术面分析;
——综合分析的逻辑是否合理;

——着重比照自己的综合分析逻辑与实际市场走势逻辑的差异，并发现自己分析的不足及其原因，以及之后应该如何改进提升。

二、对交易策略的总结反思

（1）交易策略是不是基于"交易依据"对于"势位态"判断的结果，做多或做空的逻辑是否合理，重点审视自己的交易逻辑与市场实际的逻辑之间的差异。

（2）入场位、出场位、止损位的预设是否合理。

（3）对于交易依据的执行情况。

三、交易过程

（1）是否严格依据交易策略操作。

（2）是否进行了必要的盯盘和加仓。

（3）最佳交易入/离场时机与实际的走势是否吻合，如果不吻合，主要的原因是什么。

（4）交易过程对于风控的执行是否到位。

第三节　交易的总结与反思范例及教师点评

范例一：（该范例来自往届学生考试周的系列日志）

金融学院实验报告

姓名	李同学		学号				成绩			
收益情况列表	第一个交易日		第二个交易日		第三个交易日		第四个交易日		第五个交易日	
	收益的最大基点	收益率	收益的最大基点	收益率	收益的最大基点	收益率	收益的最大基点	收益率	收益的最大基点	收益率
	42.9	8.3%	41	4.1%	102	10.2%	30.4	3%	52	5.2%
一、实验目的及要求　实验目的：训练从基本面和技术面对主要货币对的走势进行综合分析研判的能力，学习并提高模拟外汇交易的交易策略及技巧。　实验要求：能够独立进行模拟外汇交易，并据以撰写符合要求的交易日志。										
二、实验环境及相关情况（包含使用软件、实验设备、主要仪器及材料等）　1.以能连接互联网的计算机为主，配备 EXCEL、WORD、PPT 等办公软件。　2.由 MetaQuotes 软件公司研发的 MT4 外汇交易模拟平台。　3.《外汇交易》《外汇交易实验实训教程》等相关参考书。　4.外汇通、汇通网等外汇交易相关专业网站。										

交易日志

交易日期　2020-06-08

一、今日交易依据及交易策略

（一）交易依据：（包括基本面和技术面的综合分析）

1.基本面

（1）欧盟大规模的疫情刺激计划面临三个关键障碍："节俭四国"的反对，资金如何分配，以及资金如何监管的问题。

（2）后疫情时代欧元区经济或走向"不归路"，欧元长线走势或颓势难改。

（3）美国公布的5月就业报告远胜预期，市场对经济将在新冠肺炎疫情停摆后复苏的乐观情绪推动风险意愿上升。

（4）美联储扩大主体街项目，让更多企业参与其中，将主体街项目的最低贷款额度下调至25万美元；美联储主席鲍威尔表示，主体街项目的变化将有助于支持就业。

基本面解析：欧元在多个交易日连续上涨后出现颓势，原因很大一方面是欧元区的经济复苏计划实施存在困难，由于欧元区多个国家的意见相左，各国领袖对于资金的分配利用等问题都存在分歧，使得复苏计划的落地让人有了质疑，反观美国虽然国内社会动荡问题仍未解决，但是多地已经解除封锁，非农数据也比预期情况好，同时美国通过了主体街项目，旨在帮助更多的企业获取资金重新营业。但在全球疫情逐渐减弱的情况下，美元的避险需求也在逐步降低，欧元区的经济刺激计划仍然让欧元有机会冲击1.1495的本年高位。同时不能排除疫情二次暴发的可能。从近期来看，欧元区的复苏计划不能掷地有声，则欧元会从高点不断震荡回落。

2.技术面

（1）欧美货币对日线（见图1）：

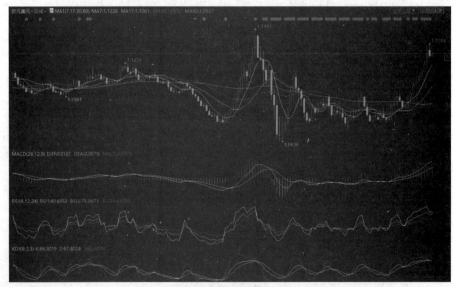

图1　欧美货币对日线

　　从日线来看,欧元已经连续多日上涨,在冲击 1.1384 高点后开始回落,上方压力位 1.1384,下方支撑位 1.0915。趋势上欧元仍有向上冲击 1.1495 高点,但是技术指标上,MACD 扇形面积已有减少趋势;RSI 显示欧元已至超买区域,要警惕欧元的回撤;KDJ 已经表现死叉。

　　(2)欧美货币对四小时级别(见图 2):

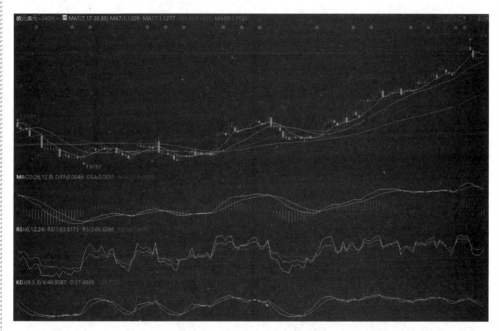

图 2　欧美货币对四小时级别

　　从四小时级别来看,K 线跌破 7 日线,7 日线已向下拐头触碰 17 日线的趋势,如果继续延续当前趋势很有可能会触碰箱体下沿。MACD 已经死叉,RSI 显示多空博弈没有明显指向,KDJ 呈现死叉排列,成体来看,欧元要经历一波调整。

　　(3)欧美货币对一小时级别(见图 3):

　　形态上看,从支撑线 1.1210 开始形成了一个 M 顶,如果 7 日线不能有效上穿 17 日线,则 K 线很有可能会跌破箱体形成下跌趋势。技术指标上 MACD 金叉,KDJ 多头排列,说明欧元还有挣扎,但是上涨力量不足的话今天一定会走下跌趋势。

　　(4)欧美货币对 15 分钟级别(见图 4):

　　从 15 分钟级别来看,欧元在这个震荡箱体里已经多次触碰箱体下沿,且每次大概上涨到 1.13015 附近又再次回撤,均线虽然仍呈多头排列但是压力位 1.1320 已现,形态上也是走了一个多重顶,突破上涨力量明显不足。技术指标上 MACD 相互缠绕,RSI 急速下挫,KDJ 呈现死叉空头排列。

（二）交易策略：（包括基本交易策略——做多或做空，入场点位、出场点位、止损点位及其依据）

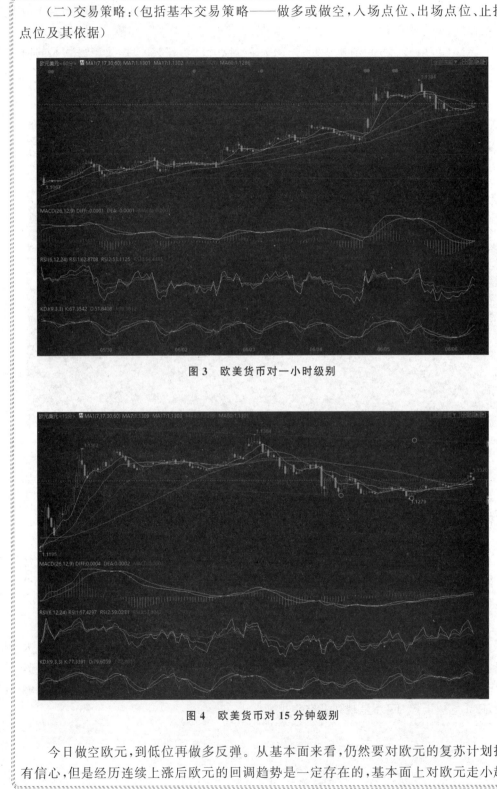

图 3　欧美货币对一小时级别

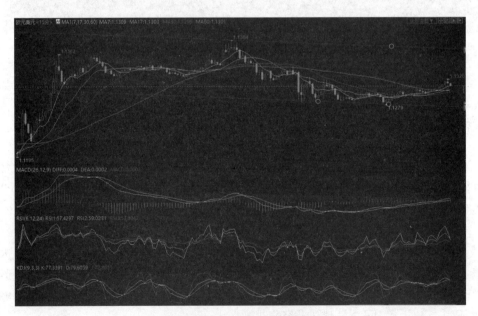

图 4　欧美货币对 15 分钟级别

今日做空欧元，到低位再做多反弹。从基本面来看，仍然要对欧元的复苏计划持有信心，但是经历连续上涨后欧元的回调趋势是一定存在的，基本面上对欧元走小趋势回落持有认可。形态上也多次表现出欧元形成 M 顶,技术指标也给出欧元有下跌趋势。结合之前趋势今天预判欧元会下跌摸箱体下沿再反弹回 1.1315 附近。

(1)入场点位:1.1320(15 分钟级别压力位);

出场点位:1.1279(15 分钟级别箱体下沿);

止损点:1.1350(15 分钟级别 5 号 7 日线下穿 17 日线交点)。

若欧元跌至箱体下沿后平仓再做多进行第二笔交易。

(2)入场点位:1.1275(15 分钟箱体下沿);

出场点位:1.1315(近期震荡反弹高位);

止损点:1.1240(4 号 15 分钟级别 7 日线上穿 17 日线交点)。

二、操作记录(见图 5)

EURUSD, sell 1.00			2020.06.08 14:01:33
1.13134 → 1.12705			**429.00**
止损:		获利:	—
	—		
打开:	2020.06.08 03:08:48	库存费:	0.00
Id:	#620837300	手续费:	0.00000

EURUSD, buy 1.00			2020.06.08 17:01:22
1.12704 → 1.13105			**401.00**
止损:		获利:	—
	—		
打开:	2020.06.08 14:01:39	库存费:	0.00
Id:	#621336233	手续费:	0.00000

图 5 操作记录

今日收益中的最大基点:42.9,其中,入场点位:1.1313,出场点位:1.1270。

三、交易总结

经验:从基本面上给出一个趋势判断,再结合 K 线的走势和形态判断出近期欧元走势的规律,与判断情况接近一致,欧元确实像前两日一样走了一个下跌至箱体下沿再反弹至 1.1315 附近的趋势。形态的分析可以有效地帮助我们把握 K 线走势规律。要注意观察前几日的 K 线走势,不能盲目地只关注技术指标的信息。

教训:在分析时,一小时技术指标给出了欧元有个上涨趋势,但并没有太多的考虑,虽然不影响今天的整体判断,但是对于高点的把握却并不准确,没有更耐心去分析每个技术指标的参考程度。接下来的交易中需要更加耐心分析每个技术指标是否存在可参考性。

交易日志

交易日期　2020-06-09

一、今日交易依据及交易策略

(一)交易依据:(包括基本面和技术面的综合分析)

1.基本面

(1)非农就业岗位意外增加,美联储会采取负利率的可能性已经消失。

(2)欧盟财长举行视讯会议讨论欧盟执委会的欧盟复苏计划提议,并对执委会就各国具体推荐实行的流程进行评估,欧洲央行副行长金多斯将出席。

(3)美联储最富雄心且最复杂的危机救助计划将在未来几天启动,这项规模6000亿美元的"主街贷款工具"旨在帮助中小型企业,但现在还远不能确定这些企业是否有强烈贷款需求。

基本面分析:相比于欧元复苏计划的重重阻碍,美国的主体街计划的落地异常顺利,欧洲央行行长对于复苏计划的进展缓慢充满了担忧,督促欧洲各国尽快达成一致,具体情况看欧盟财长的会议结果,如果没有实质性的进展,今天欧元势必会跌破箱体继续向下探底。

2.技术面

(1)欧美货币对日线级别(见图1):

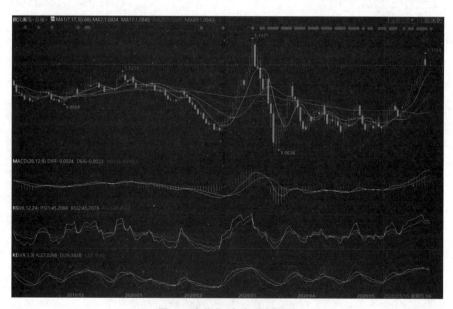

图1　欧美货币对日线级别

相比昨天,欧元大趋势仍处在一个向上的趋势中,如果欧元的复苏计划可以顺利落地,欧元就仍有上涨的动力,如果基本面情况不良就很有可能在此铸顶开启下跌趋势。K线方面继续下跌触碰7日均线的趋势,MACD较昨日继续下滑,KDJ已经完全死叉展露空头排列,RSI已从超买区域回落。

（2）欧美货币对四小时级别（见图 2）：

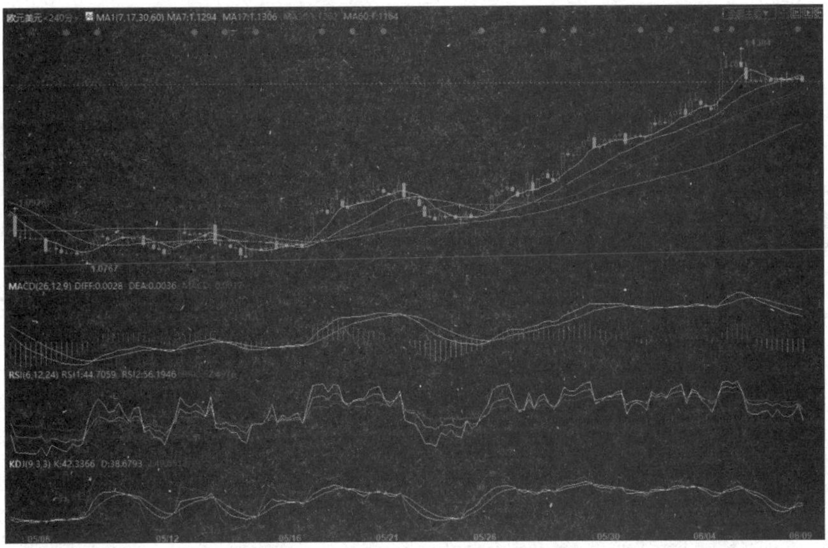

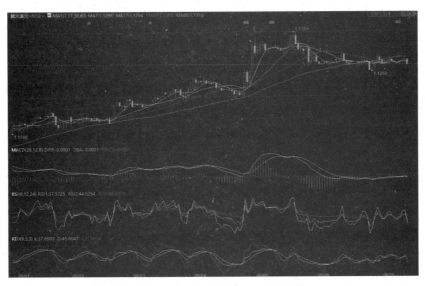

图 2　欧美货币对四小时级别

均线上 7 日线下穿 17 日线形成了下跌趋势，MACD 死叉继续放量，RSI 快速向超卖区滑落，KDJ 中 K、J 线高位拐头有形成死叉趋势。今日四小时级别可能跌破箱体下沿，压力位 1.1384，支撑位 1.1255。

（3）欧美货币对一小时级别（见图 3）：

图 3　欧美货币对一小时级别

一小时级别整体呈震荡趋势，均线相互交错，但是 7、17、30 日线均已回落到 60 日线下方,空头排列趋势越发明显。MACD 交错,RSI 显示空头势力加强。KDJ 呈现死叉空头排列。压力位 1.1310,支撑位 1.1269。

(4)欧美货币对 15 分钟级别(见图 4):

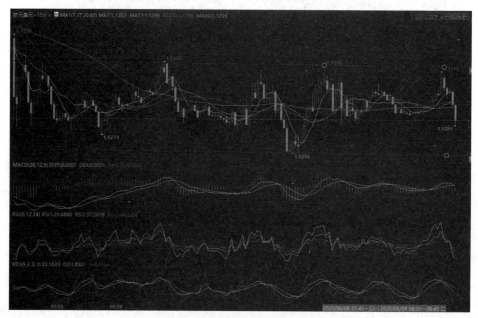

图 4　欧美货币对 15 分钟级别

昨天的 M 顶形态后 K 线的下跌已经打破了原有的箱体,原先的箱体中段点位 1.1315 已成新箱体上沿压力位,昨日下跌反弹形成了一个深 V 反弹改变了原箱体,在新箱体中,K 线仍走了一个多重顶的形态,颈线位置在 1.1285 附近,技术指标上,MACD 死叉形成,RSI 已跌至超卖区域附近,KDJ 显出空头排列。

(二)交易策略:(包括基本交易策略——做多或做空,入场点位、出场点位、止损点位及其依据)

今日继续做空欧元。美国的主体街计划今日继续传出利好,同时非农岗位数据的增加,使得市场对于美国执行负利率的看法基本消失,美元的基本面开始逐渐向好,而欧元的财长会议可能依然不能产生实质性的进展,那么欧元的这波上涨趋势很有可能就此终结。技术指标上从大到小来看,欧元从上涨趋势到震荡趋势再到下跌趋势的逐步变化,已经表明近日欧元的疲软。尤其在 15 分钟级别上欧元的多重顶形态还有空头强势的各种技术指标表明今天欧元很有可能会突破近期的箱体。

进场点位:1.1315(今日 15 分钟级别新箱体上沿);

出场点位:1.1260(15 分钟级别箱体下沿,若跌破后技术指标继续强势空头则保持持有);

止损点:1.1350(5 号 15 分钟级别 7 日线下穿 17 日线交点)。

二、操作记录（见图 5）

EURUSD, sell 1.00			2020.06.09 10:12:12
1.13105 → 1.12694			**411.00**
止损：	—	获利：	—
打开：	2020.06.08 17:01:25	库存费：	-1.00
Id：	#621564206	手续费：	0.00000

图 5　操作记录

今日收益中的最大基点：41.1，其中，入场点位：1.1310，出场点位：1.1269。

三、交易总结

经验：整体的 K 线走势依然和分析的情况基本一致，这说明了之前的分析逻辑基本上是正确的，可以在本周继续按照这个逻辑进行分析和交易，之后出现新情况再另行调整。仍然是注意不同时段之间技术指标给出的信息差别，及时平仓和另行交易。

教训：今天的问题还是对于突破信号的把握不够自信，今天在交易策略分析中已经说明今天有突破箱体下沿继续下探的可能，但是过于担心假突破所以在箱体下沿附近进行了平仓，平仓之后汇价继续大幅下跌，对于突破信号的不确定性使今天的交易基点没有达到更加理想的状态，这也暴露了我对技术指标研判把握的不自信和不够熟练的问题，在接下来的交易中要更加细心求证，大胆持仓，相信自己的判断。

交易日志

交易日期　2020-06-10

一、今日交易依据及交易策略

（一）交易依据：（包括基本面和技术面的综合分析）

1.基本面

（1）德国财政部长表示欧盟国家短期内或能就7500亿欧元复苏计划达成共识。

（2）美联储公布利率决议，同时公布经济预期和利率预期点阵图。

（3）摩根士丹利欧盟复苏基金的提案是数年来加强欧元区融合以及提振欧元区经济中最强的计划。

（4）欧洲央行行长拉加德敦促欧洲领导人采用欧盟的大规模刺激计划，若欧盟"节俭四国"奥地利、丹麦、荷兰和瑞典屈服于大国的压力，欧元有升值的空间。

（5）特朗普总统表示，他将要求国会通过更多措施刺激经济，包括削减工资税。

综合今天的基本面来看，欧盟的经济复苏计划有望尽快落地实施，而欧盟峰会很可能提供欧元这份催化剂。下周的欧盟经济财政理事会和欧元区集团会议将是欧元的关键日，因全球经济恢复而普遍走软的美元也使欧元兑美元更为走高。美元的避险需求确实在不断地降低，但美国国内的经济复苏也一样如火如荼地进行，同时美联储对于不执行负利率的决心也是美元有着反弹的资本，但是在欧元区一片向好的情况下我更看好欧元可以继续上涨到1.1550的位置。

2.技术面

（1）欧美货币对日线级别（见图1）：

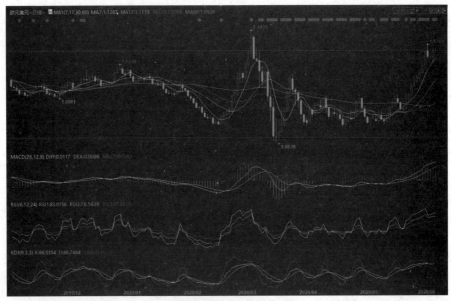

图1　欧美货币对日线级别

日线上欧元的上涨趋势仍然存在，尽管这两天汇价处于调整阶段，但是整体上涨

的动力依然强势,均线仍然呈现多头排列并没有明显的乖离趋势,上方压力位仍然为
1.1384。技术指标上,MACD处于多头市场,没有乖离产生,RSI处在超卖区域,有暂缓
趋势,和这两天的汇价表现一致,KDJ由多头排列变成盘错,没有明显的指向性信息。

(2)四小时级别(见图2):

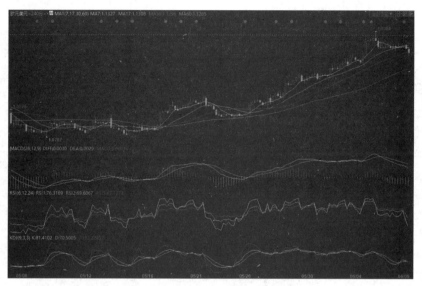

图2　四小时级别

四小时级别上,7日线和17日线形成死叉,K线跌至箱体下沿,上方压力位
1.1384,下方支撑位1.1240。技术指标上,MACD与K线表现一致,RDI从超买区域
开始直线下跌,KDJ呈现死叉表现。

(3)一小时级别(见图3):

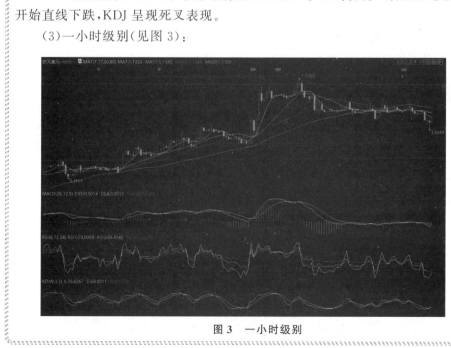

图3　一小时级别

从一小时级别来看,7日线和K线产生乖离,这种乖离过大是葛南维八大买卖法则中的经典买入位,同时阴柱拉出一个很长的下影线表明多头力量意愿更强,箱体压力位1.1384,支撑位1.1241。技术指标上,MACD死叉,RSI与汇价形成乖离,短期RSI线已由跌转升,表明多头更盛,KDJ金叉表现,汇价可能由此开始反弹。

(4)15分钟级别(见图4):

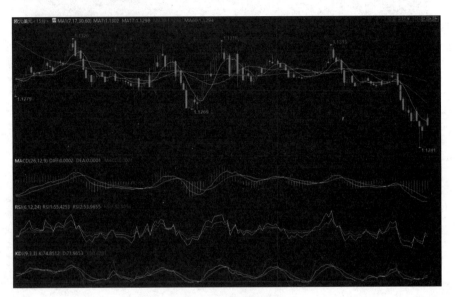

图4　15分钟级别

从15分钟来看,K线在突破箱体下沿向下探底1.1240后,K线和均线开始出现乖离,7日线下跌趋势放缓,趋于平稳。MACD下跌趋势放缓开始有拐头回升表现,RSI在中段判错没有明显的指向,KDJ已经金叉呈现多头排列。

(二)交易策略:(包括基本交易策略——做多或做空,入场点位、出场点位、止损点位及其依据)

做多欧元。经历两天的下跌反弹调整后,欧元的上升趋势并没有破坏,说明市场对于欧元的上涨空间仍然看好,同时基本面两大利好支撑着欧元的汇价有上涨的动力存在。两天的调整后,日线在大趋势上欧元仍然是上升趋势,到小趋势上已经可以看出欧元的下跌调整将会在今天有所表现,技术指标也给出了利好的指向,可以寻低位进行做多。

入场点位:1.1240(寻低点及时入场);

出场点位:1.1320(原箱体上沿);

止损点:1.1200(4小时级别箱体低位反弹点)。

二、操作记录（见图 5）

EURUSD, buy 1.00 　　　　　　　　　　2020.06.10 10:25:52
1.12525 → 1.13550 　　　　　　　　　　　　　**1 025.00**

止损:		—	获利:	—
打开:	2020.06.09 11:38:14		库存费:	-0.70
Id:	#622455221		手续费:	0.00000

图 5　操作记录

今日收益中的最大基点：102，其中，入场点位：1.1252，出场点位：1.1355。

三、交易总结

经验：日线级别把握大趋势，四小时、一小时级别看最近几日 K 线走势逻辑，15分钟判断交易方向。按照这个思路，这三天的交易基本上把握了欧元汇价变动的逻辑，尽管点位有时候不太理想，但是趋势的把握就决定了交易一定会有收益。期待本周欧元区更多的利好刺激欧元的持续上涨，我也会开仓一单在交易周持续持有。

教训：这次总结了昨天的经验，对于 K 线突破箱体上沿后继续坚定持有，从而收获了更高的基点数，这一切都是基于对技术指标的及时判断，希望接下来两天仍然可以好好把握。

交易日志

交易日期 2020-06-11

一、今日交易依据及交易策略

（一）交易依据：（包括基本面和技术面的综合分析）

1.基本面

（1）欧洲准备努力减少银行不良贷款,成功提振欧元走高。

（2）欧盟提议从 7 月 1 日起取消对外旅行限制。

（3）美联储预计维持近零利率直至 2022 年底承诺继续购买债券。

（4）美国部分州新增新冠肺炎病例创新高,总计确诊超 200 万。

基本面分析：夜盘欧元大涨,一度涨至 1.1422,受益于欧盟经济刺激计划的实质性进展,市场对于欧盟达成统一意见充满了期待。同时欧洲央行开始准备对银行的不良贷款进行清除,欧盟也开始考虑下个月解除旅游禁令,整个欧元区一片向好,市场对于欧元的回升也是信心满满。反观美元,美联储计划继续零利率的政策使金价再次回升,这样的决策也进一步打压了市场的情绪,就像我前几天分析的一样,欧元的调整会在这几天结束并开始继续上攻 1.1550 大关。欧元上涨的大趋势近期不会改变。

2.技术面

（1）欧美货币对日线级别（见图 1）：

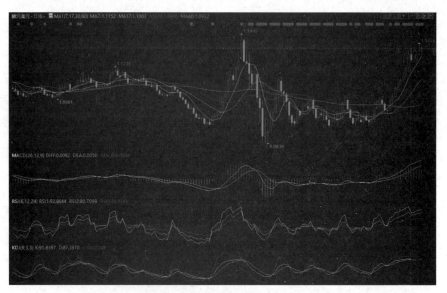

图 1 欧美货币对日线级别

日线上前几天的阴柱回撤已经完全吃掉,均线也重新呈多头排列,市场震荡整理完毕,欧元将继续上攻,上方压力位 1.1500,下方支撑位 1.1270。均线上没有乖离出现,MACD 均为正式处于多头市场,RSI 处于超买区域,KDJ 在盘错几日后要开始产生分歧。整体来看,多头欧元的动力很强,市场继续上攻的可能性更高。

（2）欧美货币对四小时级别（见图2）：

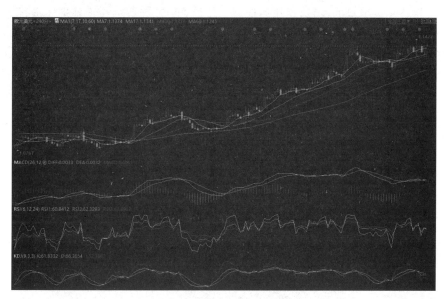

图2　欧美货币对四小时级别

　　四小时级别上，欧元仍旧是上升趋势，均线多头排列，与K线没有明显乖离。MACD盘错，没有明显指向，RSI处于多空博弈，KDJ空头排列，但是K线趋于平滑有拐头趋势，可能会形成金叉。

　　（3）欧美货币对一小时级别（见图3）：

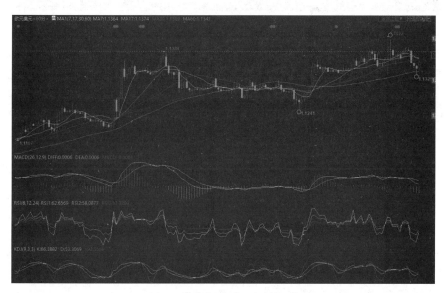

图3　欧美货币对一小时级别

　　一小时级别来看，欧元彻底走出了前几天的箱体震荡，开始走一个上升趋势，但这个上升趋势的震荡幅度很剧烈,高点压力位 1.1422,低点支撑位 1.1325、1.1240。按照欧元这几天走势的逻辑,逢箱体低点必反弹,遇高点回落,多次整理才进行突破。1.1322 这个 K 线位置对移动平均线小幅跌破且处于上升趋势,这是葛南维买卖法则中的买点 3。同时 7 和 17 日线的下穿并不坚决,所以这种小幅跌破大概率要回补反弹。技术指标上,MACD 已趋于平滑,RSI 已从低位深 V 形态反转,KDJ 将显金叉迹象。整体来看,欧元依然会按照之前的逻辑在这个低位反弹。

(4)15 分钟级别(见图 4):

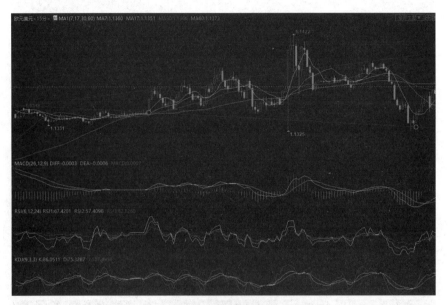

图 4　15 分钟级别

从形态上看,近期 K 线走了一个上升三角形的整理形态,每次的低点更低,反弹的高点更高。下方支撑位 1.1320,上方压力位 1.1422。均线上 7 日线上穿 17 日线,这是典型的买入信号,从 1.1325 低位后出现这样的均线金叉说明欧元即将开始一波上涨。技术指标上,MACD 金叉开始攀升,RSI 继续向超买区域上升,KDJ 继续多头排列,整体摆脱刚才向下的颓势。

(二)交易策略:(包括基本交易策略——做多或做空,入场点位、出场点位、止损点位及其依据)

做多欧元:欧元在夜间开始了一波急速的拉升,之后在今天又急速回落至1.1320附近,整体仍然是一个震荡上升趋势,欧元的箱体震荡逻辑非常清晰,每次均是摸低点反弹碰高点再次循环,多次后突破。根据今天的技术面分析来看,欧元今天已经探底结束,将从 1.1320 低位开始反弹,按照 15 分钟的上升三角形的形态来看,这次反弹将会触碰 1.1400 高位后再次回落。

进场点位:1.1340(目前交易时段箱体低位附近);

出场点位:1.1400(箱体震荡逻辑将反弹的高位);

止损点位：1.1240（一小时级别箱体第二个支撑位）。

二、操作记录（见图 5）

EURUSD, buy 1.00　　　　　　　　　　　　　　　2020.06.11 13:11:01
1.13475 → 1.13779　　　　　　　　　　　　　　　**304.00**

止损:	—	获利:	—
打开:	2020.06.11 10:12:10	库存费:	0.00
Id:	#624973790	手续费:	0.00000

图 5　操作记录

今日收益中的最大基点：30，其中，入场点位：1.1347，出场点位：1.1378。

三、交易总结

经验：通过这四天的交易，我对于形态分析有了更深刻的理解，日线形态判断趋势，4 和 1 小时形态看今日小趋势，15 分钟形态看 K 线逻辑判断交易点位。这个分析思路贯彻了我的四天来的每笔交易，从目前来看这个思路的成功率是百分之百，希望明天可以圆满收工。

教训：今天在买入后欧元汇价正如我判断的一样，从 1.1325 的低位开始反弹，一直到我所判断的 1.1400 附近开始回落，为什么我完美的判断点位却没有在 1.1400 平仓，因为我忘记了挂单自动平仓，结果等到汇价已从高点开始回落我才平仓，错失了更大的基点数，这样的失误应该铭记，当判断高点后会有回撤就应该及时平仓。

交易日志

交易日期 2020-06-12

一、今日交易依据及交易策略

（一）交易依据：（包括基本面和技术面的综合分析）

1. 基本面

（1）美国原油库存创下纪录新高，加剧供应过剩的担忧。

（2）新冠肺炎疫情再度暴发接近失控，美国休斯敦市考虑重新封闭。

（3）10万家企业永久关闭，经合组织罕见发表悲观言论，美国经济回归正常路漫漫。

（4）欧洲疾控中心：未来数周欧盟国家新增新冠肺炎病例数或将上升。

（5）意大利卫生部长呼吁做好应对第二波疫情准备。

基本面分析：国际市场对于疫情的二次暴发充满了担忧，整个欧美货币对也在近几日内大幅震荡，欧元向上的大趋势依然存在，但是继续做多欧元一定要十分谨慎，因为欧元的连续上涨必然需要整理的时间，甚至可能会有趋势改变下跌的可能。疫情暴发第二波的风险可能成为欧元兑美元汇率的主要决定因素。除非欧元区的封锁限制继续放松，各国政府一致通过建立复苏基金的提议，否则欧元可能会继续下跌，基本面存在风险因素，技术指标给出了很多的警告信号，市场追高情绪并不高涨。

2. 技术面

（1）欧美货币对日线级别（见图1）：

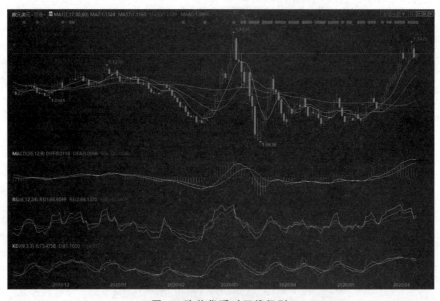

图1 欧美货币对日线级别

从这周的日线来看，向上趋势的动力有些不足，上周冲高后本周持续在高位震荡调整，市场可能在等待欧元区欧盟是否就复苏计划达成一致意见。这样的高位震荡往往存在着更多的风险,技术指标上,RSI 已从超买区回落开始盘错,KDJ 已从多头排列演变为死叉的空头排列,MACD 和 K 线形成了一个较大的乖离,整个欧元上涨的风险在本周越发明显。

(2)欧美货币对四小时级别(见图 2):

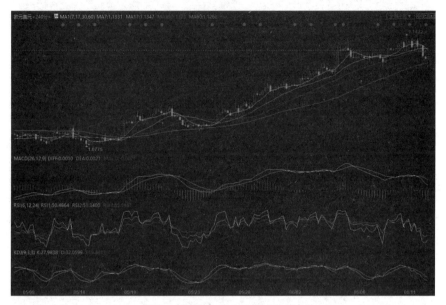

图 2　欧美货币对四小时级别

四小时的上升趋势在本周五被改变,一根放量阴柱击穿均线,这样的高位乖离使 7 和 17 日线形成死叉。技术指标上,MACD 死叉;RSI 以波浪减低下跌,这种一浪高点低于前一浪的表现大概率预示高点的产生,但有拐头迹象;KDJ 空头排列,但整体趋势放缓。

(3)欧美货币对一小时级别(见图 3):

从一小时线来看这个箱体的下跌突破更加的明显,但就像我前几日分析出来的 K 线逻辑一样,这上升箱体的震荡是一浪高点更高,低点也更高的。可以看出,三次震荡支撑位分别由低到高位 1.1195、1.1241、1.1277,那么今天的支撑位已现,7 日线下跌放缓区域平滑,后面估计要走一个圆弧底的形态,这是一个标准的反弹形态。技术指标上,MACD 渐进合拢向上拐头,RSI 也是多头趋势,KDJ 金叉已现。

(4)15 分钟级别欧美货币对(见图 4):

从 15 分钟图来看,昨天震荡到高位 1.1403 符合我的预计,三浪震荡突破也符合我分析的逻辑,这个向下突破也是本周整理行情的小趋势体现,均线由多头转为空头,形态来看,均线趋于平滑,相比一小时图更可以看出来这是一个圆弧底的形态即将完成,这也说明了一波下跌探底结束,支撑位 1.1277。那么今天在探底结束后继续做多并在 1.1400 附近平仓应该是不错的操作。

(二)交易策略:(包括基本交易策略——做多或做空,入场点位、出场点位、止损

外汇交易实训新编

点位及其依据）

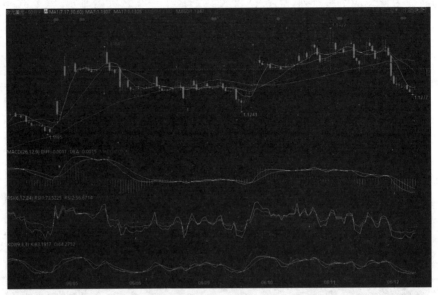

图 3　欧美货币对一小时级别

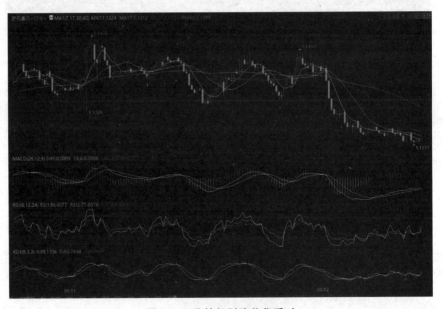

图 4　15 分钟级别欧美货币对

　　做多欧元。本周基本面多空消息很多,整体来看没有决定性的基本面支撑欧元或者美元的上涨,所以本周基本上是一个震荡行情,而这个震荡行情的逻辑非常的清晰,可以看到我本周都是按照这个逻辑进行交易。那就是在一个箱体中从支撑位上涨到压力位后快速回落、再次上涨至支撑位这样的一个循环,而且基本呈一个上升三

270

角形的形态,高点低点都很好预判,所以今天最后一天的交易依然是这个逻辑,今天低点 1.1277 已经出现,那么逢回撤低点可以直接进场,持仓到 1.1400 附近根据技术指标情况及时平仓。

进场点位:1.1277(15 分钟圆弧底形态低位);

出场点位:1.1400(箱体震荡逻辑高位);

止损点位:1.1240(一小时级别箱体昨日支撑位)。

二、操作记录(见图 5)

EURUSD, buy 1.00	2020.06.12 11:53:48
1.12812 → 1.13334	**522.00**
止损: —	获利: —
打开: 2020.06.12 04:23:06	库存费: 0.00
Id: #626214538	手续费: 0.00000

图 5 操作记录

今日收益中的最大基点:52,其中,入场点位:1.1281,出场点位:1.1334。

三、交易总结

经验:经过一周的交易,我对于外汇的基本面和技术面分析的各种技术都更加的融会贯通,最重要的就是要在交易中形成自己的一套交易体系,每次谨慎分析,大胆交易,及时平仓,总结经验。在每次交易中不断完善自己的不足,找准趋势,分析逻辑,才能预测汇价的走势。对于本周我的分析和交易我基本上是满意的,接下来我也将继续学习更多的交易技术和知识,在今后面对不同的币种、不同的形势、不同的技术指标时可以让自己更加有自信地开仓获得收益。

教训:本周总体来看,存在最大的不足就是对于不同级别的技术指标的研判以及对其重要性高低的鉴别存在不足,导致部分的分析存在一定的误差,没能更好地预测汇价的变动,其实如果更勤快一点,每天都可以低位做多平仓再高位做空,会有更多的收益。这也说明了投资不只是需要靠你有交易的体系和技术,更需要投资者本人具有勤劳耐心这样的好品质。

教师点评:

该生的交易日志基本面因素收集较全面,能较好地把握当天热点和焦点因素,技术面能运用多重时间框架进行动态分析,基本面和技术面的综合分析逻辑较好;交易策略能基于"交易依据",做多或做空的逻辑比较合理;有一定针对性的总结和反思。不足之处包括:没有逐条分析基本面的多空影响;对于"势、位、态"的分析层次体现欠清晰;总结与反思不够全面。

范例二:(该范例来自往届学生考试周的系列日志)

金融学院实验报告

姓名	徐同学		学号				成绩			
收益情况列表	第一个交易日		第二个交易日		第三个交易日		第四个交易日		第五个交易日	
	收益的最大基点	收益率	收益的最大基点	收益率	收益的最大基点	收益率	收益的最大基点	收益率	收益的最大基点	收益率
	10.5	1.67%	22.2	1.53%	31.6	5.24%	40.9	15.3%	31.9	4.63%

一、实验目的及要求

实验目的:训练从基本面和技术面对主要货币对的走势进行综合分析研判的能力,学习并提高模拟外汇交易的交易策略及技巧。

实验要求:能够独立进行模拟外汇交易,并据以撰写符合要求的交易日志。

二、实验环境及相关情况(包含使用软件、实验设备、主要仪器及材料等)

1.以能连接互联网的计算机为主,配备 EXCEL、WORD、PPT 等办公软件。

2.由 MetaQuotes 软件公司研发的 MT4 外汇交易模拟平台。

3.《外汇交易》《外汇交易实验实训教程》等相关参考书。

4.外汇通、汇通网等外汇交易相关专业网站。

交易日志

交易日期 2022-06-13

一、今日交易依据及交易策略

（一）交易依据：（包括基本面和技术面的综合分析）

1.基本面

（1）美国 5 月 CPI 创 1981 年以来最大年涨幅，远远超过预期，市场预期美联储将会采取更加激进的加息政策。（利好美元）

（2）美联储为期两天的会议将会是市场下一个推动因素，市场普遍预期美联储将于周三加息 50 个基点或更多并于下月再次加息。（利好美元）

（3）美国股市的下跌，可能会转向购买美元进行避险，提升了美元的市场需求。（利好美元）

（4）欧洲央行驱动的欧元强势近期已到顶部。（利空欧元）

（5）欧洲央行的加息指引使得市场对欧洲经济的未来前景表示担忧。（利空欧元）

（6）法国总统表示法国和欧洲进入战时经济状态，未来经济发展预期将可能会下降。（利空欧元）

基本面解析：一直以来美联储都强烈地表示对于控制通胀的决心，上周五公布的美国 5 月 CPI 大幅度增长，表明美国的通胀还依旧存在，使市场上对于美联储增大加息幅度的预期大大增强，另外，美国股市受到通胀的影响，下跌力量强劲，也大大增强了美元的避险需求。而在欧元区，俄乌战争对于欧元区经济影响仍然存在，加之近期欧洲央行加息对于市场的指示，市场对欧洲经济未来的前景并不是很看好，所以今日利空欧元，利多美元。

2.技术面

（1）欧美货币对日线（见图 1）：

从日线上看，K 线呈现圆弧顶形态，说明多方力量逐渐削弱，空方力量增强，显示出下跌的趋势。从技术指标上看，MACD 指标出现死叉且出现绿柱，KDJ 指标呈现空头排列形态，RSI 也显示出空头排列。

（2）欧美货币对 120 分钟线（见图 2）：

从 120 分钟线上看，K 线已经跌破 7 日均线和 17 日均线，如果继续延伸当前趋势，很有可能会跌破近期的最低点。MACD 指标已经处于相对低位，有出现金叉的可能，也有可能继续处在低位；KDJ 指标在缠绕后，出现金叉，说明欧元还存在微弱的上涨力量，但是上涨力量不足还是会继续延续下跌的趋势。

（3）欧美货币对 60 分钟线（见图 3）：

从 60 分钟线上看，K 线处在一个下降通道中，MACD 指标在跌到相对低位后，出现一个向上的调整，KDJ 指标呈现空头排列，RSI 指标在短暂的上涨后，继续呈现空头排列，说明上涨力量不足，预期总体趋势还是会继续下跌。

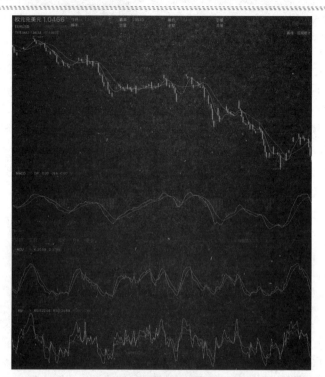

图 1　欧美货币对日线

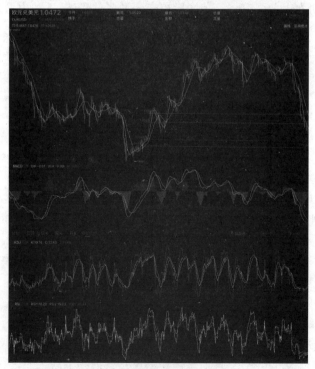

图 2　欧美货币对 120 分钟线

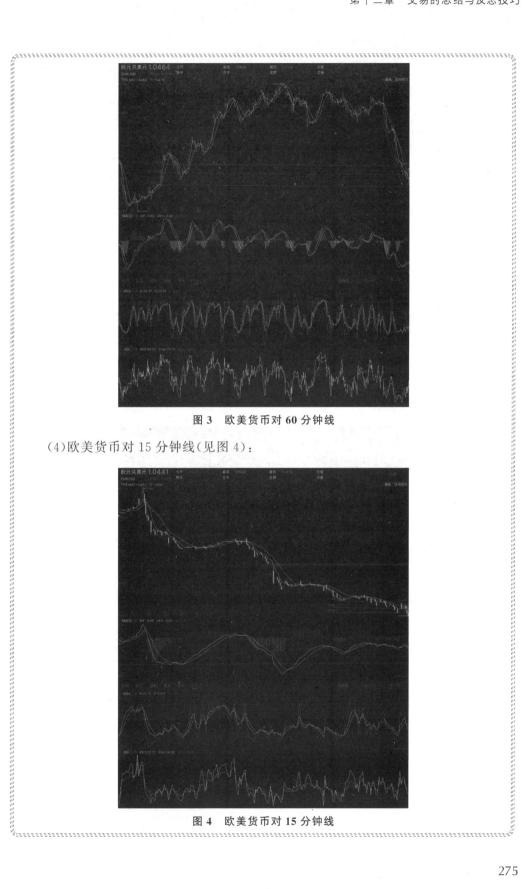

图 3　欧美货币对 60 分钟线

（4）欧美货币对 15 分钟线（见图 4）：

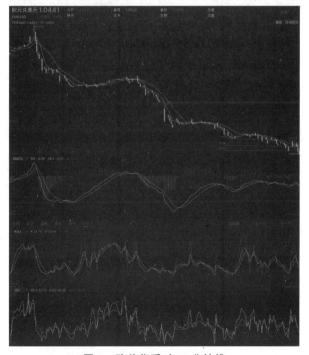

图 4　欧美货币对 15 分钟线

从 15 分钟线上看,K 线呈现小的圆弧顶的形态,并且已经跌破小圆弧顶的颈线,预计下降趋势还将保持。MACD 指标相互缠绕,KDJ 指标呈现死叉空头排列,RSI 指标也呈现空头排列。

3.基本面和技术面综合分析

今日看空欧元,从基本面上看,今日在欧元区没有传出利好欧元的消息,且近期市场对欧洲未来经济前景的担忧,前期支撑欧元上涨的消息已经被消化,近期支撑欧元上涨的基本面弱。而美国由于 5 月 CPI 指标的公布,大大增强了市场上对美联储实行更加激进的加息政策的预期。从技术面上看,日线中可以看出今日的大趋势是下跌的,120 分钟线和 60 分钟线显示上涨力量还是存在的但总体上偏弱,可以在短暂的上涨后在相对的高位入场进行做空。

(二)交易策略:(包括基本交易策略——做多或做空,入场点位及其具体的依据,出场点位及其具体的依据,止损点位及其具体的依据等)

做空欧元

入场点位:1.0483(60 分钟线第一压力位);

出场点位:1.0443(60 分钟线第一支撑位);

止损点位:1.0513(60 分钟线第二压力位)。

二、操作记录(见图 5)

#895869946, sell EURUSD	
手数	1.00
开盘时间	22.06.13 18:40:08
收盘时间	22.06.13 19:10:58
开盘价	1.04495
收盘价	1.04390
止损	0.00000
获利	0.00000
库存费	0.00
税费	0.00
手续费	0.00
利润	105.00

图 5 操作记录

今日收益中的最大基点：10.5，其中，入场点位：1.04495，出场点位：1.04390。

今日交易中投入的最大仓位：1。

三、交易总结

经验：首先，要先对欧美货币对的相关国际的政治经济等情况进行分析，了解今日基本面对于欧美货币对趋势影响如何。其次，再对日线进行分析得出今日欧美货币对的走势，结合 120 分钟和 60 分钟线找准入场的时间，最后通过 15 分钟线进行交易盯盘。在入场和出场时要做好对走势发展的研判，不能盲目地认为走势是涨还是跌，否则将可能造成不可挽回的损失。

教训：今日做完策略后，从 15 分钟线和 60 分钟线的技术指标上显示的是下跌的趋势，但是从分时图上看已经跌到相对低位，我没有马上入场我担心它会触底反弹。事实上却是继续下跌，没有马上入场导致错失了一个良好的入场机会，之后没有等到合适的入场时机。后面在做交易时，由于没有很好地分析进一步的走势，没有及时平仓，导致错失了一些基点。所以今后我需要加强对技术指标分析的学习，更加全面地掌握技术指标的指向作用，也更加相信自己的判断，不能犹豫。

交易日志

交易日期　2022-06-14

一、今日交易依据及交易策略

（一）交易依据：（包括基本面和技术面的综合分析）

1.基本面

（1）美联储通过《华尔街日报》放风本周可能考虑加息75个基点。（利好美元）

（2）在当前美联储基金加息的疯狂预期，美国股市昨天全线暴跌，债券市场在过去两个交易日的抛售行情几乎可以用"史诗级来形容"，这使美元几乎成了唯一可靠的避险资产。（利好美元）

（3）美国物价上涨，减少人们的储蓄增加人们的消费，增加了人们对经济衰退的担忧。（利空美元）

（4）德国6月ZEW经济景气指标数低于预期值。（利空欧元）

基本面分析：今日欧元区公布的宏观经济数据显示德国6月ZEW宏观经济数据低于预期值，其他大多与预期值相当，且欧元区今日没有其他影响欧美货币对的重要信息。虽近日为美联储噤声期，美联储无法就上周公布的CPI指数作出相应的回应，但美联储还是通过《华尔街日报》放出来加息的消息且由于美国股市和债券市场的不景气，也提升了人们对美元的需求，所以今日看空欧元，看多美元。

2.技术面

（1）欧美货币对日线（见图1）：

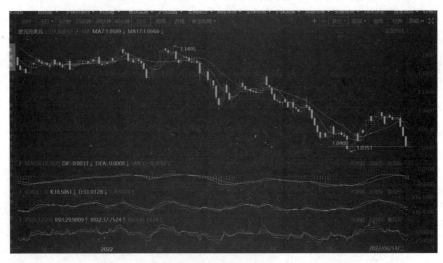

图1　欧美货币对日线

从日线上看，K线处于近期的相对低位，在快接近近期最低点1.0351受到1.0408的支撑，如跌破最低点的支撑，欧美货币对将会继续呈现下跌的趋势。MACD指标出现死叉，绿柱面积有增大趋势，空方力量还是不弱的。KDJ指标J线有小幅度向上勾起,说明上涨力量还是不足以向上穿过 D 线和 K 线形成金叉,RSI 指标呈现空头排列。

(2)欧美货币对 120 分钟线(见图 2):

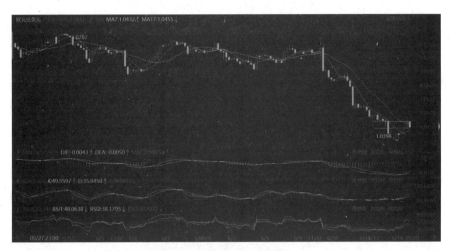

图 2　欧美货币对 120 分钟线

从 120 分钟线上看,K 线呈现出 V 型,上涨趋势受到了压力线的限制,在出现一个大阳线后又出现了一个差不多大小的大阴线,上涨力量还是不足以支撑 K 线继续上涨。MACD 指标处于零轴以下的低位,KDJ 指标和 RSI 指标当前呈现空头排列,空方力量还是很强大的。

(3)欧美货币对 60 分钟线(见图 3):

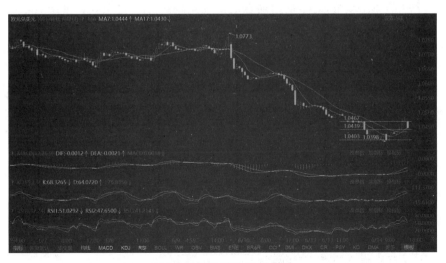

图 3　欧美货币对 60 分钟线

从 1 小时线上看,K 线也是呈现出一个开口更大的 V 形态,上涨力量还是不足以支撑 K 线突破箱顶。从技术指标上看,MACD 指标在 0 轴以下且红柱面积有缩小趋势,预计在小的上涨调整后会继续下跌,KDJ 指标 J 线欲向下穿过 D 线和 K 线形成死叉,RSI 空头排列。

（4）欧美货币对 15 分钟线（见图 4）：

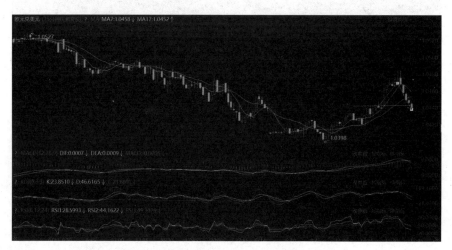

图 4　欧美货币对 15 分钟线

从 15 分钟线上看,K 线呈现出倒 V 型,如突破箱底阻力位,下降趋势将会变得更加明显。MACD 指标出现死叉,KDJ 指标在缠绕后呈现空头排列。

3.基本面和技术面综合分析

今日从基本面上看,欧元区没有能够支撑欧元上涨的信息,且欧洲央行也普遍采取较为平缓的加息政策,对于前期加息的消息市场也已消化完毕。由于美联储激进的加息政策,使得选择美元进行避险,成了市场上不错的选择。从技术面上看,从形态上看,K 线图出现乌鸦形态,空方力量强大,继续下跌的可能性越来越大,同时技术指标上也大都给出下跌的趋势,所以今日看空欧元,看多美元。

（二）交易策略：（包括基本交易策略——做多或做空,入场点位及其具体的依据,出场点位及其具体的依据,止损点位及其具体的依据等）

做空欧元：

入场点位：1.0467（60 分钟线第一压力位）；

出场点位：1.0403（60 分钟线第二压力位）；

止损点位：1.0496（60 分钟线第二支撑位）。

二、操作记录（见图 5）

今日收益中的最大基点：22.2,其中,入场点位：1.04692,出场点位：1.04472。

今日交易中投入的最大仓位：1。

#896252110, sell EURUSD

手数	1.00
开盘时间	22.06.14 10:25:32
收盘时间	22.06.14 11:42:11
开盘价	1.04692
收盘价	1.04472
止损	0.00000
获利	0.00000
库存费	0.00
税费	0.00
手续费	0.00
利润	220.00

图5　操作记录

三、交易总结

经验：通过对基本面的研判得出今日的一个大体走势后,结合 K 线进行分析。要相信基本面和 K 线判断出的方向,根据方向进行交易。更加严格地根据今日整体判断出的趋势进行交易,耐心等待和分析出入场点,切记不要着急并且控制贪婪,希望今后可以加强对技术面的分析,获得更多的基点。

教训：今日在判断出趋势后,对于入场点位还是有些犹豫,没有把握好 120 分钟线、60 分钟线和 15 分钟线给出信息的联系,另外心里还是有对自己分析的不自信,导致没有及时入场,错失了一个好的入场机会。

交易日志

交易日期　2022-06-15

一、今日交易依据及交易策略

(一)交易依据:(包括基本面和技术面的综合分析)

1.基本面

(1)市场对于美联储6月决议加息75个基点以遏制通胀的概率大增。(利好美元)

(2)美联储采取更激进的措施应对通胀,美国经济陷入衰退的风险在上升。(利空美元)

(3)欧央行结束量化宽松政策,7月加息将是欧央行自2011年来的首次加息,预计将于三季度退出负利率。(利好欧元)

(4)欧央行强调货币政策的调整速度将取决于新的通胀数据以及对中期通胀发展的评估,在货币政策正常化的整个过程中,欧央行将保持货币政策的可选择性、数据依赖性、渐进性和灵活性,增强公众对欧元的信心。(利好欧元)

(5)欧央行预计随后能源成本放缓、与疫情有关的供应中断缓解以及货币政策正常化将导致通胀下降,未来欧元区经济发展预期向好。(利好欧元)

基本面分析:近期欧洲央行发布的政策显示采取积极的措施应对欧元区的通货膨胀,将会对欧洲未来的经济发展产生积极的影响,提高市场对欧元的预期,但相较于美联储激进的加息政策,欧央行选择采取更加平缓的加息政策,这将导致市场对美元的预期将会更高,所以今日看好美元,看空欧元。

2.技术面

(1)欧美货币对日线(见图1):

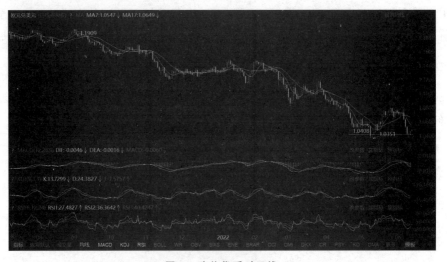

图1　欧美货币对日线

从日线上看,K线呈现圆弧顶形态,1.0408仍是一个有力的支撑。从技术指标上看,MACD 指标出现乖离,绿柱面积有扩大趋势,KDJ 指标 J 线底部勾起,RSI 指标多头排列,预计会有一个连续下跌的小震荡。

(2)欧美货币对 120 分钟线(见图 2):

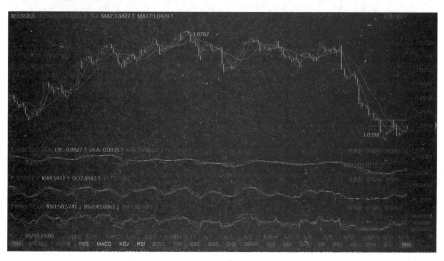

图 2　欧美货币对 120 分钟线

从 120 分钟线上看,K 线呈现 W 双底形态,K 线受到颈线压力回调。MACD 指标红柱面积小,KDJ 指标出现空头排列,RSI 指标呈现空头排列,空方的力量还是和多方力量有一拼,但是预计今日空方力量将会增强。

(3)欧美货币对 60 分钟线(见图 3):

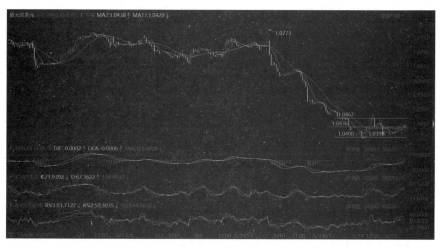

图 3　欧美货币对 60 分钟线

从 60 分钟线上看,K 线也是呈现 W 双底形态,K 线也受阻于颈线向下走,预计会在 1.0467～1.0400 之间震荡一段时间。MACD 指标在 0 轴以下相互缠绕,KDJ 指标 J 线已处于超买区,预期将会向下穿过 K 线和 D 线形成死叉,RSI 呈现空头排列。

(4)欧美货币对 15 分钟线(见图 4):

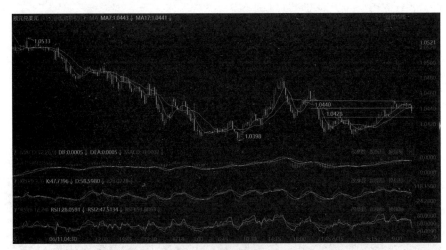

图 4 欧美货币对 15 分钟线

从 15 分钟线上看,K 线受阻于前高压力位往下,7 日均线向下穿过 17 日均线形成死叉,卖方力量逐渐在增强。MACD 指标两条线相互缠绕,当前处于横盘状态,KDI 指标呈现空头排列,RSI 指标也是急速下降,预计空方力量将会超过多方力量,占据上风。

3.基本面和技术面综合分析

从基本面上看,由于市场对于美联储 6 月决议加息 75 个基点的预期愈发增强,相较于欧元区 7 月加息 25 个基点而言,市场会更加倾向于美元,从基本面上看,日线支撑位的力量还在,但从昨日看也仅仅是差不多持平的状态且从技术指标上看并不是很乐观。从 120 分钟线和 60 分钟线上看,多方的力量还是不足以支撑其突破颈线形成明显的上涨趋势,还是显示出下降趋势,预期下降趋势还将继续保持,所以今日看空欧元,看好美元。

(二)交易策略:(包括基本交易策略——做多或做空,入场点位及其具体的依据,出场点位及其具体的依据,止损点位及其具体的依据等)

做空欧元:

入场点位:1.0436(60 分钟线第一压力线);

出场点位:1.0400(60 分钟线第二压力线);

止损点位:1.0467(60 分钟线第一支撑线)。

二、操作记录(见图 5)

今日收益中的最大基点:31.6,其中,入场点位:1.04625,出场点位:1.04309。

今日交易中投入的最大仓位:1。

图 5　操作记录

三、交易总结

经验：在做基本面分析时更要考虑美联储和欧洲央行过去所做的决定，通过过往判断出未来将有可能的政策，并且在做完基本面分析和技术面分析以后，在等待入场时机时，要充分关注一切可能对市场有影响的决定，及时调整策略。同时要调整好心态不能够一味地贪图更高的收益，要相信基本面信息对市场的影响，及时平仓。

教训：今日做完策略做空后，欧元区发布了利好的消息，但是我在盯盘时忘记了兼顾基本面消息，导致错失了做空出场的消息。紧接着又出现了利空美元的消息，表示美联储仍有可能保持加息 50 个基点而不会像市场之前预期的 75 个基点，所以我马上做多了一笔欧元，获得了 20 几个基点的收益，但是我仍然没办法更好预估市场的行情，还是较早平了仓。到晚上时，我又做空了一笔，获得了 31 个基点，但还是没有判断好出场的点位过早平了仓。今后还是要提交对市场基本面和技术面综合分析的能力，更好地找准出入场点，及时平仓。

交易日志

交易日期　2022-06-16

一、今日交易依据及交易策略

（一）交易依据：（包括基本面和技术面的综合分析）

1. 基本面

（1）美联储主席鲍威尔在利率决议后的新闻发布会上的讲话，说预期加息75个基点的情况并不常见，鲍威尔未能比市场预期更鹰派，淡化了市场对7月加息75个基点的预期。（利空美元）

（2）美联储决策声明将美国经济的高通胀怪罪于俄乌战争对世界经济的影响，使公众降低了对美联储的信任。（利空美元）

（3）欧洲央行表示将会对到期债务再投资，以帮助负债较多的成员国，并设计一支新的工具来防止碎片化，增加了欧元区未来经济向好的因素，提升了公众对欧元的信心。（利好欧元）

基本面分析：美联储在昨日公布加息75个基点消息后的新闻发布会上的讲话表明加息75个基点不会是常态，7月加息75个基点的预期下降，加上美联储之前错误地决定了货币政策，允许通胀继续上升，导致如今高通胀的局面，但美联储将高通胀局面的发生归咎于俄乌战争占很大的因素，会使市场对美联储的信心下降。欧洲央行临时召开的会议对于成员国经济发展的支撑，增强了市场对欧元的信心，所以今日利空美元，利好欧元。

2. 技术面

（1）欧美货币对日线（见图1）：

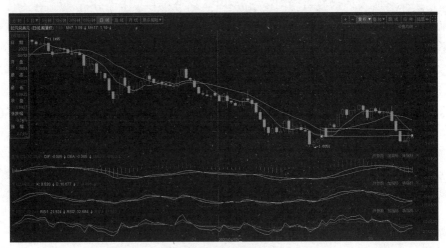

图1　欧美货币对日线

从日线上看，K线在受到1.0410的支撑，连续三天出现阳线，今日高开，说明多方力量强大,现在受到 1.0470 阻力位的压力,如突破将有可能继续上涨。从技术指标上看,MACD 指标在 0 轴附近,出现空头排列,KDJ 指标有出现多头排列的趋势,RSI 指标出现多头排列,预期今日为上涨趋势。

(2)欧美货币对 120 分钟线(见图 2):

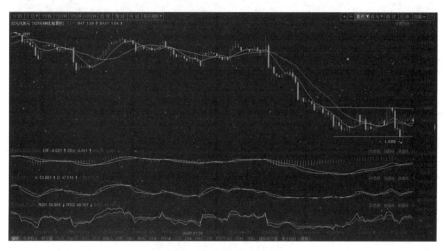

图 2　欧美货币对日线

从 120 分钟线上看,K 线在 7 日和 17 日均线附近震荡。MACD 指标呈现多头排列,有向上涨的趋势,显示出上涨行情,KDJ 指标出现金叉后呈现多头排列。

(3)欧美货币对 60 分钟线(见图 3):

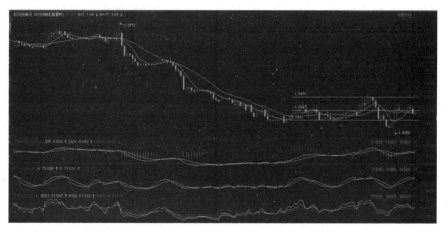

图 3　欧美货币对 60 分钟线

从 60 分钟线上看,K 线呈现 W 底的形态,在遇到颈线的压力后出现横盘的震动,目前受到 17 日均线的支撑,如后突破颈线将会呈现出上升的趋势。MACD 指标目前在 0 轴附近,从绿柱转向红柱,多方和空方力量均衡,KDJ 指标 J 线处于超买区,

出现钝化,尚未出现下降势头,RSI 指标三线缠绕,有多头排列的趋势,预期将会有一个小的回调,之后继续上涨。

(4)欧美货币对 15 分钟线(见图 4):

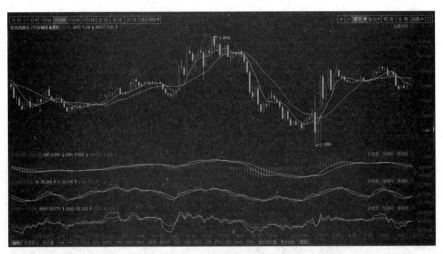

图 4　欧美货币对 15 分钟线

从 15 分钟线上看,K 线在相对低位平盘后,出现一个阳包阴,之后在高位开出一根阳线,预期将会是一个上涨趋势。MACD 指标目前在 0 轴上方缠绕,KDJ 指标出现金叉,RSI 指标在 50 附近缠绕,目前预期将会上涨。

3.基本面和技术面综合分析

从基本面上看,在昨日利好美元加息 75 个基点的消息公布后,美联储主席鲍威尔表示加息 75 个基点不会是常态,使市场对美元 7 月加息 75 个基点的预期下降,做空力量加强。欧洲央行对成员国经济发展的重视,使得市场上看好欧元的力量增强。从技术面上看,日线连续三日的上涨和今日的高开,说明了今日多方力量还是很强大的,技术指标也多给出了上涨的指示,所以今日看好欧元。

(二)交易策略:(包括基本交易策略——做多或做空,入场点位及其具体的依据,出场点位及其具体的依据,止损点位及其具体的依据等)

做多欧元:

入场点位:1.0447(60 分钟线第一阻力位);

出场点位:10498(60 分钟线第二阻力位);

止损点位:1.0411(60 分钟线第二支撑位)。

二、操作记录(见图 5)

| 2022.06.16 14:5... | eurusd | 5013707 | buy | 1 | 1.03923 | 2022.06.16 15:51:52 | 1.04332 | 409.00 | 0.39 % |

图 5　操作记录

今日收益中的最大基点:40.9,其中,入场点位:1.03923,出场点位:1.04332。

今日交易中投入的最大仓位：1。

三、交易总结

经验：在基本面消息比较稳定的情况下做交易，行情一般不会有大的波动，可以选择观望，也可以根据技术面的分析，在高位入场，在低位出场。在分析出入场的时候，要多关注 15 分钟线和 60 分钟线 K 线之间的联系和 KDJ 指标给出的指示，当做多时，出入场点位可以根据底分型入场、顶分型出场来进行判断，这样可以争取到更大的基点且保证不会有太大的损失。

教训：今日在刚刚开始做交易的时候还是比较犹豫，容易受到波动的影响，有时候看到有一个小回踩的时候会因为心理波动而少了对于 K 线和技术指标的理性判断，直接误以为行情要下跌平了仓，所以在做交易时保持理性的心态很重要，希望自己今后在做交易时能够时刻保持理性，不受市场小波动的影响，这样才有可能在每次做交易中进步，能够更加了解如何从 K 线和技术指标中判断出入场点位。

交易日志

交易日期　2022-06-17

一、今日交易依据及交易策略

（一）交易依据：（包括基本面和技术面的综合分析）

1.基本面

（1）美联储预计，未来两年美国GDP将增长1.7％，远低于此前分别预测的2.8％和2.2％，美国经济前景不容乐观。（利空美元）

（2）市场预期美国通胀在2023年前都会保持高位。（利空美元）

（3）5月的房地产数据、美联储公布的制造业数据显示，美国近期经济增长放缓。（利空美元）

（4）欧元区5月调和CPI年率终值高于预期值。（利好欧元）

基本面分析：美国近期公布的宏观数据大都显示出美国经济放缓的情况，并且市场上对于美元加息和收紧货币政策对脆弱局势的影响的担忧也在加剧，导致市场上看空美元的力量在增强。另外今日欧洲方面公布的宏观经济数据，欧元区5月调和CPI年率终值高于预期值，其余大多数据都显示中性，表明欧元区近期经济状况是较为稳定的，增加了市场对于欧元的看好，所以今日利好欧元，利空美元。

2.技术面

（1）欧美货币对日线（见图1）：

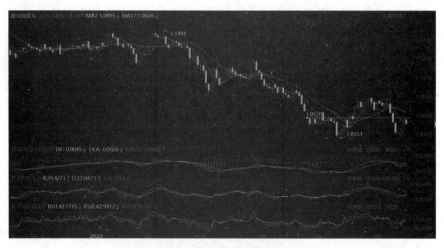

图1　欧美货币对日线

从日线上看，K线受到1.0570的压力，今日在昨日收盘价附近开盘，说明多方力量还是很强的。从技术指标上看，DIF有向上穿过DEA形成金叉的趋势且绿柱也有缩小的趋势，KDJ指标J线也欲穿过D线和K线形成金叉，RSI指标处于中间区，预期欧美货币对应该是涨势。

(2)欧美货币对 120 分钟线(见图 2):

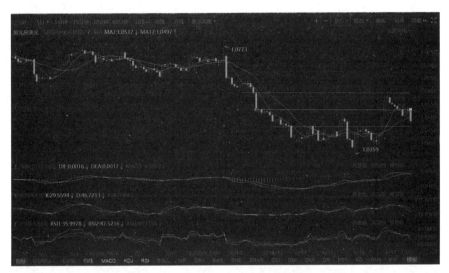

图 2 欧美货币对 120 分钟线

从 120 分钟线上看,K 线在连续三根阳线后有所回调,预计还将会在此区间内震荡一段时间。技术指标 MACD 处于零轴上方的高位,预计将会有所回落,KDJ 指标出现空头排列,J 线处于相对低位,预期将会在触底后反转向上,RSI 指标三线缠绕。

(3)欧美货币对 60 分钟线(见图 3):

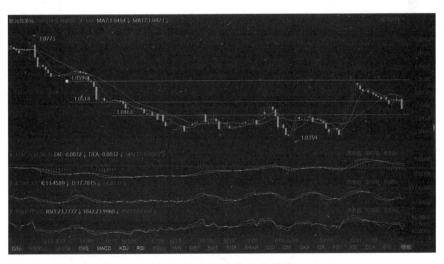

图 3 欧美货币对 60 分钟线

从 60 分钟线上看,K 线小幅度波动向下回调,受到前期震荡位的高点支撑。MACD 指标虽有所下降但仍在零轴上方,上涨行情还未消失,预计将会在一个小回

调后上涨。KDJ 指标小幅度向下后出现三线缠绕,未出现死叉,说明多方力量还未削弱,RSI 指标多头排列。

(4)欧美货币对 15 分钟线(见图 4):

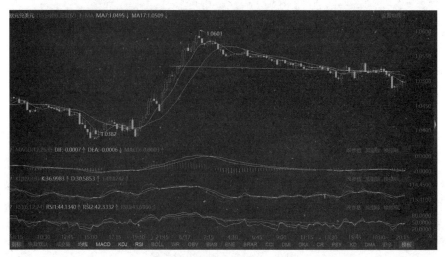

图 4 欧美货币对 15 分钟线

从 15 分钟线上看,K 线在 7 日均线和 17 日均线附近缠绕后,向上穿过 7 日均线形成金叉,预期将会上涨。KDJ 指标出现多头排列。

3.基本面和技术面综合分析

从基本面上看,美国通胀情况还未得到控制,预期未来还会持续存在,加之近期宏观经济数据情况并不是很好,市场对于美国经济发展前景并不看好。在欧元区近期重大的新闻较少,但从宏观经济数据上看,欧元区近期数据情况还不错,市场对欧元兴趣也相对提高。从技术面上看,在昨日收盘价较高的情况下,今日仍保持高开,说明多方力量的强大,预期对欧元上涨信心还是蛮强的,所以今日看好欧元,看空美元。

(二)交易策略:(包括基本交易策略——做多或做空,入场点位及其具体的依据,出场点位及其具体的依据,止损点位及其具体的依据等)

做多欧元:

入场点位:1.0514(60 分钟线第一压力线);

出场点位:1.0596(60 分钟线第二压力线);

止损点位:1.0463(60 分钟线第二支撑线)。

二、操作记录(见图 5)

今日收益中的最大基点:31.9,其中,入场点位:1.05013,出场点位:1.05332。

今日交易中投入的最大仓位:1。

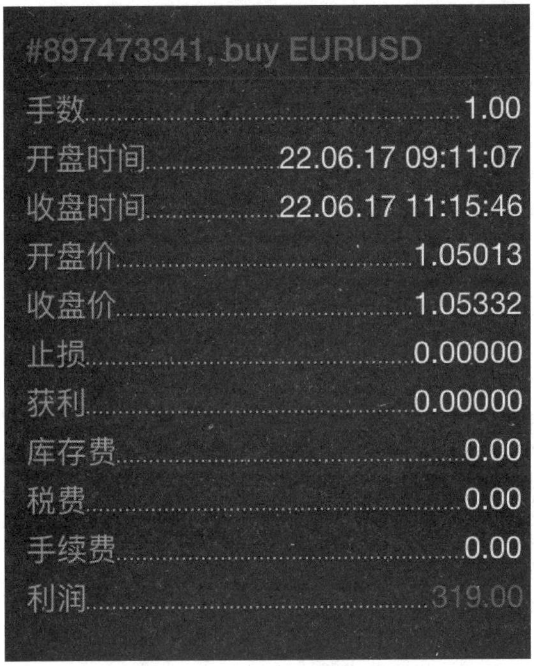

#897473341, buy EURUSD

手数	1.00
开盘时间	22.06.17 09:11:07
收盘时间	22.06.17 11:15:46
开盘价	1.05013
收盘价	1.05332
止损	0.00000
获利	0.00000
库存费	0.00
税费	0.00
手续费	0.00
利润	319.00

图 5　操作记录

三、交易总结

经验：今日尝试了昨天学到的对于出入场点位的判断，结合 K 线本身和 KDJ 指标进行判断，在相对低位的时候买入，在相对高位的时候进行平仓，所以今日基本上每一笔交易平均收益都比前几日的要高，变得不容易亏损了。还有就是更加一心地关注自己判断的趋势，进行交易，减少受害怕、贪婪心理的影响，这样也会更加有利于做出更好的交易。

教训：今日在做第一笔交易时，到了相对高位的时候本应该迅速平仓，但是贪婪的心理让我犹豫了，使我错过了那一个平仓的好时机，在交易时控制好自己的贪婪心理真的非常重要。

教师点评：

该生的交易日志基本面因素收集较全面且能逐条分析基本面的多空影响，能把握当天热点和焦点因素，技术面能运用多重时间框架进行动态分析，基本面和技术面综合分析的逻辑较好；交易策略能基于“交易依据”，做多或做空的逻辑比较合理；有一定针对性的总结和反思。不足之处包括：对于“势、位、态”的分析不够清晰；总结与反思的针对性有待提升。

范例三:(该范例来自往届学生的系列日志)

金融学院实验报告

姓名	王同学	学号		成绩	
收益情况列表	第一个交易日			第二个交易日	
	当日收益的 最大基点	账户 总收益率		当日收益的 最大基点	账户 总收益率
	17.3	0.173%		36.4	0.977%

实验目的及要求

    实验目的:训练从基本面和技术面对主要货币对的走势进行综合分析研判的能力,学习并提高模拟外汇交易的交易策略及技巧。

    实验要求:能够独立进行模拟外汇交易,并据以撰写符合要求的交易日志。

实验环境及相关情况(包含使用软件、实验设备、主要仪器及材料等)

    1.以能连接互联网的计算机为主,配备 EXCEL、WORD、PPT 等办公软件。

    2.由 MetaQuotes 软件公司研发的 MT4 外汇交易模拟平台。

    3.《外汇交易》《外汇交易实验实训教程》等相关参考书。

    4.外汇通、汇通网等外汇交易相关专业网站。

交易日志

交易日期 2022-11-08

一、今日交易依据及交易策略

（一）交易依据：（包括基本面和技术面的综合分析）

1.基本面

（1）周二美国中期选举，两党处于对峙状态的可能性最大，则民主党通过美联储加息抑制通货膨胀的经济手段在一定程度上将受到制约。（利空美元）**（焦点新闻）**

（2）欧元区 9 月零售销售月率预测值高于前值－0.3。（利好欧元）

（3）欧元区 9 月零售销售年率预测值高于前值－2。（利好欧元）

（4）美联储即将公布的通胀数据预期会对美联储加息产生影响，从而降低投资者对美元的信心。（利空美元）

基本面分析：欧元区今日公布 9 月零售销售月率和 9 月零售销售年率的预测值**均高于前值**，说明欧元区消费者近期的购买力有所增强，是该区经济增长的积极因素，起到提振欧元的作用。特别地，周二美国将进行中期选举，结合目前各种因素分析预测两党处于对峙状态的可能性最大，则民主党通过美联储加息抑制通货膨胀的经济手段在一定程度上将受到制约，这将会打压美元的做多力量，不利于美元上涨。综上，今日利好欧元，利空美元。

教师点评：

能较全面地收集当天影响欧美货币对的基本面因素，涵盖当日热点与焦点资讯，并对基本面因素进行综合分析，得出结论。

2.技术面

（1）势：欧元兑美元 60 分钟级别（见图 1）

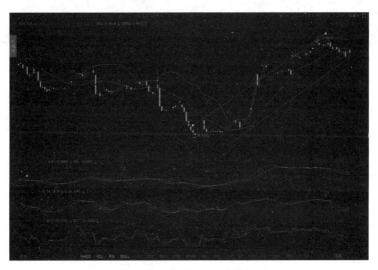

图 1　欧元兑美元 60 分钟级别

欧元兑美元 60 分钟 K 线已形成一个明显的上升通道，目前 K 线处于通道的下沿；从技术指标来看，BOLL 通道下轨对汇价形成较好的支撑，MACD 指标绿色柱子逐渐缩短，DEA 和 DIF 之间的乖离有减小的趋势；在KDJ 指标中 K 线由下向上穿过 D 线形成金叉。综上，欧元兑美元 60 分钟线级别呈现上涨趋势。

教师点评：

能运用 K 线趋势以及主要的技术指标对欧美货币对进行"势"的分析与研判，不足之处是：未将 K 线组合的分析和均线的分析纳入分析框架。

（2）位：欧元兑美元 15 分钟级别（见图 2）

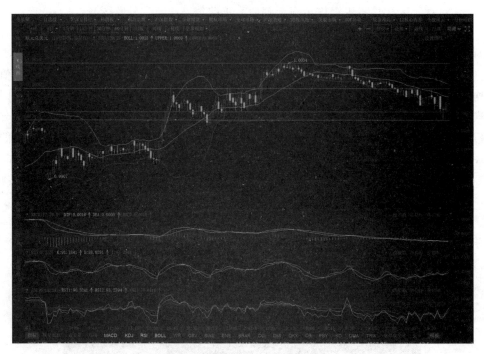

图 2　欧元兑美元 15 分钟级别

根据欧元兑美元 15 分钟的趋势分析看出，第一支撑位为 0.9981，第二支撑位为0.9972。第一阻力位为 1.0006，第二阻力位为 1.0034。

教师点评：

能指出支撑位和阻力位，但是缺乏研判与确认支撑位和阻力位的客观依据，比如直边趋势法、N 字形战法或斐波那契回调线等技术分析手段。

（3）态：欧元兑美元 5 分钟级别（见图 3）

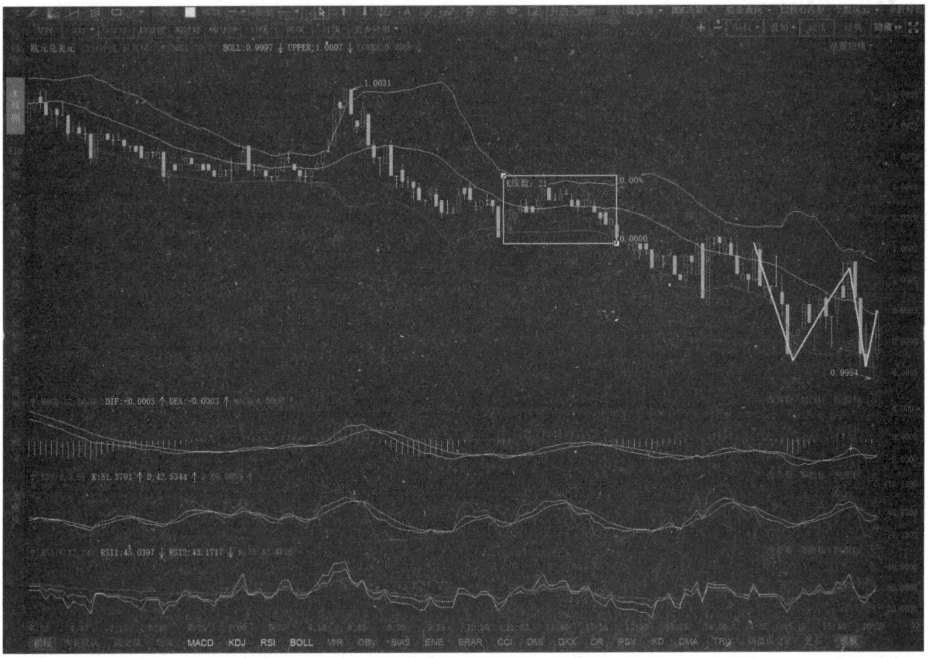

图 3　欧元兑美元 5 分钟级别

欧美货币对 5 分钟线呈现 W 底（即双重底），则据第二个底的低位附近作为入场点入场。

教师点评：

针对欧元呈上涨走势，能找到看涨蜡烛形态——W 底作为进场的信号，但看不到该形态是否在主时间框架（这里为 15 分钟级别）支撑位附近，建议可以在该级别 K 线图中画出主时间框架的支撑位和阻力位。

3.基本面和技术面综合分析

鉴于基本面方面欧元区 9 月零售销售数据高于前值，提振欧元，美国中期选举进展情况及其通胀数据预期对美元都存在一定的利空；技术面方面欧美货币对处于 60 分钟级别上升通道下沿，且主要技术指标对欧元构成较好的支撑，呈上涨趋势。因此 60 分钟级别看多欧元，看空美元。

教师点评：综合分析能涵盖并综合了基本面和技术面分析，逻辑较合理。

（二）交易策略：（包括基本交易策略——做多或做空，入场点位及其具体的依据，出场点位及其具体的依据，止损点位及其具体的依据等。）

做多欧元：综合基本面与技术面的分析，计划依照欧美货币对 60 分钟级别的走势做多欧元；在第一支撑位 0.9981 附近 W 底的第二个底附近入场。

入场点位：0.9981（15 分钟第一支撑位）；

出场点位：1.0006（15 分钟第一阻力位）；

止损点位:0.9972(15 分钟线第二支撑位)。

教师点评:

交易策略基本能基于当日的"交易依据"对于"势位态"进行判断,做多欧元的逻辑较合理;入场点、出场点、止损点的预设具有客观技术依据。

二、操作记录(截图)

EURUSD, buy 1.00　　　　　　　　　　2022.11.08 17:05:56
0.99990 → 1.00163　　　　　　　　　　　　　　**173.00**

止损:	—	获利:	—
打开:	2022.11.08 08:54:52	库存费:	0.00
Id:	#50268810695	手续费:	0.00

今日收益中的最大基点:17.3,其中,入场点位:0.99990,出场点位:1.00163。
今日交易中投入的最大仓位:1。

教师点评:

交易记录中,对于风控情况、盯盘、加仓等方面未做涉及。

三、交易总结

经验:今天交易的基本面分析、技术面分析以及综合分析基本到位,对势位态的分析较之前有了明显的进步,出入场点位在一定程度上符合自己的预期。根据基本面以及技术面综合利好欧元的形势,选择做多欧元,在出现一定程度的涨势后平仓离场。

教训:今天最大的问题主要是对于高低点的把握不够到位,且实际交易中存在犹豫不决导致入场点比预期更高,没有达到更加理想的状态,这也是一个对技术指标分析不熟练的体现,在之后的交易中要更加站在专业的角度对技术指标进行分析,相信自己的判断,不能犹犹豫豫不敢做交易。

教师点评:

交易总结偏笼统,针对性不足。如何进行高质量的复盘总结,请参考本书相关章节。

交易日志

交易日期 2022-11-09

一、今日交易依据及交易策略

（一）交易依据：（包括基本面和技术面的综合分析）

1.基本面

（1）在美国的中期选举中共和党拿下众议院。（利好美元）（**焦点新闻**）

（2）在抑制美国通货膨胀的策略上，预计之后美联储将会继续加息。（利好美元）

（3）能源短缺问题较为严重，会对欧元区的经济活动产生一定的不利影响，令欧元承压。（利空欧元）

基本面分析：今日的焦点新闻仍是美国正在进行的中期选举，已有结果表明共和党拿下众议院，无论参议院落入谁之手，都将利好美元；尤其是美联储仍有较大可能继续加息以抑制美国高企的通胀，鼓励了美元多头；而欧元区能源短缺问题则再度令欧元承压。综上，今日基本面利空欧元，利好美元。

教师点评：

能较全面地收集当天影响欧美货币对的基本面因素，涵盖当日热点与焦点资讯，并对基本面因素进行综合分析，得出结论。

2.技术面

（1）势：欧元兑美元 60 分钟级别（见图 1）

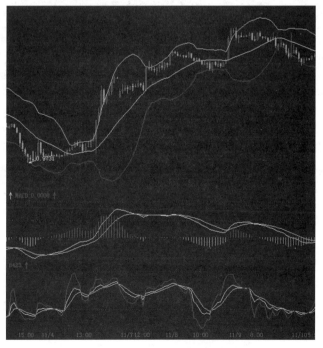

图 1　欧元兑美元 60 分钟级别

欧美货币对 60 分钟级别震荡下行,MACD 指标红柱逐渐缩短,DIF 死叉 DEA,且出现顶背离;K 线从 BOLL 通道上轨跌落;KDJ 指标高位死叉。综上,欧元兑美元 60 分钟线级别呈现下跌趋势。

教师点评:

能运用 K 线趋势以及主要的技术指标对欧美货币对进行"势"的分析与研判,不足之处是:未将 K 线组合的分析和均线的分析纳入分析框架。

(2)位:欧元兑美元 15 分钟级别(见图 2)

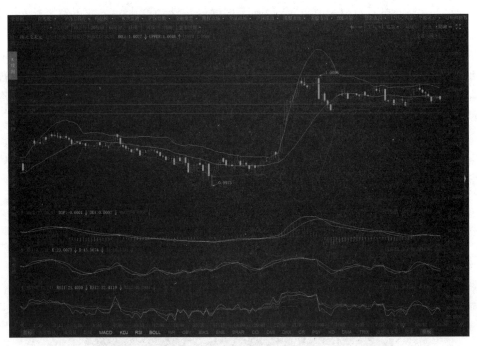

图 2 欧元兑美元 15 分钟级别

根据欧元兑美元 15 分钟,1.0087 为第一阻力位,1.0096 为第二阻力位,1.0064 为第一支撑位,1.0054 为第二支撑位。

教师点评:

能指出支撑位和阻力位,但是缺乏研判与确认支撑位和阻力位的客观依据,比如直边趋势法、N 字形战法或斐波那契回调线等技术分析手段。

（3）态：欧元兑美元 5 分钟级别（见图 3）

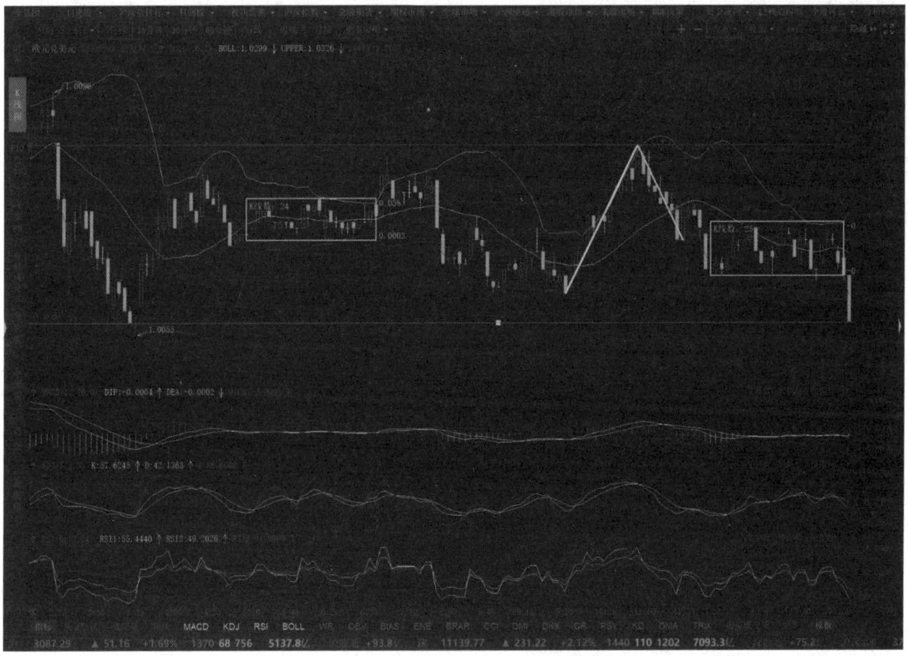

图 3　欧元兑美元 5 分钟级别

从欧美货币对 5 分钟线可以看到 K 线在 BOLL 上轨和下轨间呈现箱体震荡，且最近的一根 K 线为大阴线，说明卖方势力较强，仍有较大下跌的趋势，在 MACD 指标中白线与黄线相互缠绕，最终白线穿过黄线形成死叉，说明卖方力量在继续增强，则据此在箱体震荡位置附近作为入场点，在第二支撑位作为出场点出场。

教师点评：

此处对于"态"的分析不到位，未能明确指出具体入场的信号和证据，如何进行"态"的分析，请参考本书第六章第一节"势位态"分析法。

3.基本面和技术面综合分析

鉴于基本面方面美国的中期选举进展情况以及美联储仍有较大可能继续加息以抑制美国高企的通胀，对美元多头构成较好的提振作用，而欧元区能源短缺问题则再度令欧元承压；技术面方面欧美货币对 60 分钟级别震荡下行，且主要技术指标均显示看淡欧元。因此 60 分钟级别看空欧元，看多美元。

教师点评：

综合分析能涵盖并综合了基本面和技术面分析，逻辑较合理。

（二）交易策略：（包括基本交易策略——做多或做空，入场点位及其具体的依据，出场点位及其具体的依据，止损点位及其具体的依据等）

做空欧元：综合基本面与技术面的分析，计划依照欧美货币对 60 分钟级别的走势做空欧元，具体计划如下。

入场点位：1.0078(15分钟第一阻力位)；

出场点位：1.0064(15分钟第一支撑位)；

止损点位：1.0096(15分钟线第二阻力位)。

教师点评：

交易策略中的交易方向能基于当日的"交易依据"对于"势"进行判断,做空欧元的逻辑较合理；但由于之前对于"态"的分析不到位,致使入场点、出场点客观技术依据欠合理。

二、操作记录(截图)

| EURUSD, sell 1.00 | 2022.11.09 15:18:30 |
| 1.00705 → 1.00341 | **364.00** |

止损：	—	获利：	—
打开：	2022.11.09 07:33:57	库存费：	0.00
Id:	#502270109011	手续费：	0.00

今日收益中的最大基点：36.4,其中入场点位：1.00705,出场点位：1.00341。

今日交易中投入的最大仓位：1。

教师点评：

交易记录中,对于风控情况、盯盘、加仓等方面未做涉及。

三、交易总结

经验：今天交易的基本面分析、技术面分析基本符合要求,且交易策略也基本符合实际情况,对技术面中势位态的分析可以从一定程度上反映出具体成效,入场点在一定程度上符合自己的预期,出场点位有点超出自己的想象,以更加好的低位迅速平仓。总体来说根据基本面以及技术面综合分析,在利好美元的形势下选择做空欧元,并在出现较大幅度的跌势后平仓。

教训：今日交易对于入场点的把握有些不够精准,可以在更高的位置选择做空但因为犹豫出现损失,且由于技术面的分析仍存在一定的问题,导致对出场点的把握出现一定程度的误差,在低位跌出自己预估的位置时因怕反弹便慌忙平仓,若更加精准分析还可以在更低的位置平仓赚取更大的收益。今后应继续加强自己对技术面的分析,从而更好地把握入场点和出场点。

教师点评：

交易总结的针对性有待进一步加强。

教师综合评语：

该生的交易日志基本面因素收集较全面,能较好地把握当天热点和焦点因素,基本面分析的逻辑较好,技术面能运用多重时间框架,建立"势、位、态"动态分析框架,交易策略能基于"交易依据",做多或做空的逻辑比较合理；有一定针对性的总结和反思。不足之处包括：在"势、位、态"的分析中，对于"位"和"态"的分析不够到位，交易记录中，对于风控情况、盯盘、加仓等方面未做涉及，总结与反思总体偏笼统，欠全面，针对性还有待提升。

····· **本章实训任务** ··

任务一：在分析报告 I_3 以及基于 I_3 进行交易的基础上，对各个交易流程的各个基本环节进行全方位的总结与反思，将成功的做法归入"经验"，将不足或者错误的做法归入"教训"，最后形成自己该笔交易完整的"交易日志"。

参考文献

[1]刘金波.外汇交易原理与实务[M].3版.北京:人民邮电出版社,2022.

[2]蒋先玲.国际金融[M].2版.北京:中国人民大学出版社,2021.

[3]赵朝霞.外汇交易实验实训教程[M].成都:西南财经大学出版社,2017.

[4]许再越,程晓松.外汇市场与交易系统[M].杭州:浙江大学出版社,2017.

[5]魏强斌.外汇交易三部曲[M].北京:经济管理出版社,2019.

[6]魏强斌.外汇交易圣经[M].5版.北京:经济管理出版社,2020.

[7]魏强斌.外汇交易进阶[M].5版.北京:经济管理出版社,2020.

[8]邢孝寒.外汇交易精解[M].北京:中国宇航出版社,2018.

[9]许强.外汇交易快速入门[M].广州:中山大学出版社,2005.

[10]蒋钰琨.外汇交易精编战法[EB/OL].(2011-05-13)[2022-12-16].http://www.360doc.com/content/12/0121/07/4354089_116548179.shtml.

[11]唐赞宸,易文策,李红实.外汇交易:预测、对策与决策[M].北京:中国财富出版社,2021.

[12]亚历克斯·道格拉斯,拉里·拉里·洛夫伦契奇,彼得·庞蒂克斯.外汇交易:从入门到精通:原书第2版[M].李汉军,符大刚,王柯,译.北京:机械工业出版社,2014.

[13]约翰·季格森,韦德·汉森.外汇交易从入门到精通[M].中国农业大学期货与金融衍生品研究中心培训部,译.北京:人民邮电出版社,2013.

[14]迈克尔·阿切尔,吉姆·比克福德.外汇交易入门[M].李元星,译.北京:中国青年出版社,2008.

[15]贾里德 F.马丁内斯.外汇交易的10堂必修课[M].李汉军,符大刚,王柯,译.北京:机械工业出版社2018.

[16]李汉军.外汇交易实战全典[M].北京:机械工业出版社,2010.

[17]马里奥·辛格.外汇交易12密钥:马里奥·辛格的投资必修课[M].王泽宪,鲜林玲,翟聪,译.北京:机械工业出版社,2016.

[18]木欣荣.外汇交易掘金之路:交易大师实战技法与系统思维[M].北京:电子工业出版社出版,2019.

附录一　MT4 外汇交易软件简介

MT4 是 MetaQuotes 软件公司生产的一款交易软件,是目前最为广泛使用的国际化交易软件。MT4 可以连接 2000 多个交易商服务器,在世界各地实现全天 24 小时访问外汇市场,即时查看与交易各种产品,并在相应的券商服务器上进行交易。MT4 提供了 30 种流行的技术指标和 24 种分析对象,具有较为全面的交易系统,可以实时进行交易品种报价。由于操作简单,中文菜单也比较实用,它成为被广泛推荐的模拟外汇交易新手交易平台。

一、软件页面及基本功能介绍

MT4 软件页面由菜单栏、工具栏、左侧和下方的多个功能窗口,以及右侧的外汇价格图组成。菜单栏包括"文件""查看""插入""图表""工具""窗口"和"帮助"选项。"文件"中是建立新图表、开户、登录账户等基本功能。"查看"可对展示的功能窗口进行设置。"插入"中包含各类技术指标、分析工具等。"图表"是图像展示设置(见图 1)。

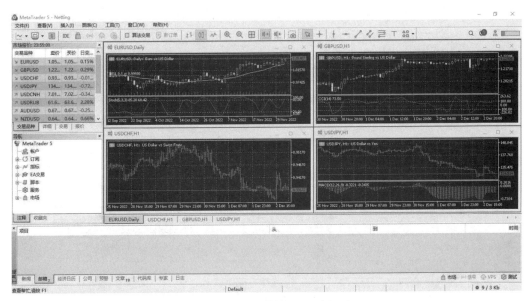

图 1　MT4 软件页面示例

菜单栏下方默认展示的是工具栏。工具栏包含基本、线研究、周期三个部分,可分别从"查看"的"工具栏"选项中调出。

默认在软件页面左侧展示的功能窗口有三个。首先是数据窗口,展示价格图中光标所指时间的价格信息。市场报价窗口展示的是主要外汇交易品种的实时价格等信息,双击外汇品种,可调出建立新订单的窗口。第三个是导航窗口,展示账户信息、订阅信息等。

默认在软件页面下方显示的窗口是工具箱和策略测试。工具箱中可查到持仓、敞口、历史交易、软件日志等信息。

这些窗口的展示位置,可以根据用户偏好,拖拽窗口进行调整。

在实时汇价窗口,MT4会默认显示欧元兑美元等四种常见的外汇实时价格。用户可根据自己的需求,调整展示的外汇交易对象。若要删除,可直接在对应汇价窗口的右上角点击"×"。若需要调出某个外汇交易品种,在基本工具栏中,点击下拉菜单中有主要外汇交易品种的选项(见图2)。

图2　从基本工具栏处建立新图表

若所需外汇交易对象不在这几种常见外汇中,可在"查看"菜单栏中选择"交易品种",在弹出的窗口中点击"Forex",在右侧窗口中选中所需的交易品种,后点击"确定"即可(见图3)。

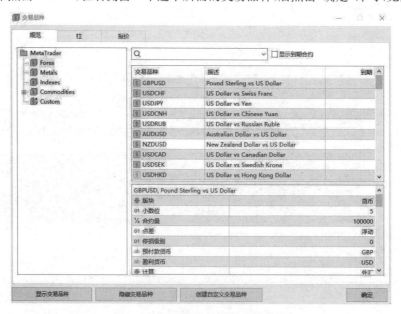

图3　从"查看"菜单调出交易品种

若要同时显示多个外汇价格窗口,可以在基本工具栏内点击 ,对汇价窗口进行排列。若显示的外汇交易对象为 2～3 个时,外汇价格图将纵向排列。若交易对象达到 4 个或以上,外汇价格图将平铺显示。若需要改为其他展示方式,可以在"窗口"栏中修改(见图 4)。

图 4　修改外汇价格图表展示方式

二、开设模拟账户

首先,需要在 MT4 上开立一个模拟账户用于交易(见图 5、图 6)。在"文件"中点击"开户"选项,"选择开户公司"处点击"下一页",选择"开设一个模拟账户",并点击"下一页"。若已经注册了模拟账户,可选择"连接现有交易账户",并输入用户名和密码进行登录(见图 7)。

按照要求输入名字、邮箱等基本信息。若勾选"使用锁仓交易",则开户后将开立和自己持仓相反的持仓,比如持有一手多单,同时再开一手空单。即同时做方向相反、数量相等的两笔交易,这样不管后面价格是涨是跌,自己的账户盈亏都不会增加。若使用得当,锁仓能够达到控制风险同时又扩大利润的目的。但若使用不当,可能导致更多的亏损。对于新手来说,可以先不勾选该选项,先熟悉外汇交易的基本操作。

账户类型是选择持仓货币,默认为美元。入金金额为真实交易时投资者自己投入的资金数量。模拟账户中该金额为存入账户的虚拟货币数量,可自行设置。杠杆则是交易商在入金金额基础上,借给投资者的资金倍数(见图 8)。倍数越高,交易商借款数量越高,对应收益和亏损的杠杆也越大,风险也更大;反之,倍数越小,则借款数量越少,对应收

图 5　建立模拟交易账户操作步骤一

图 6　建立模拟交易账户操作步骤二

益和亏损的杠杆也较小,风险也较小。最后需要勾选同意用户条款和条件,并点击"下一页",稍等片刻,即可看到生成的登录名和密码。

接下来,可在"文件"处选择"登录到交易账户";或在"导航"窗口内的"账户"处点击鼠标右键,选择"登录到交易账户",并输入登录名和密码(见图 9)。

登录后,在"导航"窗格的登录号处点击右键(见图 10),选择"变更密码",即可修改密码。

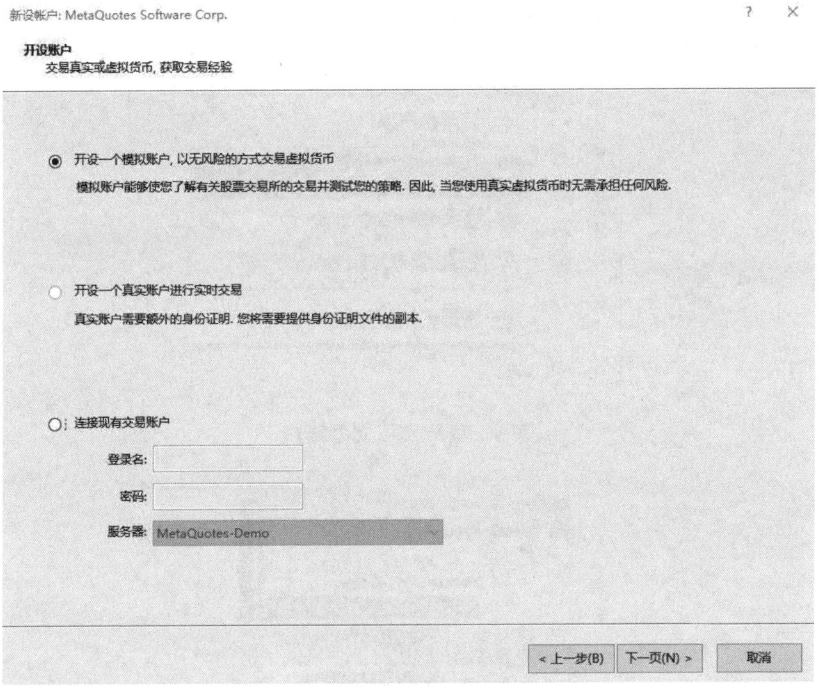

图 7　建立模拟交易账户操作步骤三

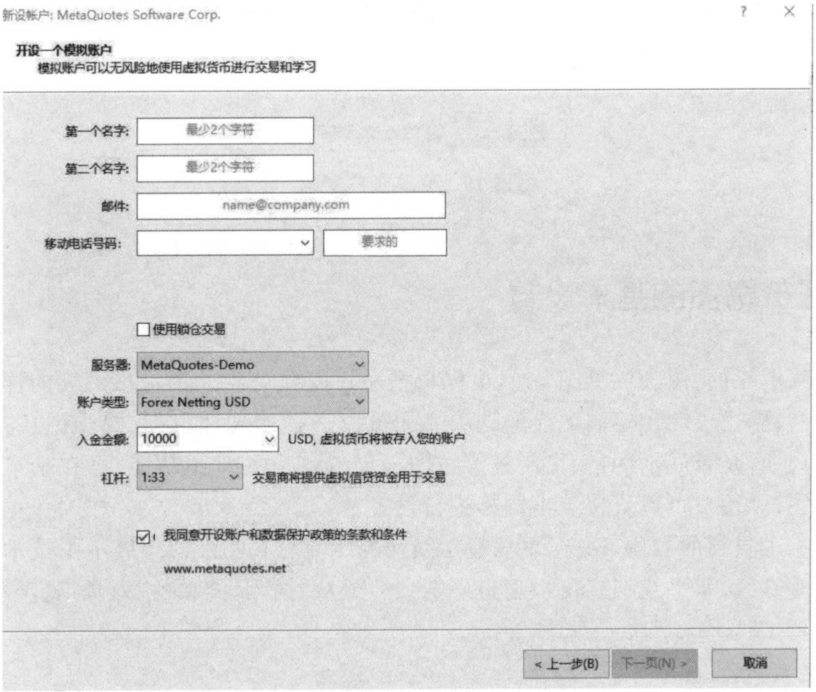

图 8　建立模拟交易账户操作步骤四

图9　登录模拟交易账户

图10　修改账户密码

三、外汇价格图的基本设置

点击菜单栏的"图表"(见图11),可以根据用户需要定制外汇价格图表的样式。或在图内点击右键,也可调出定制图表的选项。如可以选择展现柱形图、蜡烛图还是线型图,选定价格周期,是否展示网格、交易量等。图表设置的一些常用功能,可在基本工具栏中找到对应图标,用户可以直接点击图标进行设置。

在基本工具栏的右侧,MT4默认显示线研究工具栏(见图12),展示了技术面分析时需要的画垂直线、水平线、趋势线、通道等选项。或从"插入"菜单的"对象"选项中,能找到更多的画图工具。

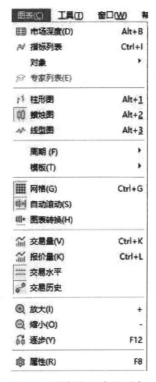

图 11　图表修改选项列表

图 12　线研究工具栏

四、交易设置

(一)建立新订单

在基本工具栏处,点击新订单就会跳出新订单的设置窗口。

在窗口内左侧,展现的是外汇实时的买入价和卖出价。右侧可对交易币种、订单类型(即时执行或挂单)、交易量等进行设置。交易量的单位为手(1 手＝10 万元货币单位)。可以在建立订单时设置止损和/或止盈的价位,也可以不设置。若设置止盈价位,则外汇价格达到此价位时,订单将自动平仓收取盈利。反之,设置止损价位,则意味着外汇价格达到此价位时,订单将自动平仓止损。若止盈和止损价位均不设置,则仓位将始终存在,直到用户操作进行平仓。

1.创建实时单

若是实时单(即时执行),窗口右下方的价格分别对应的是卖出价和买入价,"卖出"和"买入"的图标颜色和左图中的价格颜色对应。设置好所有订单变量后,点击"卖出"或"买

入"按键即可完成交易操作(见图13)。若下单时的实时价格已经发生变化,系统会提示,用户可根据自己的分析判断,决定是依然下单还是选择撤单。

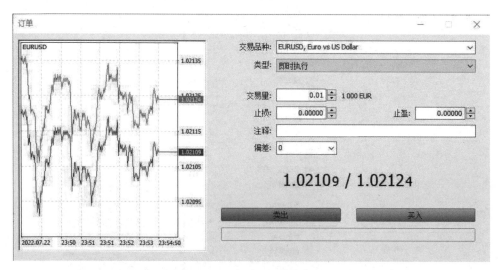

图 13　建立新订单步骤

2.创建挂单

除了实时单,新订单处还可以选择"挂单"交易。在"类型"处可以选择挂单类型,MT4 提供的挂单类型包括:Buy Limit(回踩买入,当采购价格等于或小于订单内指定价格时买入)、Buy Stop(突破买入,当采购价格等于或大于订单内指定价格时买入)、Sell Limit(回踩卖出,当供给价格等于或大于订单内指定价格时卖出)、Sell Stop(突破卖出,当供给价格等于或小于订单内指定价格时卖出)、Buy Stop Limit(突破回踩买入,用突破订单来放置回踩买入订单,即突破价位达到时,自动生成回踩订单)、Sell Stop Limit(突破回踩卖出,用突破订单来放置回踩卖出订单,即突破价位达到时,自动生成回踩订单)。

在以上的前四种挂单类型中,需要触发订单的交易价格,即"价位"。而在最后两种 Buy Stop Limit 和 Sell Stop Limit 挂单中,需要设置"价位"(触发订单的交易价格)和停损限价(生成回踩订单的突破价格)。

交易量、止损、止盈价位的设置和即时单相同。不同的是,挂单交易还需要设置到期时间。可选择 GTC(取消前有效)、今日(今日内有效)、指定(某日某时某分前有效)、指定日(某日前有效)四种。设置完成后,点击"发送"即可生成挂单。

创建挂单交易后,在订单未完成之前,可以进行修改或删除。方式是在"工具箱"的"交易"栏中对应订单处单击右键,选择"修改或删除",即可跳出修改或删除挂单的窗口。将需要修改的地方设置好之后点击"修改"即可完成修改。若要删除挂单,直接在窗口底部点击"删除"即可。

3.在汇价图中快速创建或修改新订单

用户还可以在图中目标价格处放置新订单。在图表中的目标价位处单击右键,在菜单内点击"交易",会出现"Buy Limit 0.01""Sell Stop 0.01"等选项,0.01 指的是交易 0.01

手。点击后会出现如图 14 的创建挂单的窗口，但价格已经设置在点击右键时的目标价位处，当然，用户依然可以进行修改。

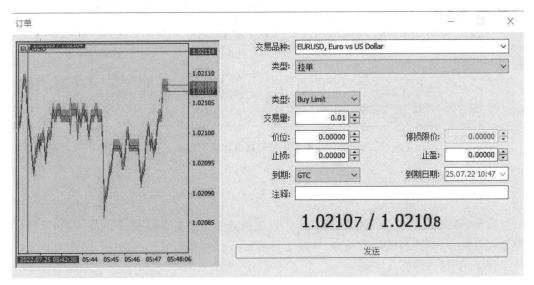

图 14　创建挂单交易

此外，如果有持仓，可以在目标价位处单击右键，"交易"选项内有"止损"或"止盈"选项（取决于持仓头寸、交易价位和目标价位的关系），可对已有的持仓进行修改，设置止损或止盈价位（见图 15、图 16）。

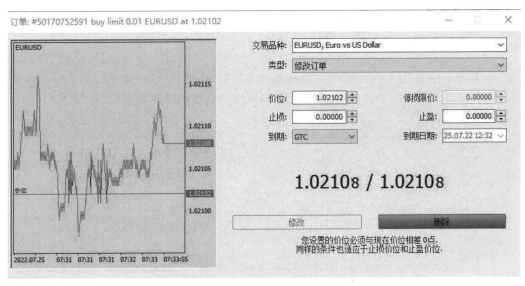

图 15　修改或删除挂单

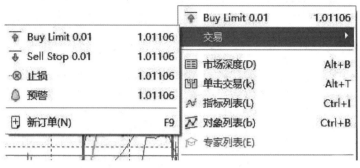

图 16　在图表中快速创建或修改订单

(二)查看和修改持仓

成交后,在 MT4 下方的工具箱栏中可以进行查看。在"交易"栏中,可以看到所持订单的实时价位和盈亏状况。"敞口"体现了目前所持有的外汇敞口。在"历史"中可以查看历史订单记录(见图 17)。

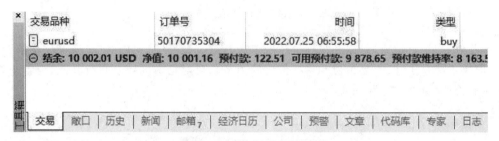

图 17　查看持仓和历史订单

若要修改持仓,可在"交易"的对应订单处单击右键,选择"修改或删除",或双击需要修改的订单并在跳出窗口中的"类型"处选择"修改持仓",均可跳出窗口(见图 18)。用户

图 18　修改持仓

可以设置或修改止损或止盈价位。止损或止盈设置的右侧分别有两个可调整的选项。靠左边的是价格,点击向上或向下的箭头,将会在实时价格基础上增加或下降 1 个基点。若在右边的点位处点击向上或向下的箭头,则是在交易价位的基础上调整对应基点数。

　　若要删除已经设置的止盈或止损价格(见图 19),可以直接在"工具箱"的"交易"窗口内,点击"止损"或"止盈"价格后面的"×",相应的止损或止盈价位就会被删除。

图 19　删除止损和/或止盈价格

（三）平仓操作

　　若要平仓,可以选择在工具栏的"交易"内对应订单处双击,便会跳出该订单的具体信息和实时汇价,点击"平仓"按钮即可按照实时汇价进行平仓。若要加仓或减仓,可以对应选择"卖出"或"买入"进行操作(见图 20)。

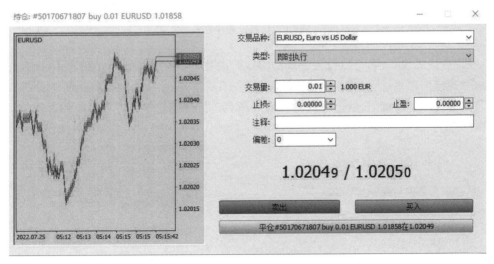

图 20　平仓、加仓或减仓操作

五、常用技术指标设置

　　MT4 提供了技术面分析中大部分技术指标。这里介绍在外汇交易中最常使用的几种设置方式。

（一）均线

点击"插入"，可以找到很多指标选项。点击其中的"指标"，选择"走向"，点击"Moving Average"，就会跳出均线设置的窗口（见图21）。

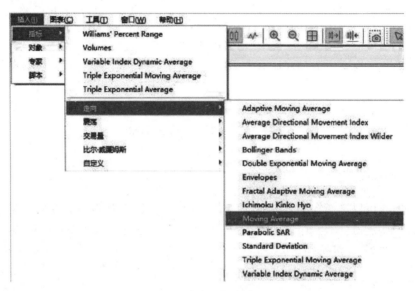

图21　均线设置步骤一

在均线设置窗口内，可以设置需要的均线阶段数，即均线期数、均线颜色等，设置完成后点击"确定"，图中就会出现对应均线。若需要在图中同时显示多条均线便于分析和比较，可以重复以上步骤，设置不同的阶段数和颜色，点击"确定"，图中就可以插入新的均线（见图22）。

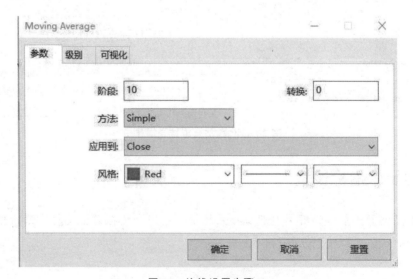

图22　均线设置步骤二

将鼠标移至均线上停留,图中会显示该均线的期数、在该点位置的时间和价格。若要删除某条均线,可将鼠标移至图中的该条均线处,点击右键,在菜单中选择"删除指标"即可。

(二)MACD

在"插入"的"指标"选项中,选择"自定义",可以在菜单下拉中找到 MACD(见图 23)。

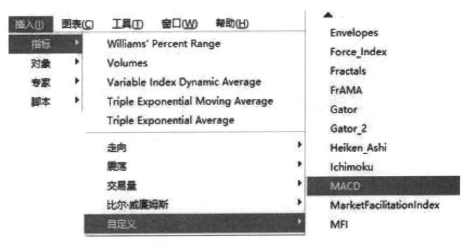

图 23 MACD 指标设置步骤一

在跳出窗口中的"输入"那一栏中(见图 24),可以自行设置短期移动平均线、长期移动平均线的期数,以及用于计算快慢移动平均线之间的平均距离为多少。默认情况下,三个数值分别为 12、26 和 9,这也是 MACD 的常见参数值。点击"确定"后,MACD 的指标窗口就会在外汇价格窗口下方展示。

图 24 MACD 指标设置步骤二

MT4 的 MACD 图中，MACD 为用柱形图表示，默认的计算为 12 周期指数移动平均线减去 26 周期指数移动平均线。虚线为信号线，默认使用的是 9 周期的简单移动平均线。

(三)布林线

在"插入"的"指标"选项中，选择"走向"，点击"Bollinger Bands"，即可调出布林线的设置窗口(见图 25)。

图 25　布林线指标设置步骤一

设置窗口中，"阶段"设置的是布林线的移动平均线(即中线)的期数，默认为 20 期。点击"确定"后可以在价格窗口中看到布林线(见图 26)。

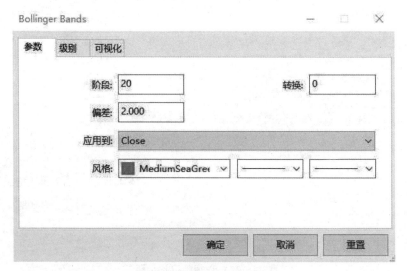

图 26　布林线指标设置步骤二

（四）KDJ

在"插入"栏的"指标"中（见图 27），选择"震荡"中的"Stochastics Oscillator"，便是随机震荡指标 KDJ。

图 27　KDJ 指标设置步骤一

选中"Stochastics Oscillator"后，会弹出参数等项目的设置窗口（见图 28）。主要的参数有四个："％K 线周期"是用在随机震荡指标中的时间周期数量；"％D 线周期"是计算％K 线移动平均线时使用的时间周期数量；右侧的"减缓"是％K 线减速周期，控制着％K 线的内部平滑，数值 1 是快速随机震荡指标，而数值 2 则被视为慢速随机震荡指标；％D 线方法是用于计算％D 线的方法，包括指数、简单、平滑、加权。设置中给出了 KDJ 指标的常用参数设置，若无需要可不修改，直接点击"确定"，即可在外汇价格下方的指标窗口中展现 KDJ 指标线。

图 28　KDJ 指标设置步骤二

MT4 中默认展现的 KDJ 为两条线，绿色实线为主线，即％K 线，红色虚线为％D 线，是％K 的移动平均线。

附录二　交易日志模板(更新版)

××学校

实　验　报　告

（　　　学年　　　学期）

课程名称：　__外汇交易实训__

指导教师：　_____

教　研　室：　_____

专　　业　：　_____

年级班级：　_____

姓名及座号：　_____

××学院实验报告

姓名			学号			成绩			
收益情况列表	第一个交易日		第二个交易日		第三个交易日		第四个交易日		第五个交易日
	收益的最大基点	收益率	收益的最大基点	收益率	收益的最大基点	收益率	收益的最大基点	收益率	收益的最大基点	收益率

一、实验目的及要求

实验目的:训练从基本面和技术面对主要货币对的走势进行综合分析研判的能力,学习并提高模拟外汇交易的交易策略及技巧。

实验要求:能够独立进行模拟外汇交易,并据以撰写符合要求的交易日志。

二、实验环境及相关情况(包含使用软件、实验设备、主要仪器及材料等)

1.以能连接互联网的计算机为主,配备 EXCEL、WORD、PPT 等办公软件。

2.由 MetaQuotes 软件公司研发的 MT4 外汇交易模拟平台。

3.《外汇交易》《外汇交易实验实训教程》等相关参考书。

4.外汇通、汇通网等外汇交易相关专业网站。

交易日志

交易日期

一、今日交易计划（依据及交易策略）

（一）交易依据：（包括基本面和技术面的综合分析）

（二）交易策略：（包括基本交易策略——做多或做空，入场点位及其具体的依据，出场点位及其具体的依据，止损点位及其具体的依据以及资金风险管理等）

二、交易记录

（一）开仓及风险控制情况：（包括入场位、止盈位、止损位及资金管理等风险控制情况）

（二）盯盘、加仓及平仓情况：

（三）操作记录（截图）：

三、交易总结

经验：

教训：

注：交易日志的篇数依照教学需要决定。